JN058523

公務員
採用試験
対策シリーズ

北海道の
公務員採用試験
（教養試験）

札幌市・旭川市・釧路市・
岩見沢市・芦別市・夕張市の
初級・高卒程度

2025

公務員試験研究会　編　　協同出版

まえがき

　公務員は，国や地方の行政諸機関に勤務し，営利を目的とせず，国民や住民などの幸せのため，政策・諸事務を円滑に実施・進行して，社会の土台作りを行うことを職務としています。昨今では，少子高齢化の進行や公務のDX化，国際競争力の低下などの社会情勢の変化に伴って，行政の果たす役割はますます多岐にわたり，重要さを増しています。行政改革が常に論議されているのは，どのような情勢においても安心した生活が送れるよう，公務員に対して国民や市民が，期待を寄せているからでしょう。

　公務員になるためには，基本的には公務員採用試験に合格しなければなりません。公務員採用試験は，公務に携わる広い範囲の職種に就きたい人に対して課される選抜競争試験です。毎年多数の人が受験をして公務員を目指しているため，合格を勝ち取るのは容易ではありません。そんな公務員という狭き門を突破するためには，まずは自分の適性・素養を確かめると同時に，試験内容を十分に研究して対策を講じておく必要があります。

　本書ではその必要性に応え，公務員採用試験に関する基本情報や受験自治体情報はもちろん，「教養試験」，「論作文試験」，「面接試験」について，最近の出題傾向を分析した上で，ポイント，問題と解説，対応方法などを掲載しています。これによって短期間に効率よく学習効果が現れ，自信をもって試験に臨むことができると確信しております。なお，本書に掲載の試験概要や自治体情報は，令和5（2023）年に実施された採用試験のものです。最新の試験概要に関しましては，各自治体HPなどをよくご確認ください。

　公務員を目指す方々が本書を十分活用され，公務員採用試験の合格を勝ち取っていただくことが，私たちにとって最上の喜びです。

公務員試験研究会

北海道の公務員採用試験対策シリーズ

札幌市・旭川市・釧路市・岩見沢市・芦別市・夕張市の初級・高卒程度

◆ **目　次** ◆

第1部

試験の概要

- 公務員試験とは
- [参考資料]
  試験情報と自治体情報

公務員試験とは

◆ 公務員とはどんな職業か

　一口でいえば，公務員とは，国家機関や地方公共団体に勤務する職員である。

　わが国の憲法では第15条で，「公務員を選定し，及びこれを罷免することは，国民固有の権利である」としたうえで，さらに「すべて公務員は，全体の奉仕者であつて，一部の奉仕者ではない」と定めている。

　また，その職務および人事管理などについては「国家公務員法」および「地方公務員法」という公務員に関する総合法規により，詳細に規定されている。たとえば「この法律は，……職員がその職務の遂行に当り，最大の能率を発揮し得るように，民主的な方法で，選択され，且つ，指導さるべきことを定め，以て国民に対し，公務員の民主的且つ能率的な運営を保障することを目的とする」(「国家公務員法」第1条)と述べられ，その職務や人事管理についてはっきりと規定されているのである。すなわち，公務は民主的な方法で選択され，また国民に対しては，民主的・能率的な公務の運営が義務づけられているといえよう。

　現在の公務員の基本的性格を知るにあたって，戦前の公務員に触れておこう。戦前，すなわち明治憲法の時代には，公務員は「官吏」または「公吏」などと呼ばれ，「天皇の使用人，天皇の奉仕者」ということになっていた。したがって，官吏の立場は庶民の上に位置しており，封建時代の"お役人"とほとんど変わらない性格を帯びていた。つまり，民主主義に根ざしたものではなく，天皇を中心とした戦前の支配体制のなかで，その具体的な担い手になっていたといえるだろう。

　戦後，制度が一新されて「官吏」は「公務員」と名を変え，その基本的性格もすっかり変化した。つまり，公務員の「公」の意味が「天皇」から「国民」に変わり，国民によって選定された全体の奉仕者という立場が明確にされたのである。

　なお，公務員という職業は，その職務遂行にあたって国民に大きな影響をおよぼすものであるから，労働権・政治行為などの制限や，私企業からの隔離などの諸制限が加えられていることも知っておく必要がある。

◆ 公務員の種類と職務

(1) 公務員の種類

　本書は，札幌市・旭川市・釧路市・岩見沢市・芦別市・夕張市の初級・高卒程度をめざす人のための参考書だが，ここでは公務員の種類の全体像をごく簡単に紹介しておこう。一般に公務員は国家公務員と地方公務員に大別でき，さらに一般職と特別職とに分けられる。

① 国家公務員と地方公務員

　国家公務員とは，国家公務員法の適用を受け（＝一般職），国家機関である各省庁やその出先機関などに勤務し，国家から給与を受ける職員をさす。たとえば，各省庁の地方事務局などに勤務する者も，勤務地が地方であっても国家公務員である。

　一方，地方公務員は，地方公務員法の適用を受け（＝一般職），各地方公共団体に勤務し，各地方公共団体から給与を受ける職員である。具体的には，都道府県や市町村の職員などを指している。

② 一般職と特別職

　国家公務員と地方公務員は，それぞれ一般職と特別職に分けられる。人事院または各地方公共団体の人事委員会（またはそれに準ずるところ）を通じて採用されるのが一般職である。

　特別職とは，国家公務員なら内閣総理大臣や国務大臣・国会職員などであり，地方公務員なら知事や収入役などである。それぞれ特別職は国家公務員法および地方公務員法に列記され，その特別職に属さないすべての職を一般職としている。

③ 上級職，中級職，初級職

　採用試験の区分であると同時に，採用後の職務内容や給与等の区分でもある。採用試験はこの区分に合わせて実施される。地域によっては，その名称も異なる。

(2) 地方公務員の対象となる職務

　地方公務員試験に合格して採用されると，各地方の職員として，事務および調査・研究または技術的業務などに従事することになる。

　公務員採用にあたって公開平等に試験を実施し，成績の良い者から順に採用することを徹底していて，民間企業の採用によくみられる「指定校制」など

の"制限"は原則としてない。もちろん，出身地・思想・信条などによる差別もない。これは公務員採用試験全般にわたって原則的に貫かれている大きな特徴といえよう。

◆「教養試験」の目的と内容

(1)「教養試験」の目的

　教養試験は，国家公務員，地方公務員の，高校卒程度から大学卒程度までのあらゆる採用試験で，職種を問わず必ず行われている。教養試験は，単なる学科試験とは異なり，今後ますます多様化・複雑化していく公務員の業務を遂行していくのに必要な一般的知識と，これまでの学校生活や社会生活の中で自然に修得された知識，専門分野における知識などが幅広く身についているかどうか，そして，それらの知識をうまく消化し，社会生活に役立てる素質・知的能力をもっているかどうかを測定しようとするものである。

　このことについては，公務員試験の受験案内には，「公務員として必要な一般的知識および知能」と記されている。このため，教養試験の分野は，大きく一般知識と一般知能の2つの分野に分けられる。

　一般知識の分野は，政治，法律，経済，社会，国際関係，労働，時事問題などの社会科学と，日本史，世界史，地理，思想，文学・芸術などの人文科学，物理，化学，生物，地学，数学などの自然科学の3つの分野からなっている。

　一般知識の分野の特徴は，出題科目数が非常に多いことや，出題範囲がとても広いことなどであるが，内容としては高校で学習する程度の問題が出題されているので，高校の教科書を丹念に読んでおくことが必要である。

　一般知能の分野は，文章理解，数的推理，判断推理，資料解釈の4つの分野からなっている。

　一般知能の分野の問題は，身につけた知識をうまく消化し，どれだけ使いこなせるかをみるために出題されているため，応用力や判断力などが試されている。そのため，知能検査に近い問題となっている。

　したがって，一般知識の分野の問題は，問題を解くのに必要な基本的な知識が身についていなければ，どんなに頭をひねっても解くことはできないが，一般知能の分野の問題は，問題文を丁寧に読んでいき，じっくり考えるようにすれば，だれにでも解くことができるような問題になっている。

(2)「一般知識分野」の内容

一般知識分野は，さらに大きく3分野に分けて出題される。

社会科学分野	われわれの社会環境，生活環境に密着した分野で，政治，経済，社会，労働，国際，時事などに分かれる。学校で学んだこと，日々の新聞などから知ることができる内容等が中心で，特に専門的な知識というべきものはほぼ必要がない。
人文科学分野	歴史・地理・文化・思想・国語など，人間の文化的側面，内容的要素に関する知識を問うもので，専門的知識よりも幅広いバランスのとれた知識が必要である。
自然科学分野	数学・物理・化学・生物・地学などを通じて，科学的で合理的な側面を調べるための試験で，出題傾向的には，前二者よりもさらに基本的な問題が多い。

以上が「一般知識分野」のあらましである。これらすべてについて偏りのない実力を要求されるのだから大変だが，見方を変えれば，一般人としての常識を問われているのであり，これまでの生活で身につけてきた知識を再確認しておけば，決して理解・解答ができないということはない問題ばかりである。

(3)「一般知能分野」の内容

一般知能分野は，さらに大きく4分野に分けて出題される。

文章理解	言語や文章についての理解力を調べることを目的にしている。現代文や古文，漢文，また英語などから出題され，それぞれの読解力や構成力，鑑賞力などが試される。
判断推理	論理的判断力，共通性の推理力，抽象的判断力，平面・空間把握力などを調べるもので，多くの出題形式があるが，実際には例年ほぼ一定の形式で出題される。
数的推理	統計図表や研究資料を正確に把握，解読・整理する能力をみる問題である。
資料解釈	グラフや統計表を正しく読みとる能力があるかどうかを調べる問題で，かなり複雑な表などが出題されるが，設問の内容そのものはそれほど複雑ではない。

　一般知能試験は，落ち着いてよく考えれば，だいたいは解ける問題である点が，知識の有無によって左右される一般知識試験と異なる。

　教養試験は，原則として5肢択一式，つまり5つの選択肢のなかから正解を1つ選ぶというスタイルをとっている。難しい問題もやさしい問題も合わせて，1問正解はすべて1点という採点である。5肢択一式出題形式は，採点時に主観的要素が全く入らず，能率的に正確な採点ができ，多数の受験者を扱うことができるために採用されている。

◆「適性試験」「人物試験」の目的と内容

(1)「適性試験」の目的と内容

　適性試験は一般知能試験と類似しているが，一般知能試験がその名のとおり，公務員として，あるいは社会人としてふさわしい知能の持ち主であるかどうかをみるのに対し，適性試験では実際の職務を遂行する能力・適性があるかどうかをみるものである。

　出題される問題の内容そのものはきわめて簡単なものだが，問題の数が多い。これまでの例では，時間が15分，問題数が120問。3つのパターンが10題ずつ交互にあらわれるスパイラル方式である。したがって，短時間に，できるだけ多くの問題を正確に解答していくことが要求される。

　内容的には，分類・照合・計算・置換・空間把握などがあり，単独ではなくこれらの検査が組み合わさった形式の問題が出ることも多い。

(2)「人物試験」の目的と内容

　いわゆる面接試験である。個別面接，集団面接などを通じて受験生の人柄，つまり集団の一員として行動できるか，職務に意欲をもっているか，自分の考えを要領よくまとめて簡潔に表現できるか，などを評価・判定しようとするものである。

　質問の内容は，受験生それぞれによって異なってくるが，おおよそ次のようなものである。

> ① 公務員を志望する動機や理由などについて
> ② 家族や家庭のこと，幼いときの思い出などについて
> ③ クラブ活動など学校生活や友人などについて
> ④ 自分の長所や短所，趣味や特技などについて
> ⑤ 時事問題や最近の風俗などについての感想や意見

　あくまでも人物試験であるから，応答の内容そのものより，態度や話し方，表現能力などに評価の重点が置かれている。

◆「論作文試験」の目的と内容

(1)「論作文試験」の目的
　「文は人なり」という言葉があるが，その人の人柄や知識・教養，考えなどを知るには，その人の文章を見るのが最良の方法だといわれている。その意味で論作文試験は，第1に「文章による人物試験」だということができよう。
　また公務員は，採用後に，さまざまな文章に接したり作成したりする機会が多い。したがって，文章の構成力や表現力，基本的な用字・用語の知識は欠かせないものだ。しかし，教養試験や適性試験は，国家・地方公務員とも，おおむね択一式で行われ解答はコンピュータ処理されるので，これらの試験では受験生のその能力・知識を見ることができない。そこで論作文試験が課せられるわけで，これが第2の目的といえよう。

(2)「論作文試験」の内容
　公務員採用試験における論作文試験では，一般的に課題が与えられる。つまり論作文のテーマである。これを決められた字数と時間内にまとめる。国家・地方公務員の別によって多少の違いがあるが，おおよそ1,000～1,200字，60～90分というのが普通だ。
　公務員採用試験の場合，テーマは身近なものから出される。これまでの例では，次のようなものだ。

① 自分自身について	「自分を語る」「自分自身のPR」「私の生きがい」「私にとって大切なもの」
② 学校生活・友人について	「学校生活をかえりみて」「高校時代で楽しかったこと」「私の親友」「私の恩師」
③ 自分の趣味など	「写真の魅力」「本の魅力」「私と音楽」「私と絵画」「私の好きな歌」
④ 時事問題や社会風俗	「自然の保護について」「交通問題を考える」「現代の若者」
⑤ 随想，その他	「夢」「夏の1日」「秋の1日」「私の好きな季節」「若さについて」「私と旅」

　以上は一例で，地方公務員の場合など，実に多様なテーマが出されている。ただ，最近の一般的な傾向として，どういう切り口でもできるようなテーマ，たとえば「山」「海」などという出題のしかたが多くなっているようだ。この題で，紀行文を書いても，人生論を展開しても，遭難事故を時事問題風に扱ってもよいというわけである。一見，やさしいようだが，実際には逆で，それだけテーマのこなし方が難しくなっているともいえよう。

　次に，試験情報と自治体情報を見てみよう。

札幌市の試験情報

令和5年度　札幌市職員採用試験案内

（短大の部、資格・免許職、高校の部）

令和5年（2023年）6月21日告示
札幌市人事委員会

第1次試験日（筆記）　**9月24日（日）**

受　付　期　間　**7月　3日（月）9時 ～ 7月21日（金）13時**【受信分有効】

【申込みはインターネットのみ】

※7月18日（火）22時～7月19日（水）6時は、メンテナンス作業のため申込みができません。

求める人物像

札幌市では、市民自治によるまちづくりをすすめるため、次のような優れた人材を求めています。

やわらかな頭	やさしい心	コミュニケーション力	フットワークの良さ	熱い思い
状況の変化に対応できる	市民のために奉仕する	市民と心を通わせる	市民と共に行動する	札幌をもっとよくしたい

1　試験区分・採用予定数・主な職務内容等

試験区分			採用予定数※	主な職務内容・配属先
短大の部		一般事務	7名程度	本庁各局や区役所、市税事務所などの市長部局をはじめ、交通局や水道局などの公営企業、教育委員会事務局などに配属され、総務（庶務、広報、人事など）、税務、福祉、まちづくり、その他の行政事務全般の業務に従事します。
		学校事務	6名程度	市立の学校に配属され、学校の予算経理、物品の購入・管理、施設の維持管理など学校事務全般の業務に従事します。
	一般技術	土木	3名程度	建設局や土木センターその他の土木関係職場に配属され、土木工事の設計、施工監理、施設の維持管理、都市計画や交通計画などの業務に従事します。
		電気	若干名	都市局や交通局その他の電気関係職場に配属され、電気設備工事の設計、施工監理、施設の維持管理などの業務に従事します。
		機械	若干名	環境局や都市局その他の機械関係職場に配属され、機械設備工事の設計、施工監理、施設の維持管理などの業務に従事します。
		消防吏員	15名程度	採用後、約半年間全寮制の消防学校へ入校し、その後、消防局各職場に配属され、消火活動、救助活動、救急活動、防火指導などの業務に従事します（女性は、現行の法律上、従事できる業務に制限があります）。
資格・免許職		保育士	20名程度	保育園などの児童福祉施設に配属され、保育の業務や地域における子育て推進事業などの業務に従事します。
		栄養士	若干名	保育園や市立の学校などに配属され、給食の献立の作成、材料のチェック、児童・生徒への栄養指導などの業務に従事します。
高校の部		一般事務	20名程度	本庁各局や区役所、市税事務所などの市民部局をはじめ、交通局や水道局などの公営企業、教育委員会事務局などに配属され、総務（庶務、広報、人事など）、税務、福祉、まちづくり、その他の行政事務全般の業務に従事します。
		学校事務	若干名	市立の学校に配属され、学校の予算経理、物品の購入・管理、施設の維持管理など学校事務全般の業務に従事します。
	一般技術	土木	7名程度	建設局や土木センターその他の土木関係職場に配属され、土木工事の設計、施工監理、施設の維持管理、都市計画や交通計画などの業務に従事します。
		電気	若干名	都市局や交通局その他の電気関係職場に配属され、電気設備工事の設計、施工監理、施設の維持管理などの業務に従事します。
		機械	若干名	環境局や都市局その他の機械関係職場に配属され、機械設備工事の設計、施工監理、施設の維持管理などの業務に従事します。
		消防吏員	15名程度	採用後、約半年間全寮制の消防学校へ入校し、その後、消防局各職場に配属され、消火活動、救助活動、救急活動、防火指導などの業務に従事します（女性は、現行の法律上、従事できる業務に制限があります）。

※　採用予定数は、今後の事業計画等により変更する場合があります。

○　各試験区分の業務内容の詳細については、札幌市職員採用ホームページをご覧ください。

2 受験資格

各試験区分の受験資格要件は下表のとおり。　　※受験申込みは、**一つの試験区分**に限ります。

試 験 区 分			受 験 資 格	
			学 歴 及 び 生 年 月 日	その他の資格要件
短大の部	一般事務		**平成6年4月2日以降**に生まれた方で、次の①～③のいずれかに該当する方 ① 学校教育法による短期大学若しくは高等専門学校を卒業若しくは令和6年3月までに卒業見込みの方※1又は札幌市人事委員会がこれらと同等と認める方 ② 専門学校（専修学校専門課程）において、専門士の称号を取得又は令和6年3月までに取得見込みの方 ③ 専門学校（専修学校専門課程）において、短期大学の課程を併修し、卒業又は令和6年3月までに卒業見込みの方	以下の要件をいずれも満たす方 ・各試験区分に関係のある左記学校の学部・学科等※2を卒業若しくは卒業見込みの方又はこれに相当すると札幌市人事委員会が認める方 ・各試験区分に関係のある課目※3を履修した方又は履修中の方
	学校事務			
	一般技術	土木		
		電気		
		機械		
	消防吏員			
免許資格職・	保育士		**平成6年4月2日以降**に生まれた方	試験区分の資格・免許所有の方又は令和6年3月までに資格・免許取得見込みの方
	栄養士			
高校の部	一般事務		学校教育法による高等学校を卒業若しくは令和6年3月までに卒業見込みの方又は札幌市人事委員会がこれらと同等と認める方で、**平成6年4月2日以降**に生まれた方	以下の要件をいずれも満たす方 ・各試験区分に関係のある高等学校の学科等※2を卒業若しくは卒業見込みの方又はこれに相当すると札幌市人事委員会が認める方 ・各試験区分に関係のある課目※3を履修した方又は履修中の方
	学校事務			
	一般技術	土木		
		電気		
		機械		
	消防吏員			

※1　専門職大学前期課程を修了若しくは令和6年3月までに修了見込みの方を含みます。
※2　主に技術系の学部・学科等を指します。自身の学部・学科が該当するか不明な場合は事前にご相談ください。
※3　各試験区分に関係のある課目（例）については、下記の表を参照ください。

試 験 区 分			各 試 験 区 分 に 関 係 の あ る 課 目（例）
一般技術	土木	短大	応用力学、水理学、土質工学、材料、施工、測量、都市計画、土木計画
		高校	土木基礎力学、水理学、土質力学、構造力学、土木施工、測量、土木構造設計、社会基盤工学
	電気	短大	電気基礎、電気機器、電力技術、電子計測制御、電子技術、電子回路、通信技術、電子情報技術
		高校	電気基礎、電気機器、電力技術、電子計測制御、電子技術、電子回路、通信技術、電子情報技術
	機械	短大	機械設計、機械工作、原動機、生産システム技術、電子機械
		高校	機械設計、機械工作、原動機、生産システム技術、電子機械

○　短大の部は、専門学校（専修学校専門課程）において高度専門士の称号を取得若しくは令和6年3月までに取得見込みの方、大学を卒業若しくは令和6年3月までに卒業見込みの方又は札幌市人事委員会がこれらと同等と認める方は受験できません。また、高校の部は、専門学校（専修学校専門課程）において、高度専門士若しくは専門士の称号を取得若しくは令和6年3月までに取得見込みの方、大学、短期大学、高等専門学校を卒業若しくは令和6年3月までに卒業見込みの方、学校教育法による専門職大学前期課程を修了若しくは令和6年3月までに修了見込みの方又は札幌市人事委員会がこれらと同等と認める方は受験できません。

　上記称号を取得見込みの方又は上記学校を卒業見込み若しくは修了見込みの方が受験するためには、受験申込日までに中退していることが必要であり、第1次試験に合格した場合は、その中退の事実を確認できる証明書を提出していただきます。

○ 地方公務員法第16条に規定される下記のいずれかに該当する方は受験することができません。
- 禁錮以上の刑に処せられ、その執行を終わるまで又はその執行を受けることがなくなるまでの方
- 札幌市職員として懲戒免職の処分を受け、その処分の日から2年を経過しない方
- 日本国憲法施行の日以後において、日本国憲法又はその下に成立した政府を暴力で破壊することを主張する政党その他の団体を結成し、又はこれに加入した方
○ 平成11年改正前の民法の規定による準禁治産の宣告を受けている方（心神耗弱を原因とするもの以外）は受験することができません。
○ 日本国籍を有しない方は、消防吏員の試験区分を受験することができません。また、その他の試験区分を受験する方で日本国籍を有しない方は別途資料を提出していただく場合がありますので、あらかじめお問い合わせください。
○ 保育士の資格を検定試験で取得見込みの方には別途資料を提出していただく場合がありますので、受験申込みをされる際には必ず事前にお問い合わせください。

❸ 試験日時・合格発表　　※ホームページや通知等により必ず各自で確認してください。

(1) 第1次試験

試験区分		筆記試験		1次面接試験	合格発表	
		試験日等	試験時間	試験日	発表日時	発表方法
短大の部、高校の部	一般事務	令和5年9月24日（日）開場8時45分 ※中途退席不可 ※昼食休憩なし	試験開始時刻9時45分 終了予定時刻13時25分	令和5年10月6日（金）〜10月8日（日）	令和5年10月13日（金）11時00分	第1次試験合格者のみ文書で通知 合格者の受験番号をホームページに掲載
	学校事務					
	消防吏員				令和5年9月29日（金）11時00分	
	資格・免許職（保育士、栄養士）					
短大の部、高校の部	一般技術 土木		試験開始時刻9時45分 終了予定時刻12時55分			
	電気					
	機械					

○ 筆記試験当日に、面接カード（受験者自身に関することをテーマに沿って記入するもの）を記入していただきます（記入時間20分）。詳しい内容は試験当日にお知らせします。
○ 1次面接試験【短大の部（一般事務、学校事務）、高校の部（一般事務、学校事務）】の対象者については、9月24日（日）に実施する筆記試験の成績により決定し、9月29日（金）に対象者の受験番号及び面接試験の詳細についてホームページに掲載します。
※1次面接試験は筆記試験の受験状況等により実施しない場合があります。

(2) 第2次試験

試験区分	面接試験	身体検査・体力検査	合格発表
全区分共通	令和5年10月中旬〜令和5年10月下旬	【身体検査】※消防吏員・保育士のみ 令和5年9月下旬〜令和5年10月中旬 【体力検査】※消防吏員のみ 令和5年10月15日（日）	令和5年11月上旬（予定） 第2次試験受験者全員に文書で通知 合格者の受験番号をホームページに掲載
	詳細の日時・場所は、第1次試験合格者に別途通知		

○ 一般技術（土木、電気、機械）区分受験者のうち第2次試験の対象となった方には、第1次合格発表後1週間をめどに、各試験区分に関係のある課目（P.2参照）の履修状況を確認するため、卒業（見込）校で発行される「学業成績証明書」等の履修状況が分かる書類を提出していただきますので、取得方法について事前に確認してください。

4 試験の方法・内容

(1) 第1次試験

ア 筆記試験の方法・出題分野

試 験 区 分			出 題 分 野 （ 択 一 式 ）	解答時間
短大の部		一般事務	教養合計40題解答	<必須科目・25題> 〔文章理解(現代文・英語)〕8題、〔判断推理、数的推理、資料解釈〕17題 <選択科目・30題中15題解答> 社会科学12題、人文科学10題、自然科学8題	120分
		学校事務			
		消防吏員			
	一般技術	土 木	教養30題全て解答	<教養系科目・30題> 〔文章理解(現代文・英語)〕12題、〔判断推理、数的推理、資料解釈〕18題	90分
		電 気			
		機 械			
資格・免許職	保育士		総合40題全て解答	<教養系科目・20題> 〔文章理解(現代文・英語)〕8題、〔判断推理、数的推理、資料解釈〕12題 <専門系科目・20題> 〔社会福祉、子ども家庭福祉(社会的養護を含む)〕7題 〔保育の心理学、保育原理・保育内容、子どもの保健(精神保健を含む)〕13題	120分
	栄養士			<教養系科目・20題> 〔文章理解(現代文・英語)〕8題、〔判断推理、数的推理、資料解釈〕12題 <専門系科目・20題> 〔社会生活と健康、人体の構造と機能、食品と衛生〕9題 〔栄養と健康、栄養の指導、給食の運営〕11題	
高校の部		一般事務	教養合計50題解答	<必須科目・25題> 〔文章理解(現代文・英語)〕9題、〔判断推理、数的推理、資料解釈〕16題 <選択科目・30題中25題解答> 社会科学9題、人文科学12題、自然科学9題	120分
		学校事務			
		消防吏員			
	一般技術	土 木	教養30題全て解答	<教養系科目・30題> 〔文章理解(現代文・英語)〕12題、〔判断推理、数的推理、資料解釈〕18題	90分
		電 気			
		機 械			

イ 1次面接試験【短大の部（一般事務、学校事務）、高校の部（一般事務、学校事務）】
個別面談を実施します。

(2) 第2次試験

試 験 区 分	試 験 の 方 法 ・ 内 容
全試験区分	① 面接試験（個別面接により、主として人物評価をします）
保育士	上記①面接試験に加え、 ② 身体検査（職務遂行に必要な健康度を医学的に検査します）
消防吏員	上記①面接試験に加え、 ② 身体検査（職務遂行に必要な健康度を医学的に検査します） ③ 体力検査（消防吏員として必要な機敏性、基礎体力などについて検査します）

○ 保育士及び消防吏員の身体検査は、指定期間中に各自で医療機関を受診してください（検査費用は自己負担）。
　検査の概要は筆記試験当日にお知らせします。

○ 消防吏員の身体検査における主な基準は次のとおりです。
・ 視 力　矯正視力を含み、両眼で0.7以上、かつ、一眼でそれぞれ0.3以上であること
・ 色 覚　赤色、青色及び黄色の色彩の識別ができること
・ 聴 力　左右とも正常であること
・ その他　身体に職務遂行上支障がないこと

5 障がいのある方の受験について

　障がいのある方で、受験の際に配慮（車いすの使用など）が必要な方及び点字受験（試験区分「一般事務」「学校事務」のみ受験可能）を希望される方は、その旨を申込み時に「通信欄」に入力してください。
　なお、申込み時点で申出がなかった場合は、対応できない場合があります。

6 第1次試験（筆記）会場

○ **北星学園大学**（札幌市厚別区大谷地西2丁目3番1号）

○ **札幌市立向陵中学校**（札幌市中央区北4条西28丁目1番30号）

※ 試験会場の選択はできません。

※ 試験会場内の下見はできません。

※ 各試験会場への試験に関する問い合わせは固く禁止します。

※ <u>試験会場に駐車場はありません。送迎等による来場は禁止しますので、公共交通機関</u>を利用してください。

（障がい等により自動車での来場が必要な方は、事前に来場方法について人事委員会事務局にご相談ください。）

※ <u>受験者及びその送迎の車は、近隣の商業施設・道路への駐停車は絶対に行わないでください。</u>

筆記試験日の1週間前をめどに、ホームページで各試験会場の教室割を発表する予定です。あらかじめ自身の教室を確認の上、来場してください。

7 合格から採用まで

(1) 合格者は札幌市人事委員会が作成する採用候補者名簿に記載され、原則として令和6年4月に任命権者（市長、教育委員会又は消防長）によって採用されます。

(2) 受験資格がないこと、受験申込書等に虚偽の記載がなされたことが判明した場合は合格を取り消します。また、資格・免許等の取得見込みの方で、その資格・免許等が取得できない場合は採用されません。

(3) 日本国籍を有しない方で、就労が制限されている在留資格の方は採用されません。

(4) 日本国籍を有しない職員は「公権力の行使又は公の意思の形成への参画に携わる公務員については、日本国籍を必要とする」という公務員の基本原則に基づき、住民の権利義務に直接具体的な効果を及ぼす業務（公権力の行使）及び公の意思の形成に参画する業務に携わることができません。また、日本国籍を有しない職員は、市政の企画、立案、決定等に関与する課長職以上の職及び市の基本施策の決定に携わる係長職に昇任することなどはできません。

(5) 健康増進法に基づく受動喫煙対策のため、市役所本庁舎や区役所など配属先の各施設は原則全面禁煙です。

8 給与の概要

令和5年4月1日現在の給与は次のとおりです。なお、令和6年度については変更となる場合があります。

初 任 給（地域手当を含みます）			その他の手当
短大の部	一 般 事 務	173,143円	・ 初任給は学歴や経歴に応じて加算される場合があります。 ・ この他に期末・勤勉手当（6月、12月）、寒冷地手当（10月）が支給されます。また、支給要件に該当する方には、通勤手当、扶養手当、住居手当などの諸手当が支給されます。
	一 般 技 術		
	学 校 事 務		
	消 防 吏 員	182,001円	
資格・免許職（大卒の場合）		190,756円	
資格・免許職（短大卒の場合）		173,143円	
高校の部	一 般 事 務	158,620円	
	一 般 技 術		
	学 校 事 務		
	消 防 吏 員	165,624円	

休暇制度などの勤務条件や福利厚生については、ホームページでご確認ください。

[検 索]　札幌市職員　勤務条件・福利厚生

https://www.city.sapporo.jp/jinji-iinkai/saiyo/info/documents/fukuri.pdf

（勤務条件・福利厚生）

札幌市の自治体情報

令和5年度予算のポイント

骨格予算として編成しつつも、第2次札幌市まちづくり戦略ビジョンの実現に資する事業に取り組むとともに、物価高騰対策や感染症対策などの喫緊の課題にもしっかりと対応

予算編成の考え方

①令和5年4月に市議会議員及び市長の選挙が実施される予定であるため、経常的な事務事業や、アクションプラン2019に基づき実施している政策的な事業のうち、市政運営上切れ目なく実施する必要があるものを中心とした骨格予算として編成（肉付け予算への留保財源として30億円を確保）

②第2次札幌市まちづくり戦略ビジョン〈ビジョン編〉に掲げる「まちづくりの基本目標」の実現に資する事業に取り組むとともに、物価高騰対策や新型コロナウイルス感染症対策などの喫緊の課題にもしっかりと対応

③その他、これまでの取組の効果検証などを通じた事業の廃止や見直しを促進するため、各局のマネジメントによる事業の見直しを推進するための仕組みを構築

※アクションプラン2019：札幌市まちづくり戦略ビジョン・アクションプラン2019

予算の柱

物価高騰対策・
新型コロナウイルス感染症対策

子ども・子育て支援、町内会支援、
誰もが暮らしやすいまちづくり

経済活性化・まちのリニューアル・
ゼロカーボンの推進

予 算 規 模

◆一般会計　当初予算計上額　**1兆1,922億円**（対前年度比2.6%増）

◆全会計　当初予算計上額　**1兆8,496億円**（対前年度比2.5%増）

　骨格予算としつつも、第2次戦略ビジョンの実現に資する事業に取り組むとともに、物価高騰対策や感染症対策などの喫緊の課題にもしっかりと対応し、**過去最大**の予算規模

予算編成方針で掲げた「戦略ビジョン推進関連費」として**188億円**、「新型コロナウイルス感染症対策関連費」(※1)として**1,221億円**を計上

◆令和5年度予算は「16か月予算」として、令和5年1定補正予算等の経済対策と一体的に編成(※2)

　　　一般会計予算規模　**1兆2,117億円**（対前年度比2.9%減）

　　　全会計予算規模　**1兆8,716億円**（対前年度比1.1%減）

※1　物価高騰対策は「新型コロナウイルス感染症関連費」において計上。1,221億円(当初分1,179億円、補正分42億円)は16か月予算ベース
※2　令和5年1定補正予算等：令和4年4定、令和5年1定補正含

各会計予算額

(単位：百万円、%)

	令和5年度 (A)	令和4年度 (B)	比較増減 (A)-(B)＝(C)	増減率 (C)/(B)
一 般 会 計	1,192,200 (1,211,741)	1,161,600 (1,248,291)	30,600 (▲ 36,551)	2.6 (▲ 2.9)
特 別 会 計	384,075	374,609	9,466	2.5
企 業 会 計	273,294 〈275,816〉	268,816 〈269,954〉	4,478 〈5,862〉	1.7 〈2.2〉
総 計	1,849,569 (1,871,632)	1,805,025 (1,892,854)	44,544 (▲ 21,223)	2.5 (▲ 1.1)

〈 〉内は、前年度の1定補正等のうち、国の経済対策関連経費等を含む「16か月予算」

一般会計予算規模の推移

(単位：百万円)

一般会計予算の概要

歳入 (単位:億円) 総額 **1兆 1,922 億円** 対前年度 +306億円(+2.6%) **歳出** (単位:億円)

歳入

- 3,501 — **市税** 対前年度 +102億円(+3.0%) 個人市民税、法人市民税及び固定資産税の増等により、前年度予算から3.0%の増となりました。
- 754 — **地方譲与税・地方特例交付金等** 対前年度 +40億円(+5.6%) 地方消費税交付金の増、配当割交付金の増等により前年度予算比5.6%の増となりました。
- 1,234 — **地方交付税** 対前年度 +72億円(+6.2%) 前年度予算から6.2%の増となりました。地方交付税の振替措置である臨時財政対策債との合計(広義の地方交付税)では、市税収入の増に伴い、前年度予算から7.0%減少の1,452億円となりました。なお、府村予算に向けて30億円を留保しています。

広義の地方交付税	4年度	5年度	増減額	増減率
地 方 交 付 税	1,162	1,234	72	6.2%
臨 時 財 政 対 策 債	400	182	▲ 182	▲45.5%
合 計	1,562	1,452	▲ 110	▲7.0%

- 247 — **分担金・負担金・使用料・手数料** 対前年度 ▲4億円(▲1.8%) 私立保育所負担金の減等により、前年度予算から1.8%の減となりました。
- 2,900 — **国庫支出金** 対前年度 +85億円(+3.0%) 駒岡清掃工場の工事費、訓練等給付費、出産・子育て応援交付金の増等により、前年度予算から3.0%の増となりました。
- 797 — **道支出金** 対前年度 +92億円(+13.1%) 新型コロナウイルス感染症緊急対策費、介護サービス事業所等感染症対策事業費の増等により、前年度予算から13.1%の増となりました。
- 919 — **市債** 対前年度 ▲40億円(▲4.2%) 臨時財政対策債の減等により、前年度予算から4.2%の減となりました。
- 1,569 — **諸収入等** 対前年度 ▲41億円(▲2.6%) 中小企業金融対策資金貸付金の減等により、前年度予算から2.6%の減となりました。

歳出

- 484 — **総務費** 対前年度 ▲45億円(▲8.4%) まちづくり推進基金造成費の皆減等により、前年度予算から8.4%の減となりました。
- 4,874 — **保健福祉費** 対前年度 +111億円(+2.3%) 新型コロナウイルス感染症対策関連経費、訓練等給付費の増等により、前年度予算から2.3%の増となりました。
- 383 — **環境費** 対前年度 +133億円(+53.1%) 駒岡清掃工場更新費、清掃事務所更新費の増等により、前年度予算から53.1%の増となりました。
- 1,070 — **経済費** 対前年度 ▲104億円(▲8.9%) 中小企業金融対策資金貸付金、市内宿泊促進キャンペーンの減等により、前年度予算から8.9%の減となりました。
- 1,194 — **土木費** 対前年度 +95億円(+8.7%) 札幌駅交流拠点みまちづくり推進費、除雪費の増等により前年度予算から8.7%の増となりました。
- 534 — **教育費** 対前年度 +107億円(+24.9%) 学校給食費公会計運営費、学校施設改築費の増等により前年度予算から24.9%の増となりました。
- 918 — **公債費** 対前年度 +26億円(+2.9%) 市債の償還元金の増等により、前年度予算から2.9%の増となりました。
- 836 — **諸支出金** 対前年度 ▲9億円(▲1.1%) 病院事業会計の貸付の減等により、前年度予算から1.1%の減となりました。
- 1,546 — **職員費** 対前年度 ▲20億円(▲1.3%) 定年引上げによる退職手当の減等により、前年度予算から1.3%の減となりました。

その他 82億円

中期財政フレーム

- 令和5年度予算は、令和元年12月公表の中期財政フレームと比較し、一般財源の増等により、財政調整基金活用額は当初想定の168億円を75億円下回る93億円にとどめた。令和元年度から令和5年度までの累計では、財政調整基金活用額は当初想定の406億円を174億円下回る232億円となる見込み。
- 令和5年度末における基金残高については、新型コロナウイルス感染症対策事業の増等により事業費が増加したものの、一般財源の増や事業進捗の変更のほか、予算執行段階での節減を見込み、当初想定より455億円上回る921億円となる見込み。
- 令和5年度末の市債残高見込みについては、適切な市債管理により当初見込みから832億円下回る1兆1,456億円に抑制。

(単位:億円)

	区分	R元予	R2予	R3予	R4予	期間合計	[参考]R5予	[参考]R元~R5	[参考]R元~R5(R元.12月公表時)
歳入	一般財源	5,535	5,593	5,640	5,724	22,492	5,885	28,377	27,853
	国・道支出金	2,911	3,003	3,051	3,520	12,485	3,698	16,183	15,200
	市債	552	536	525	559	2,172	701	2,873	3,334
	【臨時債を含めた場合】	[1,032]	[986]	[1,175]	[959]	[4,152]	[919]	[5,071]	[5,734]
	その他	1,211	1,135	1,872	1,647	5,865	1,546	7,411	5,968
	基金活用額	18	28	52	166	264	93	357	488
	合計	10,227	10,295	11,140	11,616	43,278	11,922	55,200	52,844
歳出	義務的経費	5,643	5,838	5,861	5,992	23,334	6,044	29,378	29,316
	職員費	1,566	1,575	1,557	1,561	6,259	1,533	7,792	7,813
	公債費	869	896	890	887	3,542	913	4,455	4,533
	扶助費	3,207	3,367	3,415	3,544	13,532	3,598	17,130	16,805
	他会計繰出金	1,062	1,082	1,082	1,106	4,333	1,100	5,433	5,440
	建設事業費	1,034	1,007	1,002	1,045	4,088	1,335	5,423	5,938
	その他事業費	2,489	2,368	3,195	3,473	11,524	3,442	14,966	12,316
	合計	10,227	10,295	11,140	11,616	43,278	11,922	55,200	53,009

区分		R元決	R2決	R3決	R4決見※	期間合計	[参考]R5見込	[参考]R元~R5
財政調整基金活用額	R5予算反映版	0	0	57	82	139	93	232
	R元.12月公表時	18	45	74	101	238	168	406
	差し引き	▲ 18	▲ 45	▲ 17	▲ 19	▲ 99	▲ 75	▲ 174
年度末基金残高	R5予算反映版	713	772	944	976	-	921	-
	R元.12月公表時	657	659	635	584	-	466	-
	差し引き	56	113	309	392	-	455	-
市債残高	R5予算反映版	10,843	10,987	11,006	11,355	-	11,456	-
	R元.12月公表時	11,103	11,397	11,631	11,895	-	12,288	-
	差し引き	▲ 260	▲ 411	▲ 624	▲ 539	-	▲ 832	-

※R5年1定補正予算までの計上(見込)額を反映

「令和5年度予算の概要」より抜粋

旭川市の試験情報

令和5年度 ☆旭川市職員採用候補者資格試験案内

■ 試験区分と募集職種

区分	募集職種		採用予定人数
短大卒・高校卒 の部	事務	一 般 行 政	5人
	技術	土　　　木	2人
		建　　　築	1人
		電気・機械	あわせて 1人

※採用人数は，欠員の状況等により変更することがあります。

旭川市職員の目指すべき職員像	1　チャレンジ精神旺盛な未来志向 2　市民目線に立った協働志向 3　多様性を認め合うチームワーク志向

■ 試験日程と採用予定日

		事務（一般行政）	技術（土木・建築・電気・機械）
受験申込受付期間		7月19日（水）0時00分から7月31日（月）23時59分まで	
第1次試験	試験内容	教養試験，書類審査試験	教養試験，専門試験
	書類審査期間	9月4日（月）から 9月21日（木）まで	
	試験日	9月17日（日）午前9時30分までに着席 （開場　午前9時00分） ※事務（一般行政）の終了時刻は，正午頃を予定しています。 　技術（土木・建築）の終了時刻は，午後2時半頃を予定していますので，受験者は昼食を持参してください。	
	会場	道北経済センター（旭川市常盤通1丁目）	
	合格発表（予定）	10月上旬	
第2次試験	試験内容	個人面接試験，集団面接試験	個人面接試験
	試験日	10月下旬	
	合格発表（予定）	11月上旬	
採用予定日		令和6年4月1日	

【問合せ先】**旭川市総務部人事課**（旭川市役所総合庁舎5階）
〒070-8525　北海道旭川市6条通9丁目46番地
電話　（0166）25-5445（人事課直通），メール　jinji_ikusei@city.asahikawa.lg.jp

■　受験資格

学　歴　区　分	資　格　要　件
短期大学卒 （短大卒）	(1)　大学卒者（※）に該当しない方で，学校教育法（昭和２２年法律第２６号。以下「法」という。）に規定する短期大学（高等専門学校を含む。）を卒業若しくは令和６年３月までに卒業見込み又はそれらと同等の資格を有する方で，平成７年４月２日以降に生まれた方 　※　「大学卒者」とは，法に規定する大学（法に規定する大学院を含む。以下「大学」という。）を卒業若しくは令和６年３月までに卒業見込み又はそれらと同等の資格を有する方をいいます。 (2)　大学卒者に該当しない方で，大学に２年以上在学して６２単位以上修得した（令和６年３月までに修得見込みを含む。）平成７年４月２日以降に生まれた方
高等学校卒 程　度 （高校卒）	(1)　大学卒者及び上記短期大学卒の資格要件に該当しない方で，法に規定する高等学校（中等教育学校を含む。）を卒業若しくは令和６年３月までに卒業見込み又はそれらと同等の資格を有する方で，平成９年４月２日以降に生まれた方 (2)　最終学歴が法に規定する中学校を卒業した方で，平成９年４月２日から平成１８年４月１日までに生まれた方

※　**重複受験の制限**
　　この短大卒・高校卒の部を受験される方は，今年度に実施されるほかの区分の旭川市職員採用候補者資格試験と重複して受験することはできません。
※　勤務場所の受動喫煙対策として，敷地内は原則禁煙としております。
※　日本国籍を有しない方は，受験資格のほかに，永住資格を有することが必要となります。また，試験に合格した場合の採用及びその後の昇任については，「日本国籍を有しない者は公権力の行使又は公の意思の形成への参画に携わる職には就くことができない」という公務員の基本原則に基づき行われることとなります。
　・　「公権力の行使」とは，命令，処分等を通じて，対象となる市民の意思にかかわらず，権利・自由を制限することとなる行為をいい，例えば「税の徴収業務，生活保護の決定・実施，道路管理に伴う許認可業務」などがあります。
　・　「公の意思の形成への参画」とは，市政の企画，立案，決定等に関与することをいい，これに携わる職とは，最終決定権を有する職及び市の基本施策の決定に携わると市長が認めた職をいいます。
※　地方公務員法（昭和２５年法律第２６１号）第１６条（欠格条項）に該当する方は受験できません。
　・　地方公務員法第１６条の主な内容
　　○　禁錮以上の刑に処せられ，その執行を終わるまで又はその執行を受けることがなくなるまでの者
　　○　旭川市職員として懲戒免職の処分を受け，その処分の日から２年を経過しない者

■　試験科目

(1)　第１次試験

試験区分	科目	内容及び出題分野
一般行政	書　類　審　査	受験申込時に提出する受験申込書の審査
全　区　分	教　養　試　験 （２時間）	時事，社会・人文，自然に関する一般知識並びに文章理解，判断推理，数的推理及び資料解釈に関する能力を問う択一式試験 （出題数４０題）

試験区分	科目	内容及び出題分野
土　木	専門試験 （1時間30分）	数学・物理・情報技術基礎，土木基礎力学（構造力学，水理学，土質力学），土木構造設計，測量，社会基盤工学，土木施工に関する択一式試験 （出題数30題）
建　築		数学・物理・情報技術基礎，建築構造設計，建築構造，建築計画，建築法規，建築施工に関する択一式試験 （出題数30題）
電　気		数学・物理・情報技術基礎，電気基礎，電気機器・電力技術・電子計測制御，電子技術・電子回路・通信技術・電子情報技術に関する択一式試験 （出題数30題）
機　械		数学・物理・情報技術基礎，機械設計，機械工作，原動機，生産システム技術（電気技術，電子技術，制御），電子機械に関する択一式試験 （出題数30題）

(2)　第2次試験

受験対象		科目	内容
第1次試験 合格者	全区分	個人面接試験	人物などについての個人面接試験
	一般行政	集団面接試験	人物などについての集団面接試験

※　第2次試験の詳細は，第1次試験合格者に通知します。

■　合格発表の方法及び成績開示

試験課程	発表の方法	
第1次試験	合格者のみに郵送で通知します。	通知のほか，旭川市役所（旭川市6条通9丁目）掲示場及び旭川市ホームページ（アドレス http://www.city.asahikawa.hokkaido.jp/）に受験番号を掲示します。
第2次試験	受験者全員に合否を郵送で通知します。	

※　不合格者のうち，希望される方に対して，試験結果（総合順位）をお知らせします。
　(1)　対象者：第1次，第2次試験の不合格者（本人に限ります。）
　(2)　内　容：不合格になった試験の得点及び順位
　(3)　期　間：不合格になった試験の合格発表の日から1か月間（土曜日，日曜日及び祝日を除きます。）
　(4)　場　所：旭川市総務部人事課（市役所総合庁舎5階）
　　　　　※　郵送を希望する場合は，84円切手を貼った返信用封筒（定形・宛先明記）を必ず同封してください。なお，返信先は，受験申込書に記入した現住所又は連絡先に限ります（電話での申出はできません。）。

■　合格から採用まで

(1)　最終試験の最終合格者は，「旭川市職員採用候補者名簿（有効期間：合格発表の日から1年間」に登載されます。ただし，採用候補者名簿に登載された方で，令和6年3月31日までに受験区分ごとの最終学校を卒業できないなど，それぞれの資格要件を満たさない場合は，この名簿から削除されます。
(2)　採用時期は，令和6年4月1日を予定しています。

■ 申込書類，申込方法等

	申込手順は次の通りです。	
申込方法	(1) 旭川市ホームページ「職員採用情報」ページから「受験申込書」の様式をダウンロードする。 (2) パソコン等で書類を作成し，受付期間内に右記インターネット上の申込サイトにて必要事項を入力し，「受験申込書」をアップロードする。 (3) 後日，受験番号と面接日時の通知文書が届く。	A　様式ダウンロード 旭川市　採用
	※ 上記(2)の作業をもって受験申込完了となります。 ※ 就職支援サイトからの「エントリー」では，受験申込とはなりませんので御注意ください。 ※ 受付完了後，システムから受付完了メールが自動送信されます。メールが届かない場合，次の可能性が考えられます。 ア　メールアドレスに誤りがある イ　案内メールが迷惑メールフォルダに振り分けられている ウ　旭川市からのメールが受信拒否設定となっている 上記ア～ウを確認したうえで，至急問合せ先まで御連絡ください。	B　申込サイト https://logoform.jp/f/UWBFj
	※ 通信環境等の事情により，インターネット上の手続きが困難な方は，紙による提出を案内します。受験申込受付期間終了の１０日前までに問合せ先まで御連絡ください。 ※ 事前連絡がない方の紙による申込は，原則受付できません。	
申込書類	受験申込書（構成：履歴シート…２ページ，エントリーシート…１ページ） ※ 様式は，旭川市ホームページよりダウンロードしてください。 ※ 履歴シートの所定の位置に写真（上半身・無帽・正面向・６か月以内撮影・縦４cm×横３cm）データを貼り付けてください。 ※ 提出書類等により取得した個人情報は，今回の職員採用候補者資格試験の円滑な実施のために用い，それ以外の目的には使用いたしません。	
問合せ先	旭川市総務部人事課　℡　（０１６６）２５－５４４５　（人事課直通）	
その他	※ 受付期間後は，いかなる理由があっても申込受付できません。 ※ 受付期間終了間際は申込サイトへのアクセスが集中し，繋がりにくくなる可能性があるため，早めの申込をお願いします。	

■ 給与

学　歴	初　任　給	そ　の　他
短期大学卒	１６７，１００円	時間外勤務手当，扶養手当，住居手当，通勤手当，
高等学校卒程度	１５４，６００円	期末・勤勉手当等があります。

※ 初任給は，採用前の経歴等に応じて加算されることがあります。
※ この初任給は，令和５年４月１日現在の給料月額で，採用前に給与改定等があった場合は，その定めるところによります。

■ 過去の受験者数・最終合格者数（短大卒・高校卒の部）

実施年度	試験区分		受験者数	最終合格者数	倍　率
令和 4年度	事　務	一般行政	５７人〔２５人〕	１７人〔１１人〕	３．４
	技　術	土　木	９人〔１人〕	５人〔０人〕	１．８
		建　築	１人〔０人〕	１人〔０人〕	１．０
		電気・機械	募集なし	－	－

※ 〔　〕内の人数は女性の内訳数

旭川市の自治体情報

旭川再起動予算
～持続可能な新たな100年への挑戦～

2月24日に市議会第1回定例会で行った市政方針において説明した令和5年度予算案は、3月24日に市議会の議決を得て成立しました。

旭川が現在抱えている課題や現状については、本誌3月号をご覧ください。

市政方針の全文は市HPからご覧いただけます

「再起動」に込めた想い

新たな100年に向けて 先人に感謝し、旭川の魅力に誇りと自信を持って前進
前例踏襲をやめ、失敗を恐れず挑戦 慣例・しがらみにとらわれない。挑戦を評価する。責任は私(市長)が取る
市役所の力を最大限発揮 働きがい改革・庁内部局間の連携強化、DXによる業務の効率化等を実行
1年4か月の取組みをさらにアップデート 旭川の変化を実感していただけるよう、全力投球

先月に引き続き、施策についてお届けします。

1次産業・ゼロカーボンの振興

スマート農業の導入支援

●スマート農業・省力化技術の導入を支援
国の補助と併用可能な市の補助で導入を促進

〈イメージ〉
最大5割の補助

国の補助（3割）	市の補助（2割）	自己資金

再生可能エネルギー設備の導入を加速

当初予算額を前年度比で約2倍に拡充

[主な対象設備と交付予定件数]
● 太陽光発電設備　　　　　　　　　1件 ⇒ **10**件程度
● ガスエンジンコージェネレーション　6件 ⇒ **22**件程度
● 定置用リチウムイオン蓄電池　　　4件 ⇒ **25**件程度
● ペレットストーブ　　　　　　　　6件 ⇒ **13**件程度
● 薪ストーブ　　　　　　　　　　16件 ⇒ **22**件程度

世界に貢献するサステナブルデザイン都市・旭川へ

稼ぐ農業・ブランド化の促進

農業者の負担軽減と収益の向上、さらには担い手の確保にもつながる対策を推進

● サツマイモをはじめとする高収益作物の生産機械等の導入補助制度を新設
● 旭川出身の下國 伸シェフによる旭川産農畜産物やこれらを使った商品のPR事業を実施

下國 伸シェフ
旭川調理師専門学校卒業。札幌の老舗フレンチレストランの4代目料理長。CHEF-1グランプリ2021で優勝し、現在はフリーの料理人として活動。昨年、本市で料理教室や出前講座などを実施し、4月から「旭川 食のアンバサダー」に就任

住宅建設に対し最大80万円を補助

道産かつ道内で加工した木材の使用や、省エネ性能を確保した一定の要件を満たす新築住宅が対象

ゼロカーボン旭山動物園への挑戦

せん定枝やジャイアントミスカンサス（巨大ススキ）などでペレット（木質燃料）を製造し、旭山動物園の暖房に活用

健幸福祉都市
けんこう

医療・福祉が充実した旭川だからこそ、年齢に関係なく誰もが健康で充実した人生を送ることができるのであり、高齢の方々をはじめ全ての市民の皆様が生き生きと暮らしていけるよう取組みを進めていきます

スマートウエルネスの取組み

健康寿命の延伸を目指し、毎日の歩数や体重、体脂肪、血圧などのデータを管理できる無償のスマートフォンアプリを構築し、歩数等で獲得したポイントに応じた特典を得られる機能などを順次追加

ヤングケアラーへの支援

保護者の疾病等の課題を抱える子育て世帯に対して、福祉サービスの利用等、その課題を解決するための期間、一時的に家事支援ヘルパーを派遣し、潜在的なヤングケアラーを支援

ICTを活用した民生児童委員の負担軽減

モデル地区の委員にタブレット端末を配布し、熟練委員の支援ノウハウをＡＩに蓄積・共有、デジタル技術の活用

新生児聴覚検査費用の助成

聴覚障害の早期発見、早期療育を目的とした新生児聴覚検査費用の一部助成を実施

地域共生社会の実現に向けた取組み

地域まるごと支援員８人と統括支援員１人を継続して配置することにより、引きこもり・8050問題など、複合化・複雑化した福祉の課題へ対応

市内小・中学校に生理用品を配備

生理の貧困に対応。合計約17万個相当分を配備

持続可能な財政運営に向けて

将来世代に負担を残さない財政基盤の構築

- 令和５年度中に行財政改革推進プログラムを改訂し、様々な歳出予算の抜本的見直し
- ふるさと納税・企業版ふるさと納税を強化し、自主財源を確保
- 国と北海道の交付金・補助金の獲得や連携、協働による事業の推進
- 子育てや若者など、未来への投資と効果的な地域経済・活性化対策による中長期的な視点での税収確保
- 市民文化会館や花咲スポーツ公園等、大規模事業の優先順位を整理

DX・伝える広報

５年後に日本一の窓口、10年後に庁内全体で日本一のデジタル化を目指す！

効果的な広報戦略

ＳＮＳの広告機能を活用し、地域や年代など、各ターゲット層に合わせた効果的なプッシュ式による情報発信と効果検証

地域情報共有プラットフォームアプリの運用

電子回覧板、町内会員の掲示板、くらしのお知らせ、ごみカレンダーに加え、将来的には除雪・防災・防犯情報や高齢者の見守り機能なども追加を検討

日本一を目指し、DXを推進

11月の新庁舎開庁に向けた窓口改革、ＡＩによる24時間365日の問い合わせ対応、電子申請、タブレット端末の導入などに取り組み、市民サービスを向上

機構改革・働きがい改革

新たに3つの部を設置

市政を推進する3本の矢

第1の矢 ≫≫
いじめ防止対策推進部

市長部局と教育委員会が一体となって取り組む、いじめ防止等の「旭川モデル」を開始

第2の矢 ≫≫
行財政改革推進部

徹底した行財政改革、自主財源の確保や市役所DXの推進による行政効率化

第3の矢 ≫≫
女性活躍推進部

女性が抱える課題の整理や就業・起業支援など、女性がより活躍できる環境づくりと男性の理解促進

働きがい改革

時間外勤務の削減やDXの推進など、職員の能力を最大限に発揮できる環境を整備し、市民サービス向上につなげます

令和5年度 旭川市の予算

合計
2,929億5,713万円
（前年度比　＋70億3,401万円）

一般会計　**1,692億7,000万円**
（前年度比　＋34億6,000万円）
特別会計　**1,236億8,713万円**
（前年度比　＋35億7,401万円）

（国民健康保険事業や上下水道事業など10事業）
※万円未満は四捨五入により端数処理しています。

財政調整基金残高の状況

	55.8	75.6	48.2
（億円）	令和3	令和4（見込み）	令和5（見込み）

予期せぬ減収や災害など、不時の支出に備えるための市の貯金です。不測の事態に備え、できるだけ減らさないような財政運営に努めます

「旭川市の予算はどうなっているの？」をご覧ください

予算の内容や財政状況などを分かりやすくお知らせする冊子「旭川市の予算はどうなっているの？」を、市政情報コーナー（総合庁舎1階）、各支所・公民館等で4月下旬から配布します。

予算の詳しい内容は市HPに掲載

「こうほう旭川市民 あさひばし　2023年4月号」より抜粋

26

釧路市の試験情報

２０２３年度 釧路市職員採用試験案内

- ●総合職【事務、土木、建築、電気、機械、化学】（大学卒業程度・短大卒・高校卒）
- ●総合職【土木、建築、電気、機械、化学】UIJターン（民間企業等職務経験者）（大学卒・短大卒・高校卒）
- ●総合職【幼稚園教諭・保育士】　　　　　　　　　●消防職（高校卒）

▷ 受 付 期 間◁　７月２８日（金）～ ８月２３日（水）

1　受験区分、採用予定者数、受験資格

受 験 区 分		採用予定者数	受 験 資 格
総合職	事務	10 名程度	●大学卒業程度：以下の全ての要件を満たすこと 1　**1993 年 4 月 2 日以降に生まれた方** 2　学校教育法に定める大学（短期大学を除く）もしくは高等専門学校を卒業の方もしくは 2024 年 3 月までに卒業見込みの方またはこれと同等の資格を有すると認められる方 3　（【土木、建築、電気、機械、化学】区分のみ）当該区分の専門課程を専攻の方 ●短大卒：以下の全ての要件を満たすこと 1　**1995 年 4 月 2 日以降に生まれた方** 2　学校教育法に定める短期大学もしくは高等専門学校を卒業の方もしくは 2024 年 3 月までに卒業見込みの方またはこれと同様の資格を有すると認められる方（ただし、大学を卒業及び卒業見込みの方を除く） 3　（【土木、建築、電気、機械、化学】区分のみ）当該区分の専門課程を専攻の方 ●高校卒：以下の全ての要件を満たすこと 1　**1997 年 4 月 2 日以降に生まれた方** 2　学校教育法に定める高等学校を卒業の方もしくは 2024 年 3 月までに卒業見込みの方またはこれと同等の資格を有すると認められる方（ただし、大学または短期大学を卒業および卒業見込み（同等の資格を有すると認められる場合を含む）の方を除く） 3　（【土木、建築、電気、機械、化学】区分のみ）当該区分の専門課程を専攻の方
	土木	5 名程度	
	建築	若干名	
	電気	若干名	
	機械	若干名	
	化学	若干名	
	幼稚園教諭・保育士	若干名	以下の全ての要件を満たすこと 1　幼稚園教諭免許及び保育士資格の両方を取得しているか 2024 年 3 月末までに取得する見込みの方 2　**1979 年 4 月 2 日以降に生まれた方** ※　幼稚園教諭免許が失効中の方は、2024 年 3 月末までに再授与手続きを完了し、更新等の証明書を取得する必要があります。
総合職UIJターン	土木	若干名	●大学卒：以下の全ての要件を満たすこと 1　学校教育法に定める大学（短期大学を除く）を卒業の方またはこれと同等の資格を有すると認められる方 2　**1979 年 4 月 2 日から 2001 年 4 月 1 日までに生まれた方** 3　釧路管内以外に在住の方（注意事項(3)参照） 4　次の(1)、(2)のいずれかに該当する方 (1)　民間企業等における職務経験（各受験区分に関係のある職務経験に限る）が 5 年以上ある方（注意事項(4)参照） (2)　（【土木、建築】区分のみ）各受験区分に関係のある資格を有する方（注意事項(5)参照） ●短大卒：以下の全ての要件を満たすこと 1　学校教育法に定める短期大学もしくは高等専門学校を卒業の方またはこれと同等の資格を有すると認められる方（ただし、大学を卒業および卒業見込みの方を除く） 2　**1979 年 4 月 2 日から 2003 年 4 月 1 日までに生まれた方** 3　大学卒の 3 に同じ 4　大学卒の 4 に同じ ●高校卒：以下の全ての要件を満たすこと 1　学校教育法に定める高等学校を卒業の方またはこれと同等の資格を有すると認められる方（ただし、大学または短期大学を卒業および卒業見込みの方を除く） 2　**1979 年 4 月 2 日から 2005 年 4 月 1 日までに生まれた方** 3　大学卒の 3 に同じ 4　大学卒の 4 に同じ
	建築	若干名	
	電気	若干名	
	機械	若干名	
	化学	若干名	
消防職		若干名	●高校卒：以下の全ての要件を満たすこと 1　**1997 年 4 月 2 日以降に生まれた方** 2　学校教育法に定める高等学校を卒業の方もしくは 2024 年 3 月までに卒業見込みの方またはこれと同等の資格を有すると認められる方（ただし、大学または短期大学を卒業および卒業見込み（同等の資格を有すると認められる場合を含む）の方を除く）

※ 注意事項

(1) 今年度中に同一職種の試験を受験した方は申込みできません。また、同時に募集している総合職【事務】（障がい者）との併願はできません。

(2) 申込みできる受験区分は1つに限ります。また、申込み後に受験区分の変更はできません。

(3) 2023年7月1日現在、釧路管内（釧路市・釧路町・厚岸町・浜中町・標茶町・弟子屈町・鶴居村・白糠町）以外に住民票がある方を指します。最終合格後、確認のため、住民票等を提出していただきます。なお、確認できない場合は、合格を取り消します。

(4) 民間企業等における職務経験には、2023年6月30日までに、会社員、団体職員、自営業者、公務員等として週30時間程度の勤務を1年以上継続した期間及び独立行政法人国際協力機構（JICA）が行う青年海外協力隊等としての派遣活動期間が該当します。職務経験が複数ある場合は通算します。ただし、同一期間内に複数の職務に従事した場合は、いずれか一方の職務経験のみとします。最終合格後、職務経験期間確認のため、職歴証明書、JICAの発行する派遣証明書を提出していただきます。なお、確認できない場合は、合格を取り消します。

(5) 受験区分に関係のある資格は次のとおりです。
    ① 【土木】区分～土木施工管理技士（1級または2級）、造園施工管理技士（1級または2級）、管工事施工管理技士（1級または2級）、技術士（建設部門または上下水道部門）のいずれかの資格。
    ② 【建築】区分～建築士（1級または2級）の資格。

(6) 総合職は日本国籍を有しない方も受験できますが、従事できる業務に制限があります。

(7) 消防職については、上記のほかに次の要件を満たしていることが必要です。
    ① 矯正視力が0.7以上　② 聴力が左右とも正常　③ 日本国籍を有すること

(8) 地方公務員法第16条各号に規定するいずれかに該当する方は、この試験を受験できません。

(9) 短大卒の受験について
    ① 2年制以上の専門学校等卒業者については、短大卒と同等と認められる場合のみ「短大卒」で受験できます。この場合、別紙1により学校の証明書をPDFファイルにして、申込時に添付してください。第1次試験の合格後、証明書の原本を提出していただきます。

(10) 高校卒の受験について
    ① 1年制の専門学校等卒業者（卒業見込含む）については、「高校卒」で受験できます。
    ② 2年制以上の専門学校等卒業者については、短大卒と同等と認められる場合のみ「高校卒」で受験できます。この場合、別紙2により学校の証明書をPDFファイルにして、申込時に添付してください。第1次試験の合格後、証明書の原本を提出していただきます。

(11) 受験資格の確認のため、第1次試験の合格後、卒業証明書（卒業見込みの方は見込証明書）を提出していただきます。

2　申込方法および受付期間

申込方法	釧路市ホームページ内にある「釧路市職員採用試験申込システム」にアクセスしてください。申込手順は同ページ内にある「釧路市職員採用試験申込システム申込手順」を参照してください。		
受付期間	2023年7月28日（金）～　8月23日（水） ※8月23日（水）午後11時59分まで申込可能ではありますが、締切直前は、サーバーが混み合うことなどにより申込に時間がかかる恐れがありますので、余裕をもって早めに手続きを行ってください。		
受験申込から第1次試験までの流れ			
釧路市会場で第1次筆記試験を受検する場合	(1)	受験者	受験申込時に「第1次筆記試験受検方法」で「釧路市会場」を選択 ⇩
	(2)	職員課	8月下旬、受験者へ「受験票」を送付 ⇩　※8月31日（木）までに受験票が届かない場合は、ご連絡ください。
	(3)	受験者	「受験票」に記載されたURLから第1次個人面接試験の日時を予約（Zoomの場合のみ） ⇩
	(4)	職員課	第1次個人面接試験の日時（Zoomの場合はミーティングID等の必要な情報）を送付 ⇩　※9月7日（木）までに上記が届かない場合は、ご連絡ください。
	(5)	受験者	釧路市会場で第1次筆記試験を受検 ⇩
	(6)	受験者	Zoomの場合は予約した日時、対面の場合は指定の日時にて第1次個人面接試験を受検
	※1　試験当日は「受験票」を持参してください。「受験票」は、釧路市職員採用試験申込システムから印刷するか、スマートフォンに保存してください。受付時間に遅れた場合は受験を認めません。時間に余裕をもってご来場ください。		
テストセンターで第1次筆記試験を受検する場合	(1)	受験者	受験申込時に「第1次筆記試験受検方法」で「テストセンター」を選択 ⇩
	(2)	職員課	8月下旬、受験者へ「第1筆記試験受検案内」と「受験票」を送付 ⇩　※8月31日（木）までに受検案内が届かない場合は、ご連絡ください。
	(3)	受験者	市からの受検案内メールを受信後、テストセンターIDを取得 ⇩
	(4)	受験者	テストセンター会場を予約　※「前回結果送信」機能を利用することができます。 市から発行される「受験票」に記載されたURLから第1次個人面接試験の日時を予約 ⇩
	(5)	職員課	第1次個人面接試験に必要なミーティングID等の情報を送付 ⇩　※9月7日（木）までに上記が届かない場合は、ご連絡ください。
	(6)	受験者	自宅等で性格検査を受検 ⇩
	(7)	受験者	予約したテストセンター会場で基礎能力検査を受検 ⇩
	(8)	受験者	予約した日時にZoomにて第1次個人面接試験を受検
	※1　テストセンターの会場予約は、常設又は臨時会場の中から都合の良い会場を1つ、日時は指定された期間の中で都合の良い1日を選択してください。		
	※2　各会場の席数には限りがあるため、受検案内メール受理後、速やかに手続きを行ってください。 テストセンター受検の際は、会場予約時に発行される「受検票」（市から発行される「受験票」とは異なります。）及び「顔写真付き身分証明書」による本人確認がありますので、忘れずに持参してください。		
	※3　テストセンター受検に関する詳細は、こちらをご確認ください。（https://www.spi.recruit.co.jp/testcenter/）		

3　試験日、試験会場、試験科目等

受験区分		第1次		第2次試験
		筆記試験	面接試験	
総合職	事務	●大学卒業程度、短大卒 【釧路市会場での受検】 日時：9月17日（日）9:30～11:30 会場：釧路公立大学 【テストセンターでの受検】 日時：9月8日（金）～9月17日（日） 会場：予約したテストセンター 試験科目：SPI3 ●高校卒 【釧路市会場での受検】 日時：9月17日（日）9:30～12:15 会場：釧路公立大学 試験科目：一般教養、性格特性検査	日時：9月24日（日）～25日（月） 9:00～15:00の間の日時 所要時間：待機時間含めて1時間程度 試験科目： 高校卒～個人面接（対面） （会場：釧路市役所または交流プラザさいわい） 高校卒以外～個人面接（Zoom）	日時：10月下旬 会場：釧路市役所 所要時間：待機時間含めて1時間程度 試験科目：集団面接
	土木			
	建築			
	幼稚園教諭・保育士			
	電気			日時：10月下旬 会場：釧路市役所 所要時間：待機時間含めて3時間程度 試験科目：専門科目、集団面接
	機械			
	化学			
総合職U・Jターン	土木	【釧路市会場での受検】 日時：9月17日（日）9:30～11:30 会場：釧路公立大学 【テストセンターでの受検】 日時：9月8日（金）～9月17日（日） 会場：予約したテストセンター 試験科目：SPI3 ※特定の資格を有する方は、基礎能力検査を免除（注意事項(2)参照）	日時：9月24日（日）～25日（月） 9:00～15:00の間で予約した日時 所要時間：待機時間含めて1時間程度 試験科目：個人面接（Zoom）	日時：10月下旬 会場：釧路市役所 所要時間：待機時間含めて1時間程度 試験科目：集団面接
	建築			
	電気			
	機械			
	化学			
消防職		●高校卒 【釧路市会場での受検】 日時：9月17日（日）9:30～12:15 会場：釧路公立大学 試験科目：一般教養、適性検査		日時：10月下旬 会場：釧路市消防本部 所要時間：待機時間含めて2時間30分程度 試験科目：面接、健康診断、体力測定 （男女別の基準を設定）
合格発表		10月上旬		11月中旬

※　注意事項
(1) SPI3は、「コミュニケーション力」「思考力／判断力」「新しい知識の吸収力」「応用力」などの基礎能力検査と性格検査で構成されています。
(2) 第1次試験のSPI3基礎能力検査を免除する資格は次のとおりです。資格免許証をPDFファイルにして、申込時に添付してください。
　　　①【土木】区分～土木施工管理技士（1級）、造園施工管理技士（1級）、管工事施工管理技士（1級）、技術士（建設部門または上下水道部門）のいずれかの資格。
　　　②【建築】区分～建築士（1級または2級）の資格。
(3) 一般教養は、社会、人文及び自然に関する一般知識並びに文章理解、判断推理、数的推理及び資料解釈に関する一般知能試験です。
(4) 総合職の性格特性検査は、公務員に求められる資質に関し性格傾向の面からみる検査です。消防職の適性検査は、消防職員としての適応性を性格的な面からみる検査です。

4　合格から採用まで
(1) 合格者は、2024年度職員採用候補者として名簿登録され、2024年4月1日以降に採用されます。ただし、職員の欠員等により、2024年3月31日以前に採用される場合があります。また、補欠合格者は、2024年度職員採用補欠候補者として名簿登録され、合格者の辞退等により欠員が生じた場合に採用されます。
(2) 職員採用候補者（希望者）を対象に、採用前の数か月間、会計年度任用職員として、実務に即した就労を経験する機会があります。
(3) 受験資格がないことや受験するにあたって不正がなされたことが判明した場合は合格を取り消します。また、受験区分において要件とされる資格・免許等を取得見込の方で、その資格・免許等が取得できなかった場合は採用されません。

5　業務内容

職　種	業　務　内　容
総合職【事務】	市長部局、教育委員会等の各部に配置され、総務、税務、福祉、まちづくり、その他の行政事務等の業務を行います。
総合職【土木、建築、機械、電気、化学】	住宅都市部、都市整備部、上下水道部等に配属され、当該職種に関連する工事の設計、施工管理、施設の維持管理などの業務を行います。
総合職【幼稚園教諭・保育士】	保育園、児童発達支援センター、幼稚園等に配属され、幼児保育などの業務を行います。
消防職	消防本部に配属され、消火活動、救助活動、救急活動、防火指導などの業務を行います。

6　待遇

(1) 勤務時間

午前8時50分～午後5時20分（完全週休2日制）

※勤務箇所によって、勤務時間及び週休2日制の実施方法が異なる場合があります。

※消防職については、原則交替制勤務です。

(2) 給与（2023年4月現在）

・　初任給基準　　大学卒・大学卒業程度 185,200円、短大卒 167,100円、高校卒 154,600円

※年齢、前歴、給与改定等により変わる場合があります。

	学　歴	採用時年齢	受験区分に関係のある職務経験年数	初　任　給
例①	大学卒	32歳	10年	237,900～247,200円程度
例②	大学卒	42歳	20年	281,500～288,200円程度
例③	高校卒	28歳	10年	205,400～219,200円程度
例④	高校卒	38歳	20年	260,900～269,900円程度

・　諸手当　　通勤、扶養、住居手当等（毎月支給）

　　　　　　期末・勤勉手当（6月、12月支給）

　　　　　　寒冷地手当（11月～3月支給）

※初任給は、年齢・前歴による加算や、給与改定等により変わる場合があります。諸手当はそれぞれの支給要件に応じて支給されます。

(3) 休暇制度

年次有給休暇は1年に20日（4月採用者）付与されます。そのほか夏季・結婚・出産休暇等があります。

(4) 人材育成

・　【採用5年目まで】複数の部署（1～2年で異動）を経験するとともに、所属する部署と異なる分野の職務を経験します。

・　【採用10年目まで】複数の部署（3年程度で異動）で、より深く業務を経験します。これまでの経験を踏まえ、特定の分野に精通する「スペシャリスト」、広範囲にわたる知識を身につける「ゼネラリスト」の方向性を固めます。

(5) 福利厚生制度

・　共済組合　　病気・負傷・出産・災害などに対する給付や各種年金給付、住宅資金等の貸付、宿泊施設の利用などがあります。

・　福利厚生会　　生活資金等の貸付、指定店割引、契約宿泊施設の利用料金補助などがあります。

7　問合せ先

釧路市総務部職員課	〒085-8505　釧路市黒金町7丁目5番地　　TEL（0154）31-4511（直通） 釧路市公式ホームページアドレス　https://www.city.kushiro.lg.jp/

釧路市の自治体情報

2023（令和5）年度　予算について

問合先　市役所都市経営課企画担当（☎31-4502）
　　　　市役所財政課（☎31-4512）

この特集では、2023（令和5）年度における市の予算や具体的な取り組みを通して、どのようにまちづくりを進めていくのかを見ていきます。

具体的に取り組む事業は、次ページで紹介します

一般会計と特別・企業会計の予算について

※お知らせする数値は、項目ごとに四捨五入しているため、合計が一致しない場合があります。

一般会計　総額982億円（前年度比31億円増）

歳入

- 市債 80億2,616万円 8.2%
- 市税 209億9,089万円 21.4%
- 道支出金など 124億2,370万円 12.6%
- 自主財源 32.3%
- 使用料など 70億7,449万円 7.2%
- 国庫支出金 203億5,078万円 20.7%
- 依存財源 67.7%
- 諸収入 36億1,398万円 3.7%
- 地方交付税 257億2,000万円 26.2%

歳出

- 教育費 64億8,428万円 6.6%
- 土木費 62億8,177万円 6.4%
- 商工費など 67億939万円 6.8%
- 民生費 330億1,122万円 33.6%
- 諸支出金 95億6,449万円 9.7%
- 公債費 120億1,359万円 12.2%
- 総務費など 241億3,526万円 24.7%

※1 自主財源：税金や公共施設の使用料など、市が自分で集めるもの。
※2 依存財源：補助金など、国や県から交付されるもの。

2023（令和5）年度一般会計予算は、総額982億円で2022（令和4）年度比31億円の増となっています。
これは、主に新給食センター整備事業などの大型公共事業等の増によるものです。

市税の種類とその内訳

- 都市計画税（市街化区域内に所在する土地および家屋にかかる税金）13億7,049万円 6.5%
- その他（軽自動車税や入湯税など）6億231万円 2.9%
- 法人市民税 15億1,092万円 17.0%
- 市たばこ税（市内のお店で買われた「たばこ」にかかる税金）16億3,008万円 7.8%
- 市税総額 209億9,089万円
- 市民税（前年の収入に対してかかる税金）88億7,435万円 42.3%
- 固定資産税（土地、家屋等にかかる税金）85億1,366万円 40.5%
- 個人市民税 73億6,343万円 83.0%

2023（令和5）年度予算における市税総額は2022（令和4）年度比で1億7,348万円の増となっています。

※市税の種類ごとの比率は、市税総額209億9,089万円に対する割合

特別会計　総額392億7,966万円　特別会計とは、特定の事業やサービスを提供するために、利用者から保険料や使用料などをいただき、その財源をもとに事業を運営していくために設けられた会計のことです。市には、下表の8会計があります。

会計名	国民健康保険	国民健康保険阿寒診療所事業	国民健康保険音別診療所事業	後期高齢者医療	介護保険		魚揚場事業	駐車場事業	動物園事業
					保険事業勘定	介護サービス事業勘定			
予算額	168億1,780万円	4億9,170万円	4億4,416万円	28億2,634万円	173億2,725万円	9,474万円	6億8,377万円	1億6,559万円	4億2,831万円

企業会計　総額478億2,965万円　企業会計とは、自ら事業を行い、そこから得たお金で運営していく、民間企業と同様の経理を行う会計のことです。市には、下表の6会計があります。

会計名	病院事業	水道事業	工業用水道事業	下水道事業	公設地方卸売市場事業	港湾整備事業
予算額	220億8,501万円	134億6,433万円	9,663万円	105億2,446万円	3億2,312万円	13億3,610万円

2023（令和5）年度　市全体の予算総額 1,853億931万円

ふるさと納税による自主財源確保と市の魅力発信

2021（令和3）年度より、寄付増額に向けた戦略として『魅力的な返礼品づくり』『分かりやすい情報発信』を2本柱に位置付け、さまざまな取組を進めた結果、2022（令和4）年度の寄付額は対前年比約150%となる見込みとなりました。

これらの取組をさらに強化していくことで、ふるさと納税による、さらなる自主財源の確保と市の魅力発信に努めます。

寄付額の推移

- R3実績額 11.8億円
- R4見込額 18億円
- R5予算額 27億円

寄付増額に向けた取組	新規	R3年度の取組：①市特設サイトの開設　②クラウドファンディング型ふるさと納税の実施
	拡充	R4年度の取組：①効果的な広告宣伝のさらなる実施　②ポータルサイトの追加
	継続	R5年度の取組：①人気返礼品の拡大　②新たな広告手法の導入（SNS等）③投稿手続きの簡素化（オンライン申請）
		○魅力的な返礼品づくり　○分かりやすい情報発信

～デジタルを活用した地方創生の加速化・深化～ 「デジタル化」関連事業

■スタートアップ人材創出事業（1,701万円）新
高付加価値を生み、地域課題を解決するスタートアップ人材の継続的な輩出に向けた、プログラミング技術の習得等の人材育成の場の提供に係る取組の官民連携による実施

■校務支援システムの導入（2,251万円）新
市立小中学校並びに阿寒湖義務教育学校への校務支援システムの導入
・釧路市標準学力検査の結果や学習に関する評価などのデータの可視化・分析による学習面や生活面の指導・支援への活用
・成績処理や通知表作成、指導要録作成などの校務の効率化による教員の負担軽減

■スマート自治体推進事業（2,882万円）
釧路市デジタル・トランスフォーメーション（DX）実行計画に基づく施策の推進と各課のDXの相談等のため、民間の専門人材を活用（地域活性化起業人）、情報格差の解消を図るためのスマートフォン教室の実施、電子申請が可能な行政手続きの拡充及び公共施設などの予約システム導入

■個人番号カード交付等事業（2億1,341万円）
マイナンバーカードセンターの運営（申請サポート、TVCM等）、写真撮影サービスやオンライン申請補助などの申請サポート窓口の開設、団体出張申請サポート、その他広報活動（広報紙、新聞折込広告、ポスター掲示）等

マイナンバーカードセンター

～カーボンニュートラル社会の実現・循環型社会の形成～ 「環境」関連事業

■ecoライフ促進支援事業（900万円）拡
個人住宅への省エネ・再エネ設備導入促進助成の拡充
・定置用蓄電池（太陽光発電システム同時設置）15万円×30件
・定置用蓄電池（単体設置）　6万円×20件
・家庭用燃料電池（エネファーム）　20万円× 3件
・ガスコジェネレーションシステム（コレモ）　6万円×45件

■ブルーカーボン推進事業（300万円）新
昆布養殖による二酸化炭素吸収の効果を検証する実証実験への助成
※ブルーカーボンとは、2009（平成21）年に国連環境計画（UNEP）によって命名された「藻場・浅場等の海洋生態系に取り込まれた炭素」のこと。

■ごみ減量化対策事業（76万円）
ごみ減量化を目的とした、生ごみ堆肥化容器購入助成、電気生ごみ処理機のモニター及び購入助成事業、ごみ・リサイクル関連施設への親子見学会、生ごみ減量化の調査会開催

～地域経済をけん引する産業支援、新産業創出～ 「経済活性化」「アフターコロナ」関連事業

■アドベンチャートラベル推進事業（7,203万円）拡
アドベンチャートラベルの推進に必要となる専門人材の確保及び質の高いコンテンツの造成に向けたDMOへの支援、航空会社との連携によるプロモーションなどの実施
2023（令和5）年9月、「アドベンチャートラベル・ワールドサミット（ATWS）2023」が北海道で開催され、サミット終了後には視察旅行「ポストサミットアドベンチャー」が釧路エリアで実施

※アドベンチャートラベル（AT）とは、アクティビティ、自然、異文化体験の3要素のうち、2つ以上を含む旅行形態で、欧米豪を中心とした富裕層に人気が高まっています。ATWSはATの世界最大のイベントで、世界の約60ヵ国から約800人の関係者が参加し、期間中にツアー体験や商談会、セミナー等が行われるイベントです。

アイヌ文化ガイドツアー

■養殖推進事業（2,651万円）新
海面養殖の研究及び実証実験、養殖漁業の先進事例調査実施、陸上養殖の実証試験に対する補助等の実施　等

釧路港での養殖風景

■中小企業・小規模事業者活性化推進事業（2,069万円）
創業者等への伴走型支援体制の整備と相談窓口の継続的な運営、中小企業・小規模事業者活性化補助金「ビズサポ補助金」の継続実施　等

■釧路新産業創造研究会補助金（300万円）新
新産業創出に向けた民間団体による調査研究活動等への補助

～各地域における経済活性化事業～

■阿寒地域活性化事業（659万円）
阿寒丹頂の里エリア（赤いベレー、道の駅等）の魅力向上に向けた施設整備　等

■阿寒地域づくり推進事業（1,860万円）拡
地域おこし協力隊を活用した阿寒地区の魅力・情報発信、空き家等の利活用を希望する人材とのマッチングに繋げる取組　等

RVパーク

■音別地域の産業振興（1,912万円）拡
音別町山菜等加工施設の機械の更新、音別地域の葭を用いた和紙「富貴紙」の普及促進　等

■音別地域づくり推進事業（1,230万円）拡
地域おこし協力隊を活用した音別地区の魅力・情報発信・空き家活用の取組、特産品開発に対する支援　等

富貴紙を活用したオリジナル商品

～地方への人材の還流・人への投資～

■人材確保・定着促進事業（1,007万円）
地元企業への就職者数増加に向けた奨学金返済支援制度の運用、地元企業の魅力情報発信、就職情報サイト掲載に係る経費　等

釧路地域就職支援まとめサイト

■テレワーク等推進事業（716万円）拡
首都圏等からの人・企業の呼び込み、WEB等各種媒体を使った情報発信、企業とのマッチングイベントへの参加　等

■女性求職者就労促進事業（386万円）拡
再就職を希望する女性等を対象とした就労支援講座、キャリアコンサルティング、就職マッチング及び求人創出の実施

■移住定住・UIJターン促進に向けた取組（2,320万円）拡
・民間事業者との連携による長期滞在・移住に向けたPRや受入環境整備、若年層を対象とした移住促進のための「くしろお試しワーキングホリデー事業」の実施　等
・UIJターン支援金の創設及び移住支援金の対象者拡大、移住フェアへの出展、UIJターン就職マッチング制度の運用、就職個別相談会の開催によるUIJターン就職の促進

移住・交流＆地域おこしフェア2023

～子育て支援の充実～

「生活環境」関連事業

■子ども医療事業（4億4,349万円）拡
０歳から中学生までの入院・通院及び高校生等の入院に係る医療費の無償化、子どもの医療費助成に係る所得制限の撤廃

■子育て環境充実事業（1,551万円）拡
釧路フィッシャーマンズワーフMOO５階多目的アリーナを活用した乳幼児の遊び場（ちびっこマンデー）の遊具の拡充

ちびっこマンデー

■一時預かり事業の拡大（1,848万円）拡
市立保育園、市立認定こども園及び私立保育園等における一時預かり事業の利用要件拡大

■育児支援家庭訪問事業（790万円）拡
産後支援事業（ヘルプママ）における利用要件の拡大　等

■健康診査事業（4,809万円）拡
妊婦健康診査費用、新生児聴覚スクリーニング検査の助成、３歳児健康診査における屈折検査機器の導入、乳幼児フッ素塗布事業拡充

市役所防災庁舎で行う３歳児健診

～確かな学力を確立し、豊かな心を育む～

■確かな学力向上推進事業（904万円）拡
釧路市標準学力検査と生活行動・学習活動調査の実施、秋田県大館市授業マイスター招聘　等

■釧路市がめざす学校のすがた基本計画推進事業（181万円）拡
「釧路市がめざす学校のすがた基本計画」に基づく義務教育学校設置に向けた開校準備協議会の設置や小中一貫教育の周知を図るためのシンポジウムの開催及び調査研究の実施　等

■学校適応対策推進事業（564万円）拡
「青空学級」「ふれあい教室」の適応指導教室としての機能再編、西部地域への分室設置　等

■特別支援教育推進事業（36万円）拡
初任段階教員の授業力向上を目的とした特別支援教育授業力向上指導員による巡回指導、専門家による巡回相談の実施

■高等学校生徒遠隔地通学等助成金（996万円）新
自宅から遠距離通学等する高等学校等の生徒に対する経済的負担軽減を図るための通学費助成

～災害に強く、しなやかなまちづくり～

■大楽毛津波避難複合施設整備事業（1億4,497万円）新
大楽毛津波避難複合施設の整備に伴う基本設計及び実施設計

■津波一時避難場所整備事業（1,976万円）拡
大楽毛小学校及び音別中学校の津波一時避難場所整備に伴う実施設計、既存の津波一時避難場所等における地震自動解錠装置（キーボックス）の設置

■西消防署大楽毛支署・第12分団庁舎建設事業（3,140万円）新
津波避難施設としての機能を併せ持つ西消防署大楽毛支署・第12分団庁舎の基本設計

■災害対策事業（4,590万円）
各種防災訓練等の実施、備蓄用食糧の更新、洪水ハザードマップの作成（音別川）、防災行政無線の維持管理経費　等

■避難行動要支援者避難支援事業（150万円）拡
町内会等と連携した避難支援体制の構築、要支援者への情報提供や個別避難計画の作成推進

～都市基盤等の整備と充実～

その他の主な事業

■釧路駅周辺整備推進事業（7,881万円）拡
釧路都心部まちづくり計画の推進検討、街路（高架下道路）の概略設計、土地区画整理事業の事業調査、釧路都心部まちづくりフォーラムの開催

■中心市街地活性化対策事業（370万円）拡
商工会議所等と連携した中心市街地活性化の推進、専門人材を招聘した研究会の開催

■公共交通活性化事業（315万円）拡
ちびっこマンデーとの連携やバスふれあいイベントなどの地域公共交通利用促進策の実施　等

■市道整備事業（1億1,147万円）
市立釧路総合病院新棟建設及びバス乗換拠点の整備に向けた、市立病院前（富士見緑ケ岡通）の交差点改良工事　等

■港湾計画推進事業（2,198万円）
釧路港港湾計画改訂に向けた釧路港将来ビジョン策定業務委託等、釧路港港湾BCP〔感染症編〕の策定等

将来の都心部交通ネットワーク（イメージ）

～安全・安心に暮らせるまちづくりの推進～

■高齢者保健・介護予防一体的実施事業（482万円）拡
後期高齢者に対して、糖尿病性腎症重症化予防、生活習慣病の重症化予防、医療機関受診勧奨、通いの場での健診受診勧奨、健康教育を実施

■ひきこもり支援推進事業（100万円）新
ひきこもり状態にある方やその家族が気軽に相談できるための環境整備、ひきこもりの実態やニーズを把握するための相談窓口設置、複合的な課題を抱えた方のためのひきこもり支援のネットワークづくり

■日中一時支援事業（2,001万円）拡
障害者手帳を所持していない場合も利用可能とした、施設等での見守り支援の実施、医療的ケア児・者の受入事業所に対する加算制度の創設

■街路灯維持管理費補助金（3,707万円）拡
釧路地区の街路灯の更新及び整備に対する補助の拡充

■地区会館維持事業（2,350万円）拡
地区会館運営に係る指定管理費の見直し　等

～アイヌ政策の推進～

■阿寒湖アイヌ文化ブランド化に向けた知的財産保護事業（3,084万円）拡
阿寒湖アイヌ文化のブランド化に向け、アイヌ文様等の保護や知的財産としての活用を図る取組など、アイヌ文化の普及促進を図る取組を実施

■アイヌ文化関連観光プロモーション事業（1億1,949万円）拡
阿寒湖アイヌシアター「イコロ」新演目制作、WEB等各種メディアを使った情報発信　等

「広報くしろ　2023年4月号」より抜粋

岩見沢市の試験情報

令和6年度

岩見沢市職員採用候補者試験（後期日程）

実　施　要　領

岩　見　沢　市

令和6年度岩見沢市職員採用候補者試験（後期日程）実施要領

令和6年度採用の岩見沢市職員採用候補者試験（後期日程）を次のとおり実施します。

＜求められる職員像＞

> 岩見沢市では、新しい時代の行政を担う職員として、求められる職員像を次のとおり掲げ、人材育成の方策の中で、その実現を目指しています。
> ①市民に信頼され親しまれる職員
> ②目標の実現に向け果敢に行動する意識の高い職員
> ③専門的知識・経験等を備えた時代に即応した職員

1　試験区分、年齢、受験資格、採用予定人数

試　験　区　分		年　齢	受　験　資　格	採用予定人数
①事　務　職	大学	平成8年4月2日以降に生まれた方	学校教育法による大学（大学院）を卒業した方、又は令和6年3月までに卒業見込みの方	若干名
	短大	平成10年4月2日以降に生まれた方	学校教育法による短期大学、高等専門学校を卒業した方、又は令和6年3月までに卒業見込みの方	
	高校	平成12年4月2日以降に生まれた方	学校教育法による高等学校を卒業した方、又は令和6年3月までに卒業見込みの方	
②事　務　職（障がいのある方）		昭和58年4月2日以降に生まれた方	学校教育法による高等学校、特別支援学校高等部を卒業した方、又は令和6年3月までに卒業見込みの方	若干名
③消　防　職	大学	平成10年4月2日以降に生まれた方	学校教育法による大学（大学院）を卒業した方、又は令和6年3月までに卒業見込みの方	若干名
	短大		学校教育法による短期大学、高等専門学校を卒業した方、又は令和6年3月までに卒業見込みの方	
	高校		学校教育法による高等学校を卒業した方、又は令和6年3月までに卒業見込みの方	

試 験 区 分		年 齢	受 験 資 格		採用予定人数
④技術職（土木） ⑤技術職（建築） ⑥技術職（電気）	大学	平成5年4月2日以降に生まれた方	学校教育法による大学（大学院）を卒業した方、又は令和6年3月までに卒業見込みの方		
	短大	平成7年4月2日以降に生まれた方	学校教育法による短期大学、高等専門学校を卒業した方、又は令和6年3月までに卒業見込みの方		
	高校	平成9年4月2日以降に生まれた方	学校教育法による高等学校を卒業した方、又は令和6年3月までに卒業見込みの方		
	民間企業等経験	④技術職（土木）	昭和58年4月2日から平成5年4月1日までに生まれた方で、学校教育法による大学（大学院）を卒業した方	令和5年8月1日時点で、民間企業等における土木に関する職務経験が5年以上あり、かつ1級土木施工管理技士の資格を有する方	若干名
			昭和58年4月2日から平成7年4月1日までに生まれた方で、学校教育法による短期大学、高等専門学校を卒業した方		
			昭和58年4月2日から平成9年4月1日までに生まれた方で、学校教育法による高等学校を卒業した方		
		⑤技術職（建築）	昭和53年4月2日から平成5年4月1日までに生まれた方で、学校教育法による大学（大学院）を卒業した方	令和5年8月1日時点で、民間企業等における建築に関する職務経験が5年以上あり、かつ1級建築士の資格を有する方	
			昭和53年4月2日から平成7年4月1日までに生まれた方で、学校教育法による短期大学、高等専門学校を卒業した方		
			昭和53年4月2日から平成9年4月1日までに生まれた方で、学校教育法による高等学校を卒業した方		
		⑥技術職（電気）	昭和53年4月2日から平成5年4月1日までに生まれた方で、学校教育法による大学（大学院）を卒業した方	令和5年8月1日時点で、民間企業等における電気設備の設計、工事監理又は施工管理に関する職務経験が5年以上あり、かつ第1種、第2種又は第3種電気主任技術者の資格を有する方	
			昭和53年4月2日から平成7年4月1日までに生まれた方で、学校教育法による短期大学、高等専門学校を卒業した方		
			昭和53年4月2日から平成9年4月1日までに生まれた方で、学校教育法による高等学校を卒業した方		

※採用予定人数は、前期日程の試験の採用予定人数と合算した人数です。

※大学区分の受験資格を満たす方は、短大又は高校区分での受験はできません。また、短大区分の受験資格を満たす方は、高校区分での受験はできません。

※専修学校又は各種学校は、試験区分の最終学歴には該当しません。

※②事務職（障がいのある方）の区分は学歴による区分はありません。

2 各種要件

(1)共通要件

①居住地要件

職員に採用後、岩見沢市内に居住が可能な方（②事務職（障がいのある方）について、事情によって難しい場合は、市外の居住が認められる場合があります。）

②受験できない方

次の各号に該当する方は受験できません。

(ア)日本の国籍を有しない者

(イ)禁錮以上の刑に処せられ、その執行を終えるまで又はその執行を受けることがなくなるまでの者

(ウ)日本国憲法又はその下に成立した政府を暴力で破壊することを主張する政党その他団体を結成し、又はこれに加入した者

(エ)前期日程の第1次試験に合格した者（前期日程の第1次試験で不合格となった方は、後期日程の試験を受験できます。）

(2)事務職（障がいのある方）

①次の各号のいずれかに該当する方は受験できます。

(ア)身体障害者手帳の交付を受け、障害程度1級から6級までの方

(イ)都道府県知事又は政令指定都市市長が発行する療育手帳の交付を受けている方

(ウ)児童相談所、知的障害者更生相談所、精神保健福祉センター、障害者職業センター、精神保健指定医により知的障がいがあると判定された方

(エ)精神障害者保健福祉手帳の交付を受けている方

※手帳等の写し及び受験申込書別紙を、受験申込書と併せて提出してください。

※受験申込から採用時までの間に、上記に該当しないことが判明した場合（手帳が更新されなかった場合も含みます）は、判明時以降の試験を受験できないほか、採用されません。

(3)技術職（土木）＜高校・短大・大学区分＞

①土木（農業土木を含む）に関する学科を履修、又は履修見込みの方

(4)技術職（土木）＜民間企業等経験区分＞

①土木（農業土木を含む）に関する学科を履修した方

②民間企業等における土木に関する職務経験は、会社員、公務員、団体職員等において、1年以上継続した期間を対象とし、当該事業所における通常の労働者（正社員等）よりも1週間の所定労働時間が短い雇用形態としての就業期間は含まないこととします。

※最終合格後、職務経験期間の確認のため、職歴証明書を提出していただきます。なお、職務
経験期間が確認できない場合は、合格を取り消します。
※土木施工管理技士の技術検定合格証明書の写しを受験申込書と併せて提出してください。

(5)技術職（建築）＜高校・短大・大学区分＞
①建築に関する学科を履修、又は履修見込みの方

(6)技術職（建築）＜民間企業等経験区分＞
①民間企業等における建築に関する職務経験は、会社員、公務員、団体職員等において、1年
以上継続した期間を対象とし、当該事業所における通常の労働者（正社員等）よりも1週間
の所定労働時間が短い雇用形態としての就業期間は含まないこととします。
※最終合格後、職務経験期間の確認のため、職歴証明書を提出していただきます。なお、職務
経験期間が確認できない場合は、合格を取り消します。
※建築士免許証又は、建築士免許証明書の写しを受験申込書と併せて提出してください。

(7)技術職（電気）＜高校・短大・大学区分＞
①電気に関する学科を履修、又は履修見込みの方

(8)技術職（電気）＜民間企業等経験区分＞
①民間企業等における電気に関する職務経験は、会社員、公務員、団体職員等において、1年
以上継続した期間を対象とし、当該事業所における通常の労働者（正社員等）よりも1週間
の所定労働時間が短い雇用形態としての就業期間は含まないこととします。
※最終合格後、職務経験期間の確認のため、職歴証明書を提出していただきます。なお、職務
経験期間が確認できない場合は、合格を取り消します。
※電気主任技術者免状の写しを受験申込書と併せて提出してください。

(9)消防職（身体要件等）
次の各号にすべて該当する方は受験できます。
①心身とも健全で四肢が完全である方
②矯正視力を含み両眼で0．8以上、かつ一眼それぞれ0．5以上で、充分な聴力を有し、
かつ色彩識別能力が充分である方
③言語明瞭であって、充分発声できる方
※採用後、消防自動車の運転のため、普通自動車免許の取得が必要となります。

3 試験の方法、日時、会場及び合格発表

種　別	日時及び会場	試　験　内　容		合　格　発　表
第1次試験 （技術職（土木・建築・電気）民間企業等経験者を除く）	令和5年9月17日（日） 午前10時00分～午後1時まで ※午前9時40分までに集合 岩見沢市コミュニティプラザ 自治体ネットワークセンター （岩見沢市有明町南1番地20）	地方公務員として必要な一般知識及び教養について、筆記試験及び適性検査を行います。（作文試験は行いません）※鉛筆・消しゴムを忘れずにお持ちください。		令和5年10月中旬頃までに市役所掲示板に告示するほか、別途個別に合否を通知します。
第1次試験 （技術職（土木・建築・電気）民間企業等経験者限定）	令和5年9月1日（金） ～ 令和5年9月18日（月）	基礎能力検査 （SCOA）	基本的な能力及び応用力、学力等を総合的に測定する択一式の試験 出題範囲：言語、数理、論理の3尺度	
	全国のテストセンター	性格検査 （SCOA）	職員として、必要な適性等を測定する検査	
		一般的な公務員試験対策は不要です。		
第2次試験	令和5年10月中旬～下旬頃を予定しています。	第1次試験合格者に対し、地方公務員としての適性について事務職（障がいのある方）の区分は、個別に面接を、それ以外の区分は集団面接を行います。		令和5年11月上旬頃までに市役所掲示板に告示するほか、別途個別に合否を通知します。
第3次試験	令和5年11月中旬～下旬頃を予定しています。	①第2次試験合格者に対し、地方公務員としての適性について個別に面接を行います。 ②消防職については、身体要件の確認のため、面接試験前に健康診断を行います。		令和5年11月下旬頃までに市役所掲示板に告示するほか、別途個別に合否を通知します。

※第1次試験の詳細は、「4 受験の手続き」を参照願います。

※第2次試験以降の試験日程、内容等の詳細については、合格者に通知します。

※試験内容については、上記に記載している以上の事柄はお教えできませんので、問い合わせはご遠慮ください。

※最終合否通知後に、合格者が辞退したときや採用人数に変更があったときには、繰り上げて合格者を決定する場合があります。

5 試験結果の開示について

(1) 開示請求ができる方と請求できる期間

対象者	試験種別	期　　間
第1次試験の不合格者	第1次試験	第1次試験合格発表日から2週間
第2次試験の不合格者	第2次試験	第2次試験合格発表日から2週間
第3次試験の不合格者	第3次試験	最終合格発表日から2週間

(2) 開示請求・問合せ先

〒 068－8686　　岩見沢市鳩が丘1丁目1番1号

岩見沢市役所総務部職員課職員係

電話 0126-23-4111（内線 3171・3172）

(3) 開示する情報

第1次試験、第2次試験、第3次試験の得点及び順位

(4) 開示の方法

開示方法は郵送のみとし、口頭、電話等は行いません。方法は、封筒の表に「職員採用候補者試験結果開示」と朱書きで明記し、任意の用紙に、受験番号、受験区分、氏名、「職員採用試験結果開示希望」と記入し、84円切手を貼った宛先明記の返信用封筒（長型3号封筒）を入れ、郵送してください。なお、宛先は受験申込書に記載した現住所等に限ります。（電話での申し出はできません）

6 合格から採用まで

この試験に合格した者は、岩見沢市職員採用候補者名簿に登載された後、採用となります。

採用時期は、令和6年4月1日を予定しています。

なお、卒業見込みの方が卒業できなかった場合、免許取得見込みの方が取得できなかった場合、心身の故障のため職務の遂行に支障があると認められた場合、又はこれに堪えられないことが明らかになった場合、その他必要な適格性を欠くことが明らかとなった場合には、採用されません。

7 勤務条件

(1)給　与

区　分	初　　任　　給	
	事務職・技術職	消防職
大　学	185,200円	191,700円
短　大	167,100円	172,600円
高　校	154,600円	158,900円

※なお、既卒の方の初任給は、採用前の職務経歴等に応じて加算されることがあります。

※消防職高校卒区分で受験の場合で、採用時において、救急救命士資格を有する場合は、短大卒区分の初任給になります。

参考）年齢ごとの月額給料（事務職・技術職）

区　分	３０歳	３５歳	４０歳	４５歳
大学院 大　学	２４５，１００ 円	２８９，０００ 円	３２０，５００ 円	３３５，５００ 円
短　大	２４３，１００ 円	２８５，７００ 円	３１７，５００ 円	３３４，６００ 円
高　校	２３９，４００ 円	２８２，４００ 円	３１４，３００ 円	３３３，５００ 円

※年齢における月額給料は、学校を卒業後、継続して在職していた場合の金額であり、学校
　への在校期間や職務の在職期間などにより増減します。
　このほか状況に応じ、扶養手当・通勤手当・住居手当・期末勤勉手当・寒冷地手当など、
　各種手当が支給されます。（初任給等は、令和５年４月１日現在のものです。）

(2)勤務時間

　午前８時４５分から午後５時３０分（正午から午後１時まで休憩時間）となっており、週休
日（土曜日・日曜日）・祝日・年末年始（１２月２９日から１月３日）は休みとなります。
　※勤務箇所によっては、勤務時間及び週休日等が異なる場合があります。

(3)休暇制度

　年次有給休暇（繰越により最大40日）のほか、結婚・出産・子の看護・忌引・夏期休暇等の
特別休暇があります。
　また、育児休業や介護休暇もあり、仕事と育児・介護の両立を支援しています。

岩見沢市の自治体情報

令和5年度 市政方針と予算

予算総額 890億5,300万円
一般会計 466億円
特別会計 204億6,300万円
企業会計 219億9,000万円

まちの未来に向けて

2月27日から市議会第1回定例会が開かれ、松野市長が令和5年度の市政運営の基本姿勢となる市政方針を示しました。

その市政方針と総合計画に掲げた6つの重点分野を紹介します。

問合先　企画室　☎ 35-4834

持続可能なまちづくり

昨年の全国の出生数は、7年連続で過去最少を更新するなど、予想を超える速度で少子化が進行しています。

岩見沢市でも昨年の出生数は287人と、10年前の約半数にとどまり、高齢化の進行と相まって人口減少の加速化、深刻な担い手不足など、近い将来の懸念が生じています。

地域社会への影響を最小限に食い止めるため、若い世代が結婚・出産・子育てに希望を持ち、実現できる地域社会の構築を急ぐ必要があります。

また、私たちの暮らしは北海道の冷涼な気候やエネルギーとの密接な関わりの上に成り立っており、地球温暖化、脱炭素という人類共通の課題の解決に向けて、ともに歩みを進めて行くことが求められています。

"人と緑とまちがつながり ともに育み未来をつくる 健康経営都市"を将来の都市像として掲げる岩見沢市において、住みよく快適で活気に溢れた緑豊かな "岩見沢"を、将来を担う世代に引き継ぐことは、私たちに課せられた責務です。

少子化対策や人口減少社会への適応、DX（デジタルトランスフォー

メーション）やGX（グリーントランスフォーメーション）、そしてウィズコロナ社会の構築など、多くの課題が山積していますが、まちの将来像を市民の皆さまと共有し、引き続き "オール岩見沢" "チーム岩見沢" で、持続可能なまちづくりに取り組んでいきます。

新しい時代を見据えて

社会が目まぐるしいスピードで変化する中、次の10年を見据えた新たな《行政改革大綱》《中長期財政計画》《職員定員管理計画》を策定しました。引き続き《市民の皆さまとの信頼》を市政運営の基本として、市役所改革は次のステージへと移行します。

市政を取り巻く環境が厳しさを増す中、今後も質の高い市民サービスを維持し、レベルアップを図っていくためには、徹底したコストダウンに加えて、未来技術の積極的な利活用と職員のスキルアップを前提とした経営資源の効率的な再配分が絶対条件となります。

新しい時代を見据え、これからも徹底した現場主義のもと、私自身が先頭に立って、全力で市役所改革に取り組みます。

一般会計予算の概要

歳入

区分	金額	割合
地方交付税	147.4 億円	31.6%
その他	107.9 億円	23.2%
市税	85.6 億円	18.4%
国庫支出金	69.9 億円	15.0%
市債	27.5 億円	5.9%
地方消費税交付金等	23.3 億円	5.0%
地方譲与税	4.4 億円	0.9%

歳入 466 億円

歳出

区分	金額	割合
民生費	149.1 億円	32.0%
土木費	62.9 億円	13.5%
公債費	55.6 億円	11.9%
教育費	47.3 億円	10.1%
総務費	43.6 億円	9.4%
衛生費	35.7 億円	7.7%
商工費	27.6 億円	5.9%
農林水産業費	23.2 億円	5.0%
議会費、労働費、消防費、予備費	18.5 億円	4.0%
諸支出金	2.5 億円	0.5%

歳出 466 億円

歳入

地方交付税
国（国税など）からの交付金
市税
市民税、固定資産税など
国庫支出金
使い道を特定された国からの補助金など
市債
長期的な借入金

歳出

民生費
児童・高齢者・障がい者福祉、生活保護など

土木費
道路・公園・市営住宅の整備、除排雪など

公債費
借入金の元金と利子の返済

教育費
小・中学校教育、生涯学習など

総務費
住民票の発行などの一般的な事務

衛生費
ごみ処理、健康診断など

商工費
商工業の発展、観光の振興など

農林水産業費
農業・林業・畜産の振興など

議会費、労働費、消防費、予備費
議会運営、消防負担金など

令和5年度予算　重点分野の取り組み

防災・防犯・地域コミュニティ
地域で支え合う 安全・安心なまち

子ども・子育て・教育・文化
豊かな心と生きる力をはぐくむまち

健康・福祉・医療
みんなが健康で元気に暮らせるまち

都市基盤・環境
自然と調和した 快適で暮らしやすいまち

産業経済・交流
活力と賑わいに満ちた 魅力あふれるまち

市民参画・行財政運営
市民とともに創る 持続可能で自立したまち

市民生活の質の向上

地域経済の活性化

人と緑とまちがつながり ともに育み未来をつくる 健康経営都市

重点分野の取り組みの

防災・防犯・地域コミュニティ
地域で支え合う 安全・安心なまち

災害に備えた対策 拡充
防災対策事業　3,158万円
　防災訓練や出前講座、自主防災組織への支援を通して地域防災による防災・減災を推進するほか、災害時における速やかな情報発信を行い、避難所生活や被災者の速やかな生活再建に向けた取り組みを進めます。

冬の暮らしの安全・安心の確保
除排雪事業、高齢者・障がい者の冬のくらし支援事業
17億3,996万円
　道路除排雪に加え、町会・自治会などが行う除雪ボランティアへの支援、高齢者世帯などの雪下ろしや間口除雪、定期排雪の費用の助成など、冬の暮らしの安全・安心の確保を図ります。

健康・福祉・医療
みんなが健康で元気に暮らせるまち

いつまでも健康で暮らせるように 拡充
健康寿命延伸事業　7,299万円
　個人の健康づくりの活動にポイントを付与する〝健康ポイントアプリ〟の導入のほか、各種健康診査や健康教室、健康相談などを実施し、いつまでも健康で生きがいを持って暮らせるよう健康寿命の延伸に取り組みます。

障がいへの理解促進と差別の解消へ 拡充
共生のまちづくり推進事業　1億5,890万円
　バリアフリーの推進やアール・ブリュット⁺作品の鑑賞機会の提供などを通じ、社会参加しやすい環境の整備と障がいへの理解促進、差別の解消などを図ります。

産業経済・交流
活力と賑わいに満ちた 魅力あふれるまち

持続可能な農業の推進
新規就農・農業後継者育成支援事業　5,505万円
　新規就農に必要な農業知識や技術を習得する研修などのほか、経営の早期安定を支援することで、担い手の育成・確保を図り、基幹産業である農業の維持・発展に取り組みます。

地域資源を用いた新たなエネルギーの創出 拡充
地域イノベーション推進事業　2,151万円
　産学官連携のもと、温泉附随ガスや自然エネルギーなどを用いた〝地産地消型エネルギーシステム〟の実証など、新たな社会環境形成に取り組みます。

33事業で6億7千964万円を計上しました。
厳しい財政環境の中、財政調整基金から9億8千万円を繰り入れますが、持続可能で自立した行財政基盤の確立に十分留意し、必要な施策全般にバランス良く予算を配分しました。

市は、〝人と緑とまちがつながりともに育み未来をつくる 健康経営都市〟の実現に向けて、重点分野として定めた6項目を柱に、総合計画や総合戦略などに基づく施策を着実に推進し、持続可能で自立した地域経営の確立を目指して取り組みを進めます。

詳しい内容は市ホームページ、市議会公式YouTubeをご覧ください

市議会の様子　YouTubeで
市政方針　ID:3439
重点分野の取り組み　ID:3434
市ホームページで

一部を紹介します

子ども・子育て・教育・文化
豊かな心と生きる力をはぐくむまち

子育てしやすいまちづくりの推進 [新規・拡充]
子どもの医療助成事業、出産・子育て応援事業
2億1,318万円

　子どもの医療費助成の対象を〝高校生等まで〟に拡充するほか、すべての妊婦・子育て世帯への伴走型相談支援と経済的支援を一体的に実施するなど、安心して子育てができるまちづくりを推進します。

学生と市民の交流機会の拡大 [新規]
教育大学連携事業、開庁140年・市制施行80周年記念事業
1,216万円

　〝北海道教育大学岩見沢校BOX（i-BOX）〟の運営をはじめ、美術展などへの協力や地域活動への学生参加を通じ、大学と市民との交流を推進します。また、開庁140年・市制施行80周年記念式典に併せて、大学との連携によるイベントを市内各所で開催します。

都市基盤・環境
自然と調和した 快適で暮らしやすいまち

カーボンニュートラル〟に向けた取り組み [拡充]
環境対策事業　**1,140万円**

　2050年までに二酸化炭素の排出量を実質ゼロにする〝ゼロカーボンシティ〟を目指し、太陽光発電の促進など、地球温暖化防止実行計画（区域施策編）に基づき、脱炭素社会の実現に向けた取り組みを進めます。

安全で安心して楽しめる公園づくり [拡充]
公園造成事業　**1億7,942万円**

　いわみざわ公園の散策路や展望広場の拡充、利根別自然公園とを結ぶ散策路を新設するほか、計画的に公園の施設を更新するなど、子どもから高齢者まで集い、楽しめる公園づくりを進めます。

市民参画・行財政運営
市民とともに創る 持続可能で自立したまち

タイムリーで効果的な情報発信
広報活動事業　**7,192万円**

　広報いわみざわや地デジ広報、デジタルサイネージ、コミュニティFM、街頭放送、ホームページ、SNSなど、発信する情報に適した手段で、効果的に情報を届けます。

効率的・効果的な行政サービスの提供 [拡充]
窓口スマート化推進事業、スマート・デジタル自治体推進事業
2,146万円

　行政手続きや窓口対応のスマート化〟による行政サービスの高度化など、市民サービスの向上や業務環境の改善・効率化を推進します。

　令和5年度の予算は〝選択と集中〟の視点に立ち、必要な事務事業の新設、既存事業の再構築を行い、事業間の相乗効果による好循環の拡大を図るとともに、子ども・子育て支援をはじめとした、地域の未来に資する事業に重点的に配分しました。
　その結果、一般会計の総額は466億円、前年度比3.7㌫の減、特別会計と企業会計を合わせた全会計の総額は890億5千300万円、前年度比1.6㌫の減となりました。
　また、総合戦略に関する予算は、

用語解説

❖アール・ブリュット
美術教育を受けていない人などが、既成の表現法にとらわれず自由に制作した生の芸術作品

◇北海道教育大学岩見沢校BOX(i-BOX)
北海道教育大学岩見沢校と岩見沢市が連携して、有明交流プラザ内に開設した、市民と学生の芸術文化・スポーツの活動情報拠点

❖カーボンニュートラル
温室効果ガスの排出量と吸収量を均衡させること

◆スマート化
情報システムや各種装置に高度な情報処理能力や管理・制御能力を持たせること

「広報いわみざわ　2023年4月号」より抜粋

45

【芦別市の試験情報】

令和6年度採用　芦別市職員採用試験案内
【一般事務職・技術職（土木・建築）】

令和5年7月19日
北 海 道 芦 別 市

1　採用予定年月日　令和6年4月1日

2　受付期間　　　　令和5年7月19日（水）～令和5年8月25日（金）

3　試験区分、採用予定人員及び職務内容

試験区分		採用予定人員	職　務　内　容
一般事務職	上　　級 中　　級 初　　級 社会人Ⅰ	若干名	一般行政事務に従事します。
	社会人Ⅱ		一般行政事務のほか、ICT の活用や業務のデジタル化に従事します。
技術職（土木）	上　　級 中　　級 初　　級	若干名	土木担当部門に勤務し、道路や河川、公園などの補修や維持管理業務、一般行政事務等に従事します。
技術職（建築）	上　　級 中　　級 初　　級	若干名	建築担当部門に勤務し、建築工事や建築確認申請業務、一般行政事務等に従事します。

4　試験日程及び試験会場

第1次試験		第2次試験
試験日	試験会場	
令和5年 9月17日（日）	芦別市役所 第1会議室（予定） 〔芦別市北1条 東1丁目3番地〕	※第1次試験合格者に対して別途通知します。

注1　試験時間及び試験会場等の詳細については、第1次試験申込者に対し別途通知します。
注2　試験会場については、他の公共施設に変更する場合があります。

5　受験資格

試験区分		学歴等
一般事務職	上　　級	【大学新卒採用】 (1)　平成８年４月２日以降に生まれたかた。 (2)　学校教育法による大学（短期大学を除く）を令和６年３月までに卒業見込みのかた。
	中　　級	【短期大学等新卒採用】 (1)　平成１０年４月２日以降に生まれたかた。 (2)　学校教育法による短期大学、高等専門学校、専修学校及び専門学校（短期大学卒業と同程度の資格を取得できる過程に限る）を令和６年３月までに卒業見込みのかた。 （注２参照）
	初　　級	【高等学校新卒採用】 (1)　平成１２年４月２日以降に生まれたかた。 (2)　学校教育法による高等学校を令和６年３月までに卒業見込みのかた。（注３参照）
	社会人Ⅰ	昭和５８年４月２日以降に生まれたかた（学校教育法による高等学校以上の学校を卒業したかた）で、一般事務職の上・中・初級の各受験資格の(2)に該当しないかた（新卒以外）。
	社会人Ⅱ	昭和５８年４月２日以降に生まれたかた（学校教育法による高等学校以上の学校を卒業したかた）で、民間企業、官公庁等で正社員・正職員として勤務し、ICTの活用や業務のデジタル化に取り組んだ経験が３年以上のかた。
技術職 （土木）	上　　級 中　　級 初　　級	一般事務職の上・中・初級いずれかの受験資格を有し、土木に関する専門課程を令和６年３月までに修了見込のかた。
技術職 （建築）	上　　級 中　　級 初　　級	一般事務職の上・中・初級いずれかの受験資格を有し、建築に関する専門課程を令和６年３月までに修了見込のかた。

注１　上表の資格にかかわらず、次のいずれかに該当する者は受験できません。
　　①　日本の国籍を有しない者
　　②　地方公務員法第１６条各号の規定に該当する者
　　　・禁錮以上の刑に処せられ、その執行を終わるまで、またはその執行を受けることがなくなるまでの者
　　　・日本国憲法施行の日以後において、日本国憲法又はその下に成立した政府を暴力で破壊することを主張する政党その他の団体を結成し、又はこれに加入した者
　　③　公務員として懲戒免職の処分を受け、その処分の日から２年を経過しない者
注２　学校教育法による大学を卒業見込みのかたは、中級での受験はできません。
注３　学校教育法による大学、短期大学または高等専門学校、専修学校及び専門学校（短期大学卒業と同程度の資格を取得できる課程に限る）を卒業見込みのかたは、初級での受験はできません。

6　試験方法及び内容

第1次試験	第2次試験
受付　午前9時30分～9時45分 試験　午前9時45分～午後2時40分 試験問題の水準 　上級⇒大卒程度、中級⇒短大卒程度 　初級⇒高卒程度、社会人Ⅰ・Ⅱ⇒高卒程度 ①教養試験（択一式筆記試験） 【上級・中級・初級】40題　120分 　知識分野（時事、社会・人文、自然に関する一般知識を問う問題）並びに知能分野（文章理解、判断・数的推理、資料解釈に関する能力を問う問題）を出題します。時事を重視し、社会的に幅広い分野（ICT、環境問題など）を出題します。 ※「古文」、「哲学、文学、芸術等」、「国語（漢字の読み、ことわざ等）」の出題はありません。 【社会人Ⅰ・Ⅱ】60題　75分 　社会についての関心や基礎的・常識的な知識、職務遂行に必要な基礎的な言語能力・論理的思考力を検証する問題を出題します。 ②性格特性検査150題　20分 　公務員に求められる六つの資質について、性格特性をみます。 ③小論文（初級は作文）60分 　800字以上1,200字以内（課題は試験当日発表）	第1次試験合格者に対し、個別面接 （複数回に及ぶ場合もあり。）

7　合格発表

第1次試験合格発表	第2次試験合格発表
令和5年9月下旬（予定）	令和5年10月下旬（予定）

注1　試験日当日、合格発表日の詳細をお知らせします。
注2　合否については、受験者に対して文書により直接通知します。
注3　電話による合否の照会には応じられません。

8　給与及び諸手当

試験区分			初任給・標準学歴		
一般事務職・技術職（土木・建築）		上級	185,200 円～	大学新卒	初任給は、経験年数や学歴等に応じて加算措置があります。
		中級	167,100 円～	短大新卒	
		初級	154,600 円～	高校新卒	
	社会人	大学卒	185,200 円～	大学卒	給与は人事院勧告等により、今後、変更することがあります。
		短大卒	167,100 円～	短大卒	
		高校卒	154,600 円～	高校卒	

【諸手当】
　個々の状況に応じて次の手当を支給します。
・扶養手当（配偶者の場合は 6,500 円）
・通勤手当（通勤距離 2 km 以上 2,000 円から距離区分に応じて支給）
・住居手当（賃貸 28,000 円上限）
・時間外勤務手当（正規の勤務時間を超えて勤務を命じられた場合に支給）
・期末手当、勤勉手当（年間 4.40 月支給）
・寒冷地手当（単身者の場合は年間 65,300 円）

9　勤務時間

　交代制勤務職場を除く1日の勤務時間は7時間45分で、休憩時間は原則として正午から午後1時までとしています。土・日曜日及び祝日等の休日は休みとなりますが、行事等によっては勤務をしていただく場合があります。この場合、他の日に休日を振り替えられます。

10　休暇等

　主な休暇は次のとおり。（育児休業、介護休暇以外は有給。）
○年次有給休暇　年20日の年次休暇（残日数は20日を限度に翌年繰り越し）
○病気休暇
○特別休暇（結婚、夏季、忌引、法要、ボランティアなどの休暇のほか、子育て支援制度の一環として、産前・産後休暇、育児休暇、配偶者出産休暇、育児参加休暇、子の看護休暇もあります。）
○介護休暇

芦別市の自治体情報

令和5年度芦別市各会計予算の概要

全会計　189億2万円（対前年度比 △1.4%）

一般会計 ……	113億7,700万円	（対前年度比	△1.5%）
特別会計 ……	44億6,090万円	（対前年度比	△3.9%）
企業会計 ……	30億6,212万円	（対前年度比	2.6%）

　令和5年度の予算は、第6次総合計画に掲げる目指すまちの将来像の実現に向け、だれもが安全・安心に暮らすことのできる環境づくりに努め、一人ひとりが住み続けたいと思えるまちづくりに果敢に取り組む必要があることから、持続可能な自立した行財政基盤の確立に留意し、市民生活の質的向上と、地域経済の活性化を図る取り組みを着実に進めるため、小学生の給食費無償化の取り組みなど、子育て支援策のいっそうの充実を図るとともに、滝里湖オートキャンプ場へのWi-Fi環境整備などの時代の流れに対応するためのデジタル化、移住・定住施策の推進、雇用対策、産業振興策などの地域経済活性化の取り組み、中学校の統合に向けた環境整備、公共施設の長寿命化対策や、脱炭素化に向けた照明器具のLED化に重点的に予算を配分しました。

■一般会計予算総額 113億7,700万円（経常費101億2,563万円／事業費12億5,137万円）

●歳入の内訳

科　　目	当初予算額	対前年度比
市　　　　税	13億5,512万円	1.5%
譲与税及び交付金	5億1,579万円	△2.9%
地 方 交 付 税	49億6,800万円	△0.0%
分担金及び負担金	900万円	7.4%
使用料及び手数料	3億3,406万円	△1.8%
国・道 支 出 金	18億8,341万円	△10.2%
財 産 収 入	1,908万円	1.7%
繰 入 金	6億 894万円	10.4%
市　　　　債	10億3,810万円	△3.2%
寄付金・諸収入他	6億4,550万円	3.8%
合　　　　計	113億7,700万円	△1.5%

【当初予算額の収入構成】（ ）内は予算に占める比率

●歳出の内訳

科　　目	当初予算額	対前年度比
議　　会　　費	7,827万円	△0.4%
総　　務　　費	8億1,478万円	△6.5%
民　　生　　費	28億4,620万円	△0.8%
衛　　生　　費	11億5,763万円	0.8%
労　　働　　費	959万円	20.3%
農　　林　　費	3億9,552万円	△2.2%
商　　工　　費	6億5,522万円	19.7%
土　　木　　費	14億3,348万円	△23.0%
消　　防　　費	5億3,143万円	△0.9%
教　　育　　費	7億 707万円	34.9%
公　　債　　費	10億1,850万円	11.3%
職　　員　　費	17億1,930万円	△3.0%
そ　の　他	1,001万円	0.0%
合　　　　計	113億7,700万円	△1.5%

【当初予算額の支出構成】（ ）内は予算に占める比率

◎当初予算（113億7,700万円）

市民1人あたりの予算	1世帯あたりの予算
95万2,369円	163万7,214円

令和5年1月31日現在
○人口／1万1,946人
○世帯数／6,949世帯

■特別会計の内訳

会計名	予算額	前年度対比
奨 学 資 金	4,277万円	8.2%
国 民 健 康 保 険	19億1,839万円	△2.9%
下 水 道 事 業	4億9,685万円	△2.0%
介 護 保 険 事 業	17億1,064万円	△0.4%
介 護 サービス事業	0万円	皆減
後 期 高 齢 者 医 療	2億9,225万円	△4.4%
合 計	44億6,090万円	△3.9%

※介護サービス事業特別会計は、令和5年度から廃止となり、当該事務事業に係る予算は、一般会計及び病院事業会計に引き継がれました。

■企業会計の内訳

会計名	収支区分		予算額	前年度対比
病院事業	収益的	収入	19億1,362万円	3.2%
		支出	20億3,686万円	2.7%
	資本的	収入	7,063万円	△32.3%
		支出	1億2,367万円	△22.8%
水道事業	収益的	収入	4億2,319万円	△3.7%
		支出	4億5,488万円	6.5%
	資本的	収入	2億7,759万円	8.3%
		支出	4億4,671万円	8.0%

◎ 令和5年度の主な事業 ◎

■学校給食無償化事業

食料原価の高騰により見直しが必要となっている学校給食費について、子育て世帯の保護者負担の軽減を図り、子育て支援を推進するため、小学生に対する無償化を実施する。

■中学校施設整備事業

令和6年度の中学校の統合に向け、統合後に使用する芦別中学校の器具庫の更新及び学校敷地内の舗装拡張工事、黒板取替工事、自転車置場設置、3線校舎トイレの内装改修工事を行う。また、新たにスクールバスを2台購入する。

■ヤングケアラー及び子どもの生活実態調査事業

第3期子ども・子育て支援事業計画への反映や、ヤングケアラー支援のための体制づくりに繋げるため、本市における子どもの生活実態調査及びヤングケアラー実態調査事業を行う。

■道の駅整備事業

観光物産センターの景観維持及び屋根の腐食防止等のため、屋根塗装工事及び屋上防水改修工事を行う。また、子育て世帯等の遊び場の充実と道の駅の誘客促進、交流人口の拡大により経済効果を高めるため、年齢・性別・障がいの有無を問わず安全に遊べるインクルーシブ遊具を含むコンビネーション遊具を設置する。

■健民センター整備事業

公共施設等総合管理計画に基づき、スターライト

ホテルの屋上防水改修工事及び屋外非常階段の更新工事を行うとともに、油谷体育館・トレーニングハウスの外壁改修、屋上防水工事等を行う。

■公共施設のLED化による脱炭素化推進事業

脱炭素化の推進を図るため、本町地区生活館、子どもセンター、勤労者体育センターの照明器具及び街路灯や公園灯のLED化工事事業を行う。

■市営住宅等維持管理事業

公営住宅等長寿命化計画に基づき、ことぶき団地（4棟32戸）、すみれ団地（9棟36戸）、改良住宅西芦別団地（7棟28戸）の除却工事のほか、すみれ第二団地の耐力度調査業務委託及び屋根葺替工事を行う。また、ことぶき団地の建替工事については、本年度は1棟12戸の工事を行う。

■住生活基本計画・公営住宅等長寿命化計画の見直し事業

平成25年度に策定した「芦別市住生活基本計画」及び「芦別市公営住宅等長寿命化計画」が、5年毎の見直し時期を迎えることから、国や道の住生活基本計画の見直しに連動して、既存計画を見直しする。

■芦別130周年・市制施行70周年記念事業

令和5年度は、芦別130周年・市制施行70周年の節目を迎えるため、記念式典及びNHKのど自慢、マラニックなどの開催、50年前に埋設したタイムカプセルの発掘・資料公開など、各種記念事業を実施する。（8ページ参照）

「広報あしべつ　2023年4月号」より抜粋

夕張市職員採用試験実施要項

（一般事務職）

夕　張　市

夕張市職員採用試験実施要項（一般事務職）

「夕張市」は、

RE　START！　Challenge More！　～夢を主語に、挑戦するまちへ～

を合言葉に「出来ない理由を主語にせず、『夢』を主語にチャレンジするまちに変わる」ことを宣言し、新たなまちづくりに挑戦しています。

夕張市が求める人物像
- 〇意欲を持って課題に挑戦し、物事を成し遂げる力を持った方
- 〇自ら考え、情熱を持って積極的に行動できる方
- 〇自ら目標を持って、その実現のために絶えず努力できる方

1　職種及び採用人員　　一般事務職　若干名

2　採用予定年月日　　　令和6年4月1日

3　受験資格
（1）及び（2）の条件を満たした方であって、（3）の受験区分によって受験できます。

（1）次の各項目に該当しない方
- ・日本国籍を有しない方
- ・地方公務員法第16条（欠格条項）に該当する方
- ※今年度実施した、本市職員採用試験に応募されたことのある方は受験できません
（2）資格等
- ・採用後、夕張市に居住可能な方
（3）受験区分

受験区分	受験資格	年齢制限
① 上級 （大卒）	学校教育法による大学を卒業（令和6年3月卒業見込みを含む）している方又はこれに相当する資格を有すると市長が認める方	平成5年4月2日以降に生まれた方
② 初級 （短大卒、専門卒、高卒）	学校教育法による短期大学、専門学校、高等専門学校、高等学校を卒業（令和6年3月卒業見込みを含む）している方又はこれに相当する資格を有すると市長が認める方	

※ただし、受験区分①に該当する方は、受験区分②での受験はできません。

4 試験の方法

試験区分	試験方法	試験内容
第一次試験	一般教養試験	地方公務員として必要な知能及び知識についての択一式筆記試験
	適性検査	職場適応性検査
第二次試験	面接試験	内容等は第一次試験合格者に対して通知します。

5 試験の実施日及び場所

(1) 第一次試験

　　月　日　　令和5年9月17日（日）

　　場　所　　夕張市役所　（夕張市本町4丁目2番地）

　　　※申込者数等の事情により変更する場合があります。

　　　※その他詳しい内容は受験申込者に別途お知らせいたします。

(2) 第二次試験

　　合格者に対して別途通知します（10月下旬を予定）。

6 受験申込方法

(1) 提出書類

　　①受験申込書（市指定様式、前3か月以内に撮影した写真を添付してください。）

　　②卒業証明書又は卒業見込証明書（試験区分による学歴のもの）

　　③返信用封筒（長形3号の封筒に返信先を記載し84円切手を貼ったもの）

(2) 提出方法

　　(4)の申し込み先に持参又は郵送してください。

(3) 受付期間

　　令和5年7月21日（金）から令和5年8月23日（水）まで

　　（受付時間は午前8時45分から午後5時30分まで。　土・日・祝日を除く。）

　　　※郵送の場合は書留又は簡易書留にて郵送してください。

　　　※郵送の場合も8月23日午後5時30分必着とします。

(4) 申し込み・問い合わせ先

　　夕張市役所総務企画課総務係

　　住　所　　〒068-0492　夕張市本町4丁目2番地

　　電　話　　0123-52-3170（総務係直通）

　　E-mail　ybrski@city.yubari.lg.jp

(5) その他

　　受付期間終了後、申込者あてに受験票等を郵送いたします。

7　給与の概要（令和5年4月1日現在）

　　現在、夕張市では財政再生計画に基づき職員給料を一律5％削減しています。

　　※手当における一律削減は行っておりません。

　　（令和4年度の期末・勤勉手当支給実績：削減前本俸の 4.4 か月分）

　(1)　参考給料（削減後）

　　・高校新卒者　　月額　146,900 円

　　・短大新卒者　　月額　158,800 円

　　・大学新卒者　　月額　176,000 円

　　　　※採用以前に職歴等がある場合は、職歴等の内容に応じて上記の額に加算し基本給を決定します。

　(2)　その他

　　　勤務時間：午前8時45分から午後5時30分まで

　　　休日：土曜日、日曜日、国民の祝日、年末年始（12 月 31 日から1月5日まで）

　　　休暇：年次有給休暇、特別休暇（夏季休暇、服喪休暇等）

　　　基本給のほかに、扶養手当、通勤手当、住居手当、期末・勤勉手当、寒冷地手当、時間外勤務手当等の制度があります。

8　その他

　(1)　提出された書類の返却には応じませんので、あらかじめご承知願います。

　(2)　受付期限後の受付はいたしません。

　(3)　試験の日程及び場所は、申込者数やその他の事情により変更する場合があります。

　(4)　履歴書（申込書）等に記載された個人情報については、この試験の実施及び採用後の人事管理上の目的に限って使用します。

　(5)　受験資格の有無、提出書類の記載事項に不正があったときは、合格を取り消す場合があります。

　(6)　その他、不明な点については、6 (4)の申し込み先にお問い合わせ下さい。

夕張市の自治体情報

令和5年度夕張市当初予算

■一般会計予算　110億815万7千円

　令和5年度当初予算が、3月22日定例市議会で議決されました。本予算は、3月7日に総務大臣の同意を得た財政再生計画に基づき編成しました。その概要についてお知らせします。
○令和5年度予算は、財政再生計画の実質14年目であり、財政再建計画からは通算実質17年目となります。
○一般会計当初予算規模は、110億815万7千円で、前年度比9億4,654万9千円、7.9%の減となりました。
○新規事業の追加については、住民生活の安全安心のため、必要性・緊急性の高い事業を計上しました。

年度別当初予算

※市民1人あたりの予算額は、各年2月末住民基本台帳人口で割ったもの(住民基本台帳法の改正により外国人住民を含む)

■歳入歳出款別予算

【歳入】（単位：千円）

区　分	令和5年度	令和4年度	増減額
1 市　　　　税	912,631	809,580	103,051
2 地方譲与税	42,678	46,644	△3,966
3 地方消費税交付金	195,990	177,865	18,131
4 地方交付税	4,966,792	4,966,284	508
5 分担金負担金	32,035	31,358	677
6 使用料手数料	411,517	452,652	△41,135
7 国庫支出金	1,402,991	2,301,694	△898,703
8 道支出金	464,528	542,767	△78,239
9 財産収入	37,326	53,095	△15,769
10 繰入金	1,274,101	1,192,401	81,700
11 諸収入	48,146	48,433	△287
12 市　　　　債	1,086,100	1,204,800	△118,700
13 その他	133,316	127,133	6,183
合　計	11,008,157	11,954,706	△946,549
財源 自主財源	2,829,776	2,701,324	128,452
依存財源	8,178,381	9,253,382	△1,075,001

【歳出】（単位：千円）

区　分	令和5年度	令和4年度	増減額
1 議　会　費	50,655	50,805	△150
2 総　務　費	1,065,004	1,015,298	49,706
3 民　生　費	2,422,359	2,521,616	△99,257
4 衛　生　費	1,741,686	2,730,369	△988,683
5 農林業費	69,139	86,077	△16,938
6 商　工　費	26,743	27,758	△1,015
7 土　木　費	974,820	884,759	90,061
8 消　防　費	370,593	370,585	8
9 教　育　費	791,718	730,074	61,644
10 公　債　費	3,470,369	3,513,106	△42,737
11 諸支出金	5,071	4,259	812
12 予　備　費	20,000	20,000	0
合　計	11,008,157	11,954,706	△946,549
財源 一般財源	7,020,399	6,750,337	270,062
特定財源	3,987,758	5,204,369	△1,216,611

令和5年度歳入構成比率　　**令和5年度歳出構成比率**

地方交付税への依存が高く、市税などの自主財源比率は25.7%と他都市に比べ非常に低くなっています

再生振替特例債の元利償還金の影響により公債費の割合が高くなっています

■歳出性質別予算

(単位:千円)

区　分	令和5年度	令和4年度	増減額
1 人件費	1,272,866	1,269,857	3,009
2 物件費	1,574,814	1,367,052	207,762
3 維持補修費	306,688	318,135	△ 11,447
4 扶助費	1,437,610	1,540,058	△ 102,448
5 建設事業費	1,549,750	2,568,454	△ 1,018,704
6 公債費	3,470,369	3,513,106	△ 42,737
7 繰出金	819,403	818,128	1,275
8 補助費等	450,676	432,888	17,788
9 積立金	104,901	105,948	△ 1,047
10 出資金・貸付金	1,080	1,080	0
11 予備費	20,000	20,000	0
合　計	11,008,157	11,954,706	△ 946,549

〈令和5年度構成比率〉

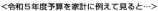

■歳出所要経費別予算

(単位:千円)

区　分	令和5年度	令和4年度	増減額
1 経常事業	3,231,080	3,200,572	30,508
2 臨時事業	1,012,863	1,098,369	△ 85,506
3 特別会計繰出金	742,549	738,314	4,235
4 人件費	1,272,866	1,269,857	3,009
5 債務負担行為	1,258,430	2,114,488	△ 856,058
6 公債費	3,470,369	3,513,106	△ 42,737
7 財調・減債基金積立金	0	0	
8 予備費	20,000	20,000	0
合　計	11,008,157	11,954,706	△ 946,549

※上の表の人件費の一部は、臨時事業に含まれます。

上記の区分を
・「経常事業」「人件費」 →食費・家賃・光熱水費などの生活費
・「臨時事業」 →住宅修繕・冠婚葬祭などの臨時費
・「特別会計繰出金」 →子どもへの仕送り
・「債務負担行為」「公債費」 →住宅・車などのローン返済
・「基金積立金」「予備費」 →貯金
として単純に置き換えて表したのが右の円グラフです

〈令和5年度予算を家計に例えて見ると…〉

■財政再生計画との比較

<17億312万7千円増額の計画変更について、3月1日の議決を経て3月7日に総務大臣の同意を得ました>

【歳入】 (単位:千円)

区　分	令和5年度	令和5年度計画	増減額
1 地方税	912,631	755,182	157,449
2 地方譲与税	42,678	57,416	△ 14,738
3 地方交付税	4,966,792	4,985,925	△ 19,133
普通交付税	3,543,634	3,562,767	△ 19,133
特別交付税	1,423,158	1,423,158	0
4 国庫支出金	1,867,519	1,644,589	222,930
国庫支出金	1,402,991	1,108,863	294,128
道支出金	464,528	535,726	△ 71,198
5 繰入金	1,274,101	659,157	614,944
6 地方債	1,086,100	297,000	789,100
7 その他	858,330	905,761	△ 47,425
地方消費税交付金	195,996	182,213	13,783
分担金負担金	32,035	33,807	△ 1,772
使用料手数料	411,511	452,195	△ 40,678
財産収入	37,326	66,078	△ 28,752
諸収入ほか	181,462	171,468	9,994
合　計	11,008,157	9,305,030	1,703,127

【歳出】 (単位:千円)

区　分	令和5年度	令和5年度計画	増減額
1 人件費	1,272,866	1,211,603	61,263
2 物件費	1,574,814	799,883	774,931
3 維持補修費	306,688	401,706	△ 95,018
4 扶助費	1,437,610	1,581,734	△ 144,124
5 建設事業費	1,549,750	501,846	1,047,904
普通建設補助	1,171,930	489,000	682,930
普通建設単独	377,820	12,846	364,974
災害復旧補助	0	0	
災害復旧単独	0	0	
6 公債費	3,470,369	3,580,586	△ 110,217
起債元利償還金	911,919	1,022,136	△ 110,217
再生振替特例債	2,558,450	2,558,450	0
7 繰出金	819,403	854,986	△ 35,583
8 その他	576,657	372,686	203,971
補助費等	450,676	260,479	190,197
積立金	104,901	99,327	5,574
出資金・貸付金	1,080	2,880	△ 1,800
予備費	20,000	10,000	10,000
合　計	11,008,157	9,305,030	1,703,127

※「令和5年度計画」額とは、令和4年度12月計画変更後のもの

<参考>扶助費予算の推移

国・地方とも社会保障費の伸びが財政を圧迫しているといわれています。社会保障は、年金・医療・介護・生活保護など多岐にわたる分野で私たちの生活を支えています。そのうような、一般会計に占める扶助費予算(生活保護・障害者福祉・児童福祉など)について表したのが左の図です。人口減少と少子高齢化が進むなか、市民1人あたりの扶助費予算額は増加傾向にあります。

令和5年度に実施する主な事業

平成28年度に抜本的に見直した財政再生計画に基づき、市民生活や財政再生計画終了後を見据えた地域の再生の取り組みのために真に必要な事業を計上しました。

区分・事業名	事業概要	事業費	科目名
① 財政再生計画登載または前年度からの継続事業（ハード事業）			
橋梁長寿命化計画事業 （橋梁点検・補修）	市の長寿命化計画に基づき、清水沢橋の架替などを行うもの	2億3,276万5千円	土木費
市営住宅再編事業	老朽化した市営住宅の整備と将来に向けたコンパクトなまちづくりを推進するための住環境整備を行うもの	2億5,508万3千円	土木費
市立診療所改築事業	老朽化した市立診療所の改築を行うもの	9億7,129万8千円	衛生費
模擬坑道復旧	火災により損傷した模擬坑道の復旧を行うもの	3億9,662万2千円	教育費
② 財政再生計画登載または前年度からの継続事業（ソフト事業）			
ふるさと納税返礼品開発促進事業	ふるさと納税返礼品開発に係る補助を行うもの	150万円	総務費
小中高連携事業	小中高で一貫した英語教育を推進するためのオンライン英会話教育を行うもの	724万4千円	教育費
夕張高校魅力化事業	公設塾の運営や高校及び生徒に対する補助を行うもの	2,821万6千円	総務費
スクールバス運営事業	児童・生徒の安心・安全な通学手段の確保のため、スクールバスの運行の委託を行うもの	4,037万6千円	教育費
③ 新たに実施する事業			
夕張高校魅力化事業	地域プロジェクトマネージャー採用支援委託、高校職員室への無線LAN機器設置、市外からの生徒募集のため地域留学に関するサポートを受けるもの	332万5千円	総務費
地域プロジェクトマネージャー派遣事業	夕張高校魅力化事業の推進などのため関係者間の橋渡し役であるコーディネーターを採用するもの	769万9千円	総務費
奨学金返還支援事業	若者の定着を図る施策として、市内に定住し、就労する若者に対し、奨学金の返還を支援するもの	120万円	総務費
市庁舎整備事業	市庁舎整備に係る基本構想・基本計画策定と用地関連調査などを行うもの	3,354万円	総務費
出産・子育て応援事業	安心して出産・子育てができるよう伴走型相談支援と経済的支援を行うもの	220万1千円	衛生費
放課後オンライン学習事業	タブレットを活用した児童・生徒のオンライン学習を行うもの	45万5千円	教育費
消防団一般業務	消防団員の防火衣下衣を購入するもの	614万5千円	消防費
ズリ山管理	小砂金の沢ズリ山の暗きょ排水の状況と地形調査などを実施するもの	1,490万5千円	総務費

＜参考＞将来負担等の状況 ～水道事業会計を除く全会計ベース

（単位：千円）

区分	実質収支 (会計の赤字黒字)	市債元金残高 (長期借入金)	債務負担残高 (物品等のローン)	基金残高 (貯金)	合計残高
平成30年度決算	235,481	△ 32,083,111	△ 1,045,833	7,201,514	△ 25,691,949
令和元年度決算	662,756	△ 30,031,897	△ 1,141,765	7,172,095	△ 23,338,811
令和２年度決算	246,392	△ 27,840,286	△ 2,957,755	7,499,792	△ 23,051,857
令和３年度決算	695,060	△ 25,170,950	△ 3,416,677	7,383,907	△ 20,508,660
令和４年度見込	0	△ 23,329,397	△ 1,424,004	7,155,712	△ 17,597,689
令和５年度見込	0	△ 21,121,097	△ 149,083	5,943,371	△ 15,326,809

○人口データ

（単位：人）

区分	14歳以下	15~64歳	65歳以上	合計
平成30年2月末	454 5.4%	3,656 44.0%	4,206 50.6%	8,316 ▲ 325
平成31年2月末	456 5.6%	3,536 43.6%	4,119 50.8%	8,111 ▲ 205
令和２年2月末	436 5.6%	3,369 43.3%	3,983 51.1%	7,788 ▲ 323
令和３年2月末	413 5.6%	3,084 41.8%	3,889 52.6%	7,386 ▲ 402
令和４年2月末	392 5.6%	2,878 41.0%	3,751 53.4%	7,021 ▲ 365
令和５年2月末	357 5.3%	2,766 41.1%	3,610 53.6%	6,733 ▲ 288

▨ 合計残高　━● 市民1人あたり

人口減少が続く中でも、1人あたりの負担は着実に
減りつつあります。（各年2月末人口で除した額）

問合せ先　市財政係
☎52-3122
ybrzai@city.yubari.lg.jp

○夕張市財政再生計画の変更
（令和4年度第6次および令和5年度第1次（3月））の内容

　　総務大臣あてに協議を行った「夕張市財政再生計画の変更＜令和4年度第6次および令和5年度第1次＞」について、総務大臣から同意が得られました。今回の計画変更による財政再生計画期間の変更はありません。同意が得られた変更の主な内容は以下のとおりです。

《財政再生計画の変更内容》
（1）令和4年度第6次
　　＜一般会計＞　変更総額　561,752千円

変更する内容	増減額（単位：千円）
幸福の黄色いハンカチ基金へ寄附金を積み立てる経費	325,140
ふるさと納税サイトの利用に係る経費	4,177
老人福祉会館の修繕に係る経費	935
妊産婦などを対象とした子育て支援に係る経費	4,700
市立診療所の移転改築に係る経費	186,200
市道の除雪に要する経費	29,328
りすた、中学校など電気料金高騰に対応するための経費	4,424
ほか　6,848千円　計	561,752

　なお、上記歳出の財源として、国・道からの交付金、地方債、寄附金などを充当しています。

（2）令和5年度第1次
　　＜一般会計＞　変更総額　1,703,127千円

変更する内容	増減額（単位：千円）
会計年度任用職員に係る人件費	178,011
市役所本庁舎の整備に係る経費	33,540
ふるさと納税を通じて寄附をいただいた方への特産品送付経費	118,542
高校魅力化事業に係る公設塾の運営に関する経費	11,146
認定こども園などに対する施設型給付に要する経費	68,098
市立診療所・介護医療院の移転改築に要する経費	971,298
橋梁長寿命化修繕計画に基づく橋梁架替工事などの経費	160,179
市営住宅長寿命化計画に基づく住宅改善工事などの経費	△211,415
学校給食調理業務を委託するための経費	24,183
石炭博物館模擬坑道の復旧のための経費	396,622
地方債の償還に係る経費	△110,217
ほか　63,140千円　計	1,703,127

　なお、上記歳出の財源として、国・道からの交付金、幸福の黄色いハンカチ基金などからの繰入金、地方債などを充当しています。

○令和4年度3月補正予算の内容

《令和4年度予算の補正を行った会計と補正予算額》

令和5年3月に総務大臣の同意が得られた「夕張市財政再生計画の変更（令和4年度第6次）」に基づき、一般会計および特別会計について予算の補正を行いました。

(単位：千円)

会計名	補正の内容	補正額	補正後予算額
一般会計	計画変更で計上した各事業経費	561,752	13,672,417
国民健康保険事業会計	システム整備に係る関連経費の減額など	△769	1,303,097
水道事業会計	水道事業費の増による補正	1,935	501,329

＜問合せ先＞
市財政係　☎52-3122

「広報ゆうばり　2023年4月号」より抜粋

第2部

教養試験
社会科学・人文科学

- 政治・経済・社会
- 歴　史
- 地　理

社会科学　政治・経済・社会

‖‖‖‖‖‖‖‖‖‖‖‖‖‖‖‖‖‖‖‖‖‖‖ P O I N T ‖‖‖‖‖‖‖‖‖‖‖‖‖‖‖‖‖‖‖‖‖‖‖

政治：学習法としては，まず，出題傾向をしっかり把握すること。出題形式や出題内容は当然変わっていくが，数年単位で見ると類似した内容を繰り返していることが多い（後述の「狙われやすい！重要事項」参照）。そのような分野を集中的に学習すれば効果的である。学習の中心となるのは基礎・基本の問題であるが，要点がまとまっているという点で，まずは本書の問題にしっかり取り組むとよい。そしてその学習の中で問題点や疑問点が出てきた場合に，教科書・学習参考書・辞典・専門書で学習内容をさらに高めていこう。

経済：まず高等学校の「政治・経済」の教科書で，次の項目のような主要な要点をまとめてみよう。

(1) 国内経済…金融政策・財政政策・景気変動・国民所得・GNIとGDP・三面等価の原則・国家予算・独占禁止法・公正取引委員会など

(2) 第二次世界大戦後の国際経済の歩み…OECD・EEC→EC→EU・GATT→WTO

(3) 国際経済機構…IMF・IBRD・IDA・UNCTAD・OPEC・OAPEC・ケネディラウンド → ウルグアイラウンド → ドーハラウンド・FTA → EPA → TPP

　最新の動向については，ニュースや時事問題の問題集等で確認しておこう。

社会：社会の学習法は，問題を解くことと合わせて，新聞等を精読するに尽きる。記事をスクラップするなどして，系統的に理解を深めていくことが大切である。新聞などに掲載されている社会問題は，別の様々な問題と関連していることが多い。1つのテーマを掘り下げて理解することにより，社会で起きている時事的な問題をより横断的に結びつけてとらえることが可能となる。そのためにも，様々なメディアを通じて日々新しい情報をチェックし，政治・経済・社会・環境など，網羅的にニュースを把握しておくようにしておきたい。

狙われやすい！重要事項

- ☑ 国会や選挙の制度
- ☑ 国際的な機構や国際政治
- ☑ 基本的人権（各論まで）
- ☑ 金融政策や財政政策の制度と実情
- ☑ 少子高齢化や社会保障
- ☑ 日本経済の実情
- ☑ 日本と世界の国際関係
- ☑ 科学技術や医療などの進歩
- ☑ 社会的な課題

《 演習問題 》

1 国家に関する記述として，妥当なものはどれか。

1 プラトンは，防衛者が勇気の徳を具現化するとともに生産者が節制の徳を体現する2つの身分による国家を樹立することによって，正義が実現できるとした。

2 マキャヴェリは，君主の主要な役割として，国家の維持，拡大および強化をはかることを挙げ，そのためには「悪しき手段」を用いてもよいとした。

3 ウェーバーは，国家の三要素として領域，主権，国民を挙げるとともに，国家の本質を法的な主体としての法人であるととらえた。

4 夜警国家という言葉は，国家の警備力や軍事力を高めるべきであるとする自由主義の立場から提唱された。

5 市民革命期には，革命を担った貧困層の生活水準を向上させることこそが国家の主要な役割であるとする福祉国家論が台頭した。

2 民主政治の基本原理に関する記述として，妥当なものはどれか。

1　13世紀のイギリスにおいて，国王ジョンによって署名されたマグナ・カルタは，国王による課税権や逮捕権を制限するとともに，国民一般に対する平等権を含むものであった。

2　18世紀のアメリカにおいて，独立戦争を背景にジェファーソンらによって起草された独立宣言は，天賦不可侵の人権などの内容を含んでいたが，国家の神聖な役割を強調する観点から，革命権については盛り込まれなかった。

3　18世紀のフランスにおいて，フランス革命を背景にラファイエットによって起草されたフランス人権宣言では，自由と平等に加え，所有権を公共のために用いることを通じて，国民に社会権を認める内容が盛り込まれた。

4　ロックは，議会が持つ立法権によって執行権と同盟権を統制すべきであるとしたが，彼の主張の中には，自由の前提として，裁判権や司法権を明確に他の権利から分離させるべきであるという考えは盛り込まれていなかった。

5　アメリカ初代大統領ワシントンは，ゲチスバーグ演説の中で，「人民の人民による人民のための政治」を提唱し，民主主義の基本原理を示した。

3 国際政治に関する記述として，妥当なものはどれか。

1　主権国家を主体とする近代的な国際社会の成立は，ナポレオン戦争の講和条約の時点に求める説が有力である。

2　国際連盟規約において採用された平和維持のためのシステムは，勢力均衡方式であった。

3　国際連合憲章によれば，憲章をはじめとしたルールに違反した国は，武力によるものを含む制裁の対象となる。

4　冷戦の下では，アメリカとソ連がそれぞれの陣営を率いて対立していたため，核兵器の削減についての合意は実現しなかった。

5　冷戦終結後に頻発している地域・民族紛争は，先進国において深刻化することはなく，途上国に固有の現象であるとする見解が有力である。

4 日本の内閣制度に関する記述として，妥当なものはどれか。

1 内閣総理大臣は，衆議院議員の中から国会の議決によって指名され，天皇によって任命される。衆議院と参議院の指名が異なるときは，両院協議会が開かれ，そこで一致しないときは，衆議院の議決が国会の議決となる。

2 内閣総理大臣以外の国務大臣は，内閣総理大臣が任命し，天皇が認証する。内閣総理大臣が国務大臣を罷免する場合は，衆議院の同意を経て，解任の手続きを行う。

3 内閣総理大臣が任命する国務大臣は，全員が国会議員でなければならない。また，内閣総理大臣を含むすべての国務大臣は，文民でなければならない。

4 国務大臣は，内閣総理大臣の同意がなければ，訴追されない。ただし，それによって，訴追の権利は害されない。

5 内閣の意思決定は，閣議によって行われる。慣例上，閣議決定が行われる要件は，国務大臣の過半数とされている。

5 裁判制度に関する記述として，妥当なものはどれか。

1 アメリカ合衆国の連邦最高裁判所の判事は，上院によって任命される。任期は終身とされているため，定年はない。

2 日本を含む各国では，一部，裁判への市民参加が保障されている。アメリカ合衆国の陪審員裁判は，刑事裁判のみを対象としているのに対して，日本の裁判員裁判は，民事事件と刑事事件の両方を対象としている。

3 日本の裁判官は，心身の故障により裁判を行えないと決定される場合を除き，公の弾劾によらなければ罷免されない。ただし，高等裁判所と最高裁判所の裁判官は，国民審査によって罷免される。

4 日本の最高裁判所の長官は，内閣によって指名され，天皇によって任命される。一方最高裁判所のその他の裁判官は，内閣によって任命され，天皇によって認証される。

5 日本の最高裁判所による判決は，終審の決定としての効力を持つ。よって，理由の如何を問わず，その判決が覆されることはない。

6　地方自治に関する記述として，妥当なものはどれか。

1　地方自治の本旨のうち，住民の意思を自治体の運営に反映させるべきであるとする理念は，団体自治と呼ばれている。

2　大日本帝国憲法において，地方自治の規定が置かれていたものの，法律の留保が付けられるなど，その内容は極めて限定的なものであった。

3　地方自治法の規定によれば，公共施設の建設等の是非を住民投票に委ねた場合，その結果は首長や議会を拘束する。

4　地方議会が首長に対して不信任決議をした場合には，首長はそれに対抗して，議会を解散することができる。

5　「大都市地域における特別区の設置に関する法律」が廃止され，東京都以外における特別区の設置が禁じられた。

7　日本の官庁に関する記述として，妥当なものはどれか。

1　観光庁は，観光立国の実現に向け，魅力ある観光地の形成や国際観光の振興などに関する事務を所管する官庁であり，経済産業省の下に設置された。

2　復興庁は，東日本大震災を契機として，広範な災害への対応と復興事業を担うこと等を目的とする官庁であり，永続的な官庁として内閣の下に設置された。

3　スポーツ庁は，スポーツの振興をはじめとしたスポーツに関する施策の総合的な推進を図ること等を目的とする官庁であり，文部科学省の下に設置された。

4　デジタル庁は，日本においてデジタル社会を形成するための諸施策を推進すること等を目的とする官庁であり，財務省の下に設置された。

5　こども家庭庁は，2022年に関連する法律が成立したことに伴い，厚生労働省の下に設置された。

8 国際機関に関する記述として，妥当なものはどれか。

1 国際連合では，安全保障理事会の常任理事国は，安全保障理事会に加え，総会においても拒否権をもっている。

2 ITU（国際電気通信連合）は，インターネットの発達に伴い，20世紀後半に設立された機関である。

3 IMF（国際通貨基金）と，IBRD（国際復興開発銀行）の議決権は，各国の出資額に応じて与えられている。

4 ILO（国際労働機関）の総会における決定は，各国の政府代表と労働者代表の二者によって行われる。

5 EU（欧州連合）の閣僚理事会における議決権は，加盟国に平等に配分されているため，実質的に大国に不利なルールとなっている。

9 社会契約説に関する記述として，妥当なものはどれか。

1 市民革命に大きな影響を与えた社会契約説に共通するのは，統治者の権利は神から授かった神聖なものであり，何人もそれを侵すことはできないとする思想である。

2 自然法思想は，実定法に先立つ普遍的な法が存在することを前提としており，社会契約説の展開にあたり，自然法の存在を肯定する説は社会の望ましいあり方を乱すものとして否定された。

3 ホッブズは，自然状態について，万人の万人による闘争状態であると規定し，そこから脱するために自然権を個人または合議体に譲渡することが不可欠であると述べた。

4 ロックは，自然権は，他者への信託や譲渡の対象にはならず，各人がその権利を保有したままで直接民主制により一般意思を形成するとともに，人々はそれに従うべきであるとした。

5 ルソーは，政府による統治は，自然権の一部を信託されることによって成り立つものとされ，人々はその信託に反する行為に対する抵抗権を持つとした。

10 各国の大統領制に関する記述として，妥当なものはどれか。

1　フランスの大統領は，議会の解散を決定したり，重要な案件を国民投票に付託したりする権限を持つ。

2　アメリカの大統領制は，三権分立の理念を厳格に体現したものとされるが，国民の直接選挙によって選ばれた大統領には，強力な権限が与えられている。

3　ロシアの大統領は，下院議員による互選によって選ばれる一方，首相にも一定の政治的な権限が与えられている。

4　ドイツの政治体制は議院内閣制によって運営されているものの，大統領の権限が強いため，首相の権限の多くは儀礼的なものにとどまる。

5　イタリアの大統領は，行政に関する主要な役職を実質的に決定するなど，強力な権限を持つ。

11 選挙の諸原則に関する記述として，妥当なものはどれか。

1　自由選挙は，選挙に棄権した場合でも罰則が課せられないというのが原則であり，これに反する強制選挙の実施は，国際人権規約によって禁じられている。

2　直接選挙は，投票用紙に直接に候補者名を自筆する原則を指し，これに反する例として，タッチパネル式の投票が挙げられる。

3　平等選挙は，投票数や1票の価値について個々の有権者の間に差を設けないというのが原則である。

4　秘密選挙とは，候補者の選出や投票の過程について明らかにしないというのが原則であり，強権的な独裁国家にみられる。

5　普通選挙とは，納税額や性別によって投票する権利を差別しないのが原則であり，女性を含む普通選挙制が初めて導入されたのはアメリカである。

12 政党と圧力団体に関する記述として，妥当なものはどれか。

1　圧力団体は，政権の獲得などを主たる目的として活動するのに対して，政党は，特定の集団の利益の実現を目指して行動する。

2　二大政党制は，有力な2つの政党間で実質的な競争が行われる体制であり，その典型的な国として，キューバが挙げられる。

3　政党に対する公的助成は，その政党を支持しない者から得た税収の配分

を意味するため，日本を含む国々において禁止されている。

4　アメリカでは，圧力団体と関係が深いロビイストと呼ばれる人々が活動しているが，報酬の出所などについての情報が公開されている。

5　一党優位政党制は，政党間の競合が行われているにもかかわらず，特定の政党に権力が集中する体制であり，典型的な例として，イギリスの政治体制が挙げられる。

13　**国際的な紛争の処理に関する記述として，妥当なものはどれか。**

1　国際刑事裁判所は，国家における犯罪を裁くために設置された裁判所であり，ここで訴えが提起されると，各国政府が被告となり，審理が行われる。

2　国際司法裁判所は，国家間の紛争の解決をはかるために設置されているが，拘束力のある決定を行うためには，当事国が裁判の開始に同意することが必要となる。

3　国際連盟の主要機関として設置された常設国際司法裁判所は，世界史上初めて国家間の紛争を扱った裁判所である。

4　国際連合憲章において，国際紛争の際，個別的自衛権や集団的自衛権を行使することは禁じられている。

5　国際連合安全保障理事会において，強制力のある決定を行うためには，常任理事国が拒否権を行使しないことを前提として，10ヵ国以上の賛成が必要となる。

14　**各国の政党政治に関する記述として，妥当なものはどれか。**

1　アメリカ合衆国では，民主党と共和党が大きな勢力を占めているため，いずれかの政党の指名を受けない限り，大統領に就くのは極めて困難である。

2　イギリスでは，保守党と労働党が議会で大多数を占めているものの，近年では，上院において地域政党の躍進が著しい。

3　フランスでは，一時期，共和国前進などの勢力が伸びた時期があったものの，2017年以降共和党と社会党の二大政党の勢力が拡大した。

4　ドイツでは，2005年以降，キリスト教民主・社会同盟が議会において圧倒的な多数を占め，同党による単独政権が続いた。

5　中国では，全国人民代表大会の代表を中国共産党が独占してきたが，香港の返還以降，複数政党制が導入され，急速に多党化が進んでいる。

15 政党と利益集団に関する記述として，妥当なものはどれか。

1　政党と利益集団を比較すると，政策の提示やその実現のために活動する点については共通するが，後者の方が包括的な政策を掲げるのが一般的である。

2　提示した政策について誤りがあった場合の責任は，政党はその責任が明確になりやすい一方，利益集団ではあいまいなままになることが多い。

3　政党と利益集団に共通する特徴として，ともに，政権の獲得を目的としている点が挙げられる。

4　アメリカでは，ロビイング規制法により，利益集団が議員への働き掛けを行うことは禁止されている。

5　日本では，利益集団による影響力を排除するため，政党への企業・団体献金が禁止されている。

16 日本の国会に関する記述として，妥当なものはどれか。

1　常会は，毎年1回1月中に召集され，予算や法律案の審議などを行うが，その会期の延長は1回のみに限られる。

2　特別会は，内閣が必要と認めたとき，または，一方の議院に属する国会議員の4分の1以上の要求があったときに召集され，会期は国会の議決によって定められる。

3　臨時会は，総選挙の日から30日以内に召集され，内閣総理大臣の指名や，院の構成の決定などが行われる。

4　衆議院の解散・総選挙中，緊急の必要があると参議院議長が認めた場合，参議院の緊急集会が開かれ，必要な決定がなされるが，次の国会開会後10日以内に衆議院の同意を得られないとき，その案件は無効とされる。

5　公聴会は，委員会において利害関係者や学識経験者からの意見を聞く制度であるが，予算に関する決定を行う際の開催は任意とされている。

17　日本国憲法に定められた基本的人権に関する最高裁判所による判例についての記述として，妥当なものはどれか。

1　幸福追求権は，新しい人権の根拠として主張される根本的な権利であるが，この権利は具体的な権利ではなく，これを定めた規定は国の責務を示したものである。

2　平等権を定めた諸規定は，不当な差別を禁止する趣旨であるから，直系尊属の殺人に対し，他の殺人と比較して著しく重い罪を課すのは，法の下の平等を定めた憲法の規定に反する。

3　県知事が特定の神社に対して玉ぐし料として公金を支出する行為は，必ずしも宗教的な意義を持つものではなく，習俗に属するものに過ぎないから，違憲とはいえず，容認されるべきである。

4　国民には，健康で文化的な最低限度の生活を営む権利が認められているから，生活保護法による支給が著しく低額である場合には，当事者には，裁判を通じてそのような状況の改善を求める権利が認められるべきである。

5　公衆浴場の距離制限を定めた法律の規定は，経済活動の自由を定めた憲法の規定に反する。

18　日本における刑事手続に関する記述として，妥当なものはどれか。

1　犯罪を立証する唯一の証拠が本人に不利な自白に限定される場合，有罪として刑罰を科すことはできない。

2　検察官が起訴しない旨を決定した場合，他の手続きによってその事件について刑事裁判を行うことはできない。

3　検察審査会は，非行のあった検察官の懲戒などを審査する機関であり，有権者から無作為に抽出された検察審査員により構成される。

4　捜査機関に協力したことを以て，協力者が犯した犯罪の刑罰を軽くすることはできない。

5　あらゆる刑事事件は，無作為に選ばれた裁判員と裁判官がともに審理にあたる裁判員裁判の対象となる。

19　日本における犯罪および刑罰に関する記述として，妥当なものはどれか。

1　少年法の改正により，18歳以上の特定少年のときに犯した事件について起訴された場合，略式起訴の場合を除き，実名・写真等の報道の禁止が解除される。

2　刑法の改正により，従来の拘禁刑が廃止され，強制的に刑務作業に服させる懲役刑と，その強制を伴わない禁固刑が新設された。

3　刑法の改正により，公然と人を侮辱した者に対する刑罰については，拘留若しくは科料に限られることになった。

4　少年法の改正により，18歳以上の特定少年は，家庭裁判所に送られることなく，20歳以上の者と同様の刑事裁判を受けることになる。

5　刑法の改正により，執行猶予中に刑罰の対象となる罪を犯した場合，再度執行猶予付きの判決を下すことを可能とする制度が廃止された。

20　日本国憲法に定められた基本的人権に関する記述として，妥当なものはどれか。

1　プライバシーの権利は，みだりに私生活を公開されないことを保障する権利であり，憲法に明文の規定はないものの，個人情報保護法において目的として明記されている。

2　幸福追求権は，新しい人権が主張される際に憲法上の根拠として挙げられる権利であるが，最高裁判所は，この権利はプログラム規定に過ぎず，具体的な権利ではないとしている。

3　最高裁判所の判例によれば，健康で文化的な最低限度の生活を営む権利は，憲法上の具体的な権利であり，これを害された者は，訴訟によってその状態の改善を求めることができる。

4　最高裁判所は，市有地を特定の神社に無償で提供してきた行為は，特定の宗教への援助と取られてもやむを得ないなどとして，違憲判決を下した。

5　最高裁判所は，学生による政治的な内容を含む演劇の上演の際，公安調査を目的として警察官が大学内に立ち入った行為は，学問の自由や大学の自治を損なう違憲の行為であるとした。

21 日本銀行と金融政策に関する記述として，妥当なものはどれか。
1 日本銀行は，銀行券を発行する発券銀行であり，融資などの取引をする相手は，市中銀行と，基準を満たした製造業などを営む大企業に限られる。
2 日本銀行政策委員会は，総裁，副総裁，審議委員で構成され，議決が成立するためには，全会一致による決定が求められる。
3 マイナス金利は，好況やインフレーションが継続するなど，金融の引き締めが求められる際に採用される政策である。
4 主要な金融政策としてきた基準割引率および基準貸付利率の操作は，公定歩合操作に名称を変え，最も重要で効果的な政策として位置付けられている。
5 日本銀行は，政府が発行した国債を直接購入することはできないが，発行後一定期間が経過した国債については，市場を通じて購入することができる。

22 物価の変動に関する記述として，妥当なものはどれか。
1 デフレーションの進行は，貨幣価値を下落させるため，定額の収入に頼る給与所得者や年金生活者にとっての生活は不安定になる。
2 デフレーションが継続する要因の一つとして，物価の低下が企業の収益を悪化させ，さらに賃金の低下を通じて購買力が減少し，ますます安い価格で売らざるを得なくなることが挙げられる。
3 インフレーションの進行は，貨幣価値を上昇させるため，債権者には有利になる一方，債務者には不利な影響をもたらす。
4 物価の安定は，経済政策における重要な課題であり，日本における物価の変動を表す指標として，日本銀行によって集計され定期的に発表される消費者物価指数や，総務省によって公表される企業物価指数が挙げられる。
5 日本政府による月例経済報告によれば，2013年末の時点において，日本経済は深刻なデフレーションが継続していると判断された。

23 国民所得計算に関する記述として，妥当なものはどれか。

1　GDP（国内総生産）の前年比の変化率は，経済成長率と呼ばれる。成長率が低下することにより，GDPは必ず減少する。

2　外国人の演奏家が一時的に日本に滞在し，公演を行った報酬を持ち帰ったとする。この分は，GNP（国民総生産）に算入される一方，国内総生産（GDP）には算入されない。

3　国民所得計算に算入されるのは，原則として，市場で取引される財やサービスの付加価値である。ただし，例外的に，農家による自家消費分は算入される。

4　物価の変動が大きいと，名目値と実質値の差が大きくなる。また，物価が上昇すると，実質値が名目値を上回る。

5　GNP（国民総生産）から固定資本減耗分を控除すると，NNP（国民純生産）が求められる。また，NNP（国民純生産）から間接税を控除し，直接税を加えることにより，NI（国民所得）が求められる。

24 地方財政に関する記述として，妥当なものはどれか。

1　地方自治体が自主的に調達する財源は自主財源と呼ばれ，地方交付税交付金がその代表である。

2　使途が特定されている財源は特定財源と呼ばれ，地方債の発行によって調達した資金が含まれる。

3　市町村が地方債を発行する場合には，原則として，都道府県知事による許可が必要となる。

4　地方財政の悪化によって債務の返済が困難になり，財政再生団体としての指定を受けると，債務の半分についての支払いが免除される一方，予算編成権が制約を受ける。

5　三位一体の改革とは，税源移譲，補助金削減，地方譲与税新設に代表される一連の動きを指すものである。

25 21世紀の日本経済に関する記述として，妥当なものはどれか。

1　バブル崩壊後の日本経済は，「失われた10年」と呼ばれる低迷期に入った。2002年には，年平均の失業率が5.4％となり，当時としては戦後最悪の水準を記録した。

2　日本の国債残高は，増加傾向にあったものの，21世紀はじめから，緩やかな減少傾向に入った。特に，消費税率を5％から8％に増税した後は，減少幅が拡大した。

3　日本経済の発展を妨げてきた要因として，経済活動への規制が過度であることが指摘されてきた。それを踏まえ，2002年には国家戦略特区が，2013年には構造改革特区が導入された。

4　リーマンショックは，世界経済に大きな影響を及ぼした。一方，日本経済への影響は軽微であり，経済成長率の落ち込みの幅は，先進国の中で最も小さかった。

5　東日本大震災は，日本経済に大きな影響を及ぼした。一方，サプライチェーンへの影響は軽微であり，日本経済の強さを示す結果となった。

26 わが国の税制度に関する記述について，妥当なものはどれか。

1　国税には直接税と間接税があり，所得税は直接税だが，法人税は間接税である。

2　間接税である消費税は，消費者自らが納税義務者である。

3　地方交付税は，地方公共団体の財政力の格差を是正するため，国税から支出される税のことである。

4　直接税と間接税の比率（直間比率）で，日本の直接税の比率は，フランスやドイツなどのヨーロッパ先進国やアメリカより高い。

5　住民税には都道府県民税と市町村民税とがあり，どちらも所得税と同様，累進課税である。

[27] **外国為替に関する記述として，妥当なものはどれか。**

1　固定為替相場制とは，異なる通貨間の交換比率を固定し，それ以外での取引を禁ずることによって成り立つ制度である。

2　1944年に合意されたブレトンウッズ協定において，IMF（国際通貨基金）などの設立とともに，変動為替相場制を導入することが定められた。

3　1970年代には，スミソニアン合意によって固定為替相場制から変動為替相場制への移行がはかられ，キングストン合意によってそれと逆行する動きがはかられるなど，外国為替市場が大きく揺らいだ。

4　外国為替市場において，金利が外国に比べて低いことによってその国の通貨が大規模に売られた場合，その通貨の価値が下落する要因となる。

5　他の条件を一定として，ある国の輸出が急増し，その国への旅行客が増えると，当該国の通貨が売られ，通貨の価値が下落する要因となる。

[28] **市場機構に関する記述として，妥当なものはどれか。**

1　完全競争市場では，需要側が価格受容者として行動するのに対して，供給側は価格先導者として行動する。

2　外部不経済が存在する場合，望ましい均衡点と比較すると，均衡価格は過小に，均衡取引量は過大となる。

3　外部経済が存在する場合，政府が財やサービスの供給主体に課税することによって，最適な均衡を達成することができる。

4　技術革新によって価格が低下し，取引量が増えることは，典型的な市場の失敗の例である。

5　寡占市場では，一般に，価格が下がりにくくなる現象がみられ，このことは，価格の上方硬直性と呼ばれる。

[29] **経済学説と経済政策に関する記述として，妥当なものはどれか。**

1　重農主義の代表的論客であるケネーは，価値の源泉を農業労働に求めるとともに，自由放任主義的な政策を批判した。

2　T.マンは，絶対主義を背景に重商主義的な政策を提唱し，自由貿易によって国を富ませることの必要性を説いた。

3　アダム・スミスは，各経済主体の利己的な行動が，見えざる手に導かれて，望ましい調和をもたらすとした。

4　ケインズは，乗数理論に基づき，公共投資などの財政支出の拡大より，減税の方が国民所得の大幅な増加をもたらすとした。

5　フリードマンは，安定的な経済成長に寄与する政策は，ルールに基づく金融政策ではなく，裁量的な財政政策であるとした。

30　戦後の日本経済の動向に関する記述として，妥当なものはどれか。

1　戦災によって疲弊した日本経済を回復させるため，アメリカが主導するマーシャルプランが実施された。

2　資金や資源を基幹産業に重点的に配分する傾斜生産方式が実施されたが，日本銀行が貨幣の供給量を急増させたため，激しいインフレーションをもたらした。

3　ドッジ・ラインは，復興金融金庫の創設を柱にする政策であったが，日本銀行が同金庫によって発行される債券の引き受けを拒否したため，混乱を招いた。

4　朝鮮特需とは，朝鮮戦争の際に韓国への輸出が急増することによって生じた好景気であり，これを通じて高度経済成長の基礎が築かれた。

5　1970年代末，イラン革命による混乱から第一次石油危機が発生し，日本は翌年戦後初めてのマイナス成長を経験し，高度経済成長は終焉を迎えた。

31　外国為替相場に関する記述として，妥当なものはどれか。

1　戦後の外国為替に関する国際的なルールは，1950年に発足した世界銀行によって策定された。

2　ブレトンウッズ協定には，イギリスのポンドを基軸通貨とし，ポンドと金を一定割合で交換することを保証する内容が盛り込まれた。

3　1970年代の経済的な混乱を経て，主要国は変動為替相場制に移行し，キングストン合意によってそれが追認された。

4　一般に，変動為替相場制は，通貨間の交換比率を固定し，それ以外のレートでの取引を禁ずることによって成立する。

5　ある国の通貨の価値が下落すると，その国の輸出に不利な影響を及ぼすため，各国の通貨当局や政府は外国為替市場の動向を注視している。

32 消費者保護のための諸施策に関する記述として，妥当なものはどれか。

1　消費者委員会は，関係省庁による消費者行政全般に対して監視機能を持つ第三者機関であり，内閣府の下に設置されている。

2　消費者庁は，「特定保健用食品」等の表示に関する許可や消費者に関する行政全般を担当する機関であり，経済産業省の下に設置されている。

3　消費者安全法に基づき，公正取引委員会は，消費者や消費生活に関する安全確保のための基本方針の策定を行う。

4　クーリング・オフは，いったん契約の申し込みや契約の締結をした場合においても，一定の期間であれば，契約者双方の合意に基づいて契約の申し込みを撤回したり，契約を解除したりできる制度である。

5　特定商取引法によれば，消費者契約について，不当な勧誘による場合は契約の取消しができるものとされ，また，不当な契約条項については無効とされる。

33 租税に関する記述として，妥当なものはどれか。

1　各自の負担能力に応じて税を負担することが公平であるとする考え方は，水平的公平と呼ばれる。

2　租税法律主義とは，税に関する諸制度については，議会が定める法律に基づくべきであるとする原則である。

3　戦後の日本の税制に大きな影響を与えたシャウプ勧告は，間接税を中心とした租税体系を骨格としていた。

4　相続税は，所得や財産が大きくなるほど実質な負担率が低くなる逆進性を特徴とする税である。

5　消費税は，所得や財産が大きくなるほど実質的な負担率が上昇する累進課税としての性質を持つ税である。

[34] ロシアおよびウクライナをめぐる情勢に関する記述として，妥当なものはどれか。

1　2018年にロシアで行われた大統領選挙において，現職のプーチン大統領が勝利したものの，それまでの選挙と比較して2位以下との差がわずかであったため，政権の基盤の不安定さを印象付ける結果となった。

2　2020年にロシアで行われた国民投票において，大統領の任期上限を「連続2期」から「通算2期」とする一方，現職大統領と大統領経験者の任期数をゼロとみなす条項を含む憲法改正案が可決された。

3　2014年，ロシアは，ウクライナのクリミア自治共和国をロシアの一部として編入することを宣言したが，この動きは住民投票の手続を経ていなかったため，日本を含む各国の反発を招いた。

4　2022年，ロシアのプーチン政権は，「ロシアとロシア人を守るための唯一の道」などとしてウクライナへの侵攻を始めたが，NATO（北大西洋条約機構）は直ちに直接的な軍事行動に踏み切った。

5　ロシアがウクライナに本格的に侵攻する前年の2021年，ウクライナのゼレンスキー大統領は，NATO（北大西洋条約機構）とEU（欧州連合）への加盟申請書に署名するなど手続の動きを加速させ，その動きにロシアのプーチン政権は激しく反発した。

[35] 日本の社会福祉や社会保障に関する政策についての記述として，妥当なものはどれか。

1　ベバリッジ報告を受け，包括的な救貧政策として恤救（じゅっきゅう）規則が制定され，包括的な福祉政策が整備された。

2　生活保護法による支給額の算定は，21世紀に入り，マクロ経済スライドによることとされた。

3　児童手当は，家庭生活等における生活の安定と健やかな成長に資することを目的として導入された。

4　介護保険は，本人の状態に合わせて設定された4段階の基準に基づき，必要なサービスの給付を行う制度である。

5　障害者総合支援法は，地域社会での共生の実現に向けた施策などを盛り込みながら，名称も含めて改正され，障害者自立支援法として成立した。

[36] **人口問題に関する記述として，妥当なものはどれか。**

1　人口の増減は2つに分類されており，入国者数と出国者数の差を自然増減といい，出生児数と死亡者数の差を社会増減という。

2　国立社会保障・人口問題研究所の推計によれば，日本の人口は今後減少を続け，2025年に1億人を割り込む見込みである。

3　総務省の人口推計によれば，日本では，出生率が低下しているものの，海外からの流入が増えているため，外国人を含む日本の総人口は，緩やかに増加を続けている。

4　2014年時点において，前年より人口が増加したのは東京都など7都県のみであり，40道府県は逆に減少している。

5　日本では，人口減少に伴い，空き家問題が深刻化しており，2015年には，倒壊のおそれがある場合などに所有者に撤去を命ずる権限を市町村から国に移した。

[37] **地球環境問題に関する記述として，妥当なものはどれか。**

1　気候変動枠組み条約で採択された議定書は，モントリオール議定書である。

2　京都議定書は，温室効果ガスの削減数値目標を定めたものである。

3　地球温暖化の最大の要因は，不燃性廃棄物の処理時に発生するダイオキシンなどの有害物質である。

4　地球温暖化対策推進法は，ウィーン条約締結に基づいて制定された。

5　ダイオキシンは，酸性雨のおもな原因となっている。

[38] **近年の民法改正に関する記述として，妥当なものはどれか。**

1　民法の成年年齢が18歳に引き下げられたことに伴い，少年法の少年の定義も18歳未満に改められた。

2　女性の婚姻年齢は，18歳に引き上げられた。

3　女性の再婚禁止期間が100日に短縮される。

4　配偶者居住権が新設され，配偶者は相続開始時に居住していた被相続人名義の建物を無条件で相続し，また，その他の遺産についても法定相続分を主張できるようになった。

5　未成年者が親の同意を得ずに契約した場合に，原則として契約を取り消すことのできる未成年者取消権は，20歳未満の者については維持されることとなった。

39 日本における男女共同参画社会に関する記述として，妥当なものはどれか。

1　2018年に成立した政治分野における男女共同参画推進法により，各政党には，立候補者の男女均等化が義務付けられ，これに反した場合には罰則が課されることになった。

2　2006年に改正された男女雇用機会均等法では，募集や採用にあたって一定の要件を課すことによって男女いずれかに不利益をもたらす間接差別が禁止された。

3　女性活躍推進法により，国，自治体，中小企業を含む民間企業に対し，数値目標を含めた行動計画の策定が義務付けられた。

4　クオータ制は，積極的改善措置の一例であるが，いわゆる逆差別を招くとして，労働基準法にそれを禁ずる規定が盛り込まれた。

5　男女共同参画第4次基本計画には，女性の理工系人材の育成や，女性への暴力の根絶などが盛り込まれたが，特定の地域に関する言及は見送られた。

40 日本の労働に関する制度や情勢についての記述として，妥当なものはどれか。

1　労働三法とは，労働基準法，労働組合法，労働安全衛生法の3つの法律を指し，特に，労働組合法には，労働争議を解決するための斡旋，調停，仲裁などの規定がある。

2　完全失業率は労働力人口に占める完全失業者の割合であり，2018年度の水準は26年ぶりの低水準となった。

3　有効求人倍率は，有効求職者1人あたりの有効求人数の割合であり，民間の職業紹介業者の数値を厚生労働省が集計して求められている。

4　最低賃金は，全国一律で定められており，2019年度については，初めて最低時給が1000円を超えた。

5　労働組合の推定組織率は，非正規雇用者の増加に伴って増加傾向にあり，21世紀に入り，2割台で推移している。

41 **日本における消費者問題とその対応に関する記述として，妥当なものはどれか。**

1　勧誘により購入契約を結んだ場合，一定期間内であり，かつ公的機関により契約解除の正当な理由があると認められることを条件に，書面により申し込みを撤回することができる。

2　一人暮らしのお年寄りなどを狙った強引な販売が社会問題化したことを受け，特定商取引法を改正し，訪問販売法が制定された。

3　消費者庁は，消費者行政の一元化を進めることなどを目的として，内閣府の外局として設置された。

4　消費者への情報の提供などを目的として，国の機関として，消費生活センターが設置された。

5　製造物責任法によれば，製品による事故で被害を受け，賠償責任をメーカーに負わせる場合，被害者側が製品の欠陥と過失を立証することが求められる。

42 **日本の労働事情に関する記述として，妥当なものはどれか。**

1　働き方改革関連法では，働き方の多様化を進める趣旨から，時間外労働の原則的な上限時間が撤廃された。

2　総労働時間については，2020年以降において，それ以前の水準より大幅に増加した。

3　新型コロナウイルス感染拡大などの影響を受け，2020年以降，それ以前と比較したパートタイム労働者の特別給与は大きく減少した。

4　新型コロナウイルス感染拡大防止のための経済活動の抑制により，2020年4月には就業者数や雇用者数が減少し，その後の回復にも関わらず，同年中にもとの水準に戻ることはなかった。

5　2020年には，新型コロナウイルスの感染拡大により，経済活動が大きな打撃を受けたから，失業率は一時5％を上回った。

43 **令和4年版防衛白書に関する記述として，妥当なものはどれか。**

1　武力行使の目的をもって武装した部隊を他国の領土・領海・領空に派遣するいわゆる海外派兵は，一般に，自衛のための必要最小限度を超えるものであり，憲法上許されないと考えられている。

2　わが国が自衛権の行使として相手国兵力の殺傷と破壊を行う場合，それは交戦権の行使に該当する。

3　非核三原則とは，核兵器を持たず，作らず，使用しないという原則を指す。

4　文民統制は，シビリアン・コントロールともいい，民主主義国家における軍事に対する政治の優先，又は軍事力に対する民主主義的な政治による統制を指すが，わが国では文民統制の制度が整備されているとはいえない。

5　防衛計画の大綱（防衛大綱）は，外交政策及び防衛政策を中心とした国家安全保障の基本方針を示している。

44　令和4年版情報通信白書に関する記述として，妥当なものはどれか。

1　クラウドサービスを一部でも利用している企業の割合は2021年時点で約50％であり，今後，普及が進むものと考えられる。

2　2020年の我が国の民間企業による情報化投資は，種類別では，ソフトウェア（受託開発及びパッケージソフト）が全体の6割近くを占めている。

3　2020年の財・サービスの輸出入額（名目値）については，ICTサービスの輸入超過額がICT財の輸入超過額を上回っている。

4　2021年の端末別のインターネット利用率（個人）は，「パソコン」が「スマートフォン」を上回っている。

5　日本の半導体の出荷額は，2018年から減少を続けている。

45　令和5年版観光白書に関する記述として，妥当なものはどれか。

1　2021年の外国人旅行者受入数は，日本は世界21位（アジアで5位）であった。

2　2021年国際観光収入は，日本は世界15位（アジアで4位）であった。

3　2022年の出国日本人数は，前年から増加した。

4　2022年の日本人の国内日帰り旅行者数は，国内宿泊旅行者数を上回った。

5　2022年の日本国内のホテル，旅館等における延べ宿泊者数全体に占める外国人の割合は約10％であった。

《 解 答 ・ 解 説 》

1 2

解説 1．プラトンは，知恵の徳を体現し，選択肢に示した二つの身分を支配する哲人による支配を提唱した。このことを哲人政治という。　2．正しい。マキャヴェリは，混乱していたイタリアに秩序をもたらすために，政治が自立的な役割を果たすと考え，君主の主要な役割として，国家の維持，拡大および強化をはかることを挙げ，そのために「悪しき手段」を用いなければならない場合はやむを得ないという主張をした。　3．イェリネックについての記述である。　4．夜警国家という言葉は，国家のあり方を，治安維持や，国防などに限定する立場に対して，社会主義者のラッサールによって批判的な意味で用いられた。　5．福祉国家論が台頭したのは20世紀である。

2 4

解説 1．マグナ・カルタは封建貴族が国王ジョンに署名させたものであり，課税権や逮捕権の制限を含んでいたという点は正しいが，平等権については含まれていなかった。　2．アメリカ独立宣言によると，暴政に対しては，「政府の廃棄」「新たなる保障の組織を創設」が認められるとした。これらは革命権を意味する。他の記述については正しい。　3．社会権を初めて認めた憲法は，20世紀のドイツにおいて定められたワイマール憲法であり，それ以前の人権宣言や憲法的文書には盛り込まれていなかった。　4．正しい。「立法権」「執行権・行政権」「裁判権・司法権」の三権分立を唱えたのはモンテスキューである。　5．選択肢の説明は，第16代大統領リンカーンについてのものである。

3 3

解説 1．17世紀に勃発した三十年戦争の講和条約であるウェストファリア条約により，主権国家を主体とする近代的な国際社会が成立した。　2．国際連盟では，侵略等を非合法化した上で違反国に共同で制裁する集団安全保障方式を採用していた。　3．正しい。集団安全保障についての記述である。4．冷戦下における核軍縮についての合意の例として，INF（中距離核戦力）

全廃条約が挙げられる。　5．先進国における地域・民族紛争として，カナダにおけるケベック独立問題，イギリスにおける北アイルランド問題などが挙げられる。

4 4

解説 1．誤り。内閣総理大臣は，衆議院議員ではなく，国会議員の中から指名される。他の記述については正しい。なお，衆議院が議決によって指名した後，国会休会中の期間を除いて10日間が経過した場合も，衆議院の議決が国会の議決となる。　2．誤り。内閣総理大臣は，任意に，国務大臣を罷免できる。　3．誤り。内閣総理大臣が任命する国務大臣は，その過半数が国会議員でなければならない。第2文については正しい。　4．正しい。日本国憲法第75条についての記述である。なお，第2文については，国務大臣がその職を退いたときには訴追できるという意味であり，検察官が国務大臣を訴追したいと申し出て，それに総理大臣が同意しないときには，その時点で公訴時効の進行が停止する。　5．誤り。慣例上，閣議決定は，全員の一致によって行われる。よって，決定に従わない国務大臣は，自ら辞職するか，内閣総理大臣によって罷免される。

5 4

解説 1．誤り。アメリカ合衆国の連邦最高裁判所の判事は，上院の承認を経て，大統領によって任命される。　2．誤り。アメリカ合衆国の陪審員裁判は，刑事裁判と民事裁判の両方を対象としているのに対して，日本の裁判員裁判は，刑事事件のみを対象としている。なお，いずれの場合も，一定の基準を満たす事件を対象としている。　3．誤り。国民審査の対象となるのは，最高裁判所の裁判官であり，高等裁判所の裁判官は含まれていない。　4．正しい。下級裁判所の裁判官については，最高裁判所が名簿によって指名し，内閣によって任命される。　5．誤り。刑事裁判において，一度有罪判決が確定しても，新証拠がある場合などは，再審が開始され，その結果として無罪となった例もある。

6 4

解説 1．選択肢の説明は，住民自治についての説明である。団体自治は，国から独立した運営を認めるべきとする理念である。　2．大日本帝国憲法に地方自治の規定は置かれていなかった。　3．原則として，住民投票に法的拘束力はない。　4．正しい。議会を解散しない場合に，首長は失職する。また，解散・選挙後に開かれる議会において，再び不信任された場合にも失職する。　5．2012年に「大都市地域における特別区の設置に関する法律」が制定され，東京都以外にも特別区を設置できるようになった。

7 3

解説 1．誤り。「経済産業省」を「国土交通省」とすると正しい記述になる。観光庁は，観光に関する政策の推進などを目的として，2008（平成20）年に国土交通省の下に設置された。その根拠となる法律は，「国家行政組織法」第3条第2項並びに「国土交通省設置法」第41条である。　2．誤り。選択肢の文のうち，「広範な災害への対応」と「永続的な官庁として」の部分を削除すると正しい記述になる。復興庁は，東日本大震災からの復興を目的とし，期間を定めて設置される時限的な機関として，2012（平成24）年に内閣の下に設置された。その役割は，復興に関する国の施策の企画・調整及び実施，地方公共団体への一元的な窓口と支援等を担うことである。その根拠となる法律は，「復興庁設置法」第1条および第2条である。　3．正しい。スポーツ庁は，スポーツ振興その他スポーツに関する施策の総合的な推進を図ることを目的として，2015（平成27）年に文部科学省の下に設置された。各省庁のスポーツ施策に関する司令塔的役割を果たすことが期待されている。その根拠となる法律は，「国家行政組織法」第3条第2項並びに「文部科学省設置法」第13条である。　4．誤り。「財務省」を「内閣」とすると正しい記述になる。デジタル庁は，デジタル社会の形成に関し，内閣の事務を内閣官房と共に助け，その行政事務の迅速かつ重点的な遂行を図ることを目的として，2021（令和3）年に内閣の下に設置された。その根拠となる法律は，「デジタル庁設置法」第3条第1項および第2項である。　5．誤り。「厚生労働省」を「内閣府」とすると正しい記述になる。こども家庭庁の設置に関する法案は2022（令和4）年に成立した。これまで文部科学省，厚生労働省，内閣府，警察庁などが所管していた子どもを取り巻く行政事務を集約し，政策を実施す

る際の司令塔としての役割を果たすことが期待されている。その根拠となる法律は，「内閣府設置法」第49条第3項並びに「こども家庭庁設置法」第1条および第2条である。

8 3

解説 1. 常任理事国が拒否権を行使できるのは，安全保障理事会における実質事項についての決議である。 2. ITUは，1865年に設立された機関であり，今日まで活動を続けている中では古い部類に属する。 3. 正しい。IMFとIBRDの議決権は，一国が対等に一票ずつの議決権を持つ制度ではない。 4. ILO総会は，各国の代表で構成されるが，その内訳は，政府代表2名，労働者代表1名，経営者代表1名である。 5. EUの閣僚理事会（欧州連合理事会）における議決権は，各国の規模によって異なる。例えば，フランスやイギリスなどは29票であるのに対して，マルタは3票である。

9 3

解説 1. 誤り。「統治者の権利は神から授かった神聖なもの」などとするのはフィルマーやボシュエらが唱えた王権神授説の特徴であり，市民革命に大きな影響を与えた社会契約説は王権神授説を否定する内容を含んでいた。 2. 誤り。実際に制定され，運用されている法律を実定法と呼ぶのに対して，自然法は実定法に先立つ普遍的な法であるとされる。社会契約説はこの自然法の存在を前提として展開された。 3. 正しい。自然権とは人が生まれながらに持つ権利である。ホッブズによれば，自然権の中心は自己保存の権利であり，それを人々が行使すると「万人の万人による闘争状態」となる。そこから脱するためには，自然権を個人や合議体に譲渡せざるを得ないとし，結果的に，絶対君主の権利や絶対王政を擁護するものとなった。 4. 誤り。「ロック」を「ルソー」とすると正しい記述となる。ルソーが重視したのは，公共の利益を求める一般意志（一般意思），直接民主制である。 5. 誤り。「ルソー」を「ロック」とすると正しい記述となる。ロックによれば，政府は，自然権を信託されることによって成り立ち，その信託に反する場合，人々は抵抗権を行使できる。つまり，ロックの思想は間接民主制・代議制を正当化するものである。この思想は，市民革命を擁護するものとなった。

10 1

解説 1.　正しい。フランスの政治体制においては，大統領に様々な権限が与えられている。また，国民議会（下院）は，大統領によって任命された首相を不信任とする権限を持つ。　2.　誤り。アメリカの大統領は，大統領選挙人を介した間接選挙によって選出される。　3.　誤り。ロシアの大統領は，国民の直接選挙によって選出される。　4.　誤り。ドイツの政治は，議院内閣制によって運営されており，行政権のトップは首相である。一方，大統領の権限は，議会における決議への署名の拒否などの例があるものの，儀礼的なものにとどまる。　5.　誤り。イタリアの大統領の権限は，非常大権などの例外を除くと，その多くが儀礼的なものである。よって，「行政に関する主要な役職を実質的に決定するなど，強力な権限を持つ」という記述は誤りである。

11 3

解説 1.　誤り。自由選挙についての説明は正しいが，国際人権規約上に強制選挙を禁じる規定はない。　2.　誤り。直接選挙は，選挙人を介さず，有権者が候補者から代表者を直接選出する原則である。　3.　正しい。平等選挙と対をなす選挙制度として，戦前の地方議会における等級選挙などが挙げられる。　4.　誤り。秘密選挙とは，誰がどの候補者に投票したかを非公開とする選挙原則である。　5.　誤り。女性の参政権が初めて与えられた国はニュージーランドである。

12 4

解説 1.　誤り。政党と圧力団体についての説明が逆になっている。　2.　誤り。二大政党制はアメリカなどにみられ，キューバや中国は一党制に分類される。　3.　誤り。日本では，政党助成法に基づき，政党に関する公的助成が行われている。　4.　正しい。アメリカでは，連邦ロビイング規制法に基づき，ロビイストが登録制とされ，報酬の出所を含む様々な情報が公開されている。　5.　誤り。イギリスは，保守党と労働党による二大政党制が長く続いた。なお，地域政党なども力を伸ばしている。

13 2

解説 1．誤り。国際刑事裁判所（ICC）は，国家ではなく，個人による犯罪を裁く裁判所である。被告となるのは，戦争犯罪などの重大な違反が疑われる個人である。 2．正しい。 3．誤り。常設国際司法裁判所の設置以前にも，仲裁裁判などが行われていた。 4．誤り。国際連合憲章によれば，国連が必要な措置を講ずるまでの間，個別的自衛権や集団的自衛権を行使することは認められている。 5．誤り。「10ヵ国以上」を「9ヵ国以上」とすると正しい記述となる。

14 1

解説 1．正しい。アメリカ合衆国の大統領選挙は，民主党と共和党の各党において指名を受けた者により争われる。他の勢力が立候補することはできるが，当選した例はない。1853年以降，共和党か民主党のいずれかの党から大統領が選出されている。 2．誤り。イギリスでは，選挙により選ばれた議員によって構成される下院（庶民院）では保守党と労働党が多数を占めているが，地域政党も一定の議席を確保している。一方で，上院（貴族院）においては選挙は行われず，その議員は世襲貴族や高位聖職者などである。 3．誤り。フランスでは，2017年の大統領選挙において，新しい政党である「共和国前進」を基盤とするマクロン大統領が当選するとともに，国民議会の選挙において，同勢力が6割を超える議席を確保した。 4．誤り。ドイツでは，2005年以降，キリスト教民主・社会同盟を率いるメルケル政権が続いたが，同政権は，ドイツ社会民主党との連立政権だったため，選択肢の記述は誤りである。 5．誤り。中国の政治体制は，基本的に一党制であり，多党化が進んでいるとの記述は誤りである。

15 2

解説 1．誤り。利益集団は，特定の分野について政策を掲げるのが一般的であり，政党は，包括的な政策を綱領や公約として示すことが多い。 2．正しい。政党は利益集団と比較すると，政策の誤りについての責任が「支持率の低下」「選挙における敗北」などの形で明確になりやすい。 3．誤り。政党の目的が政権の獲得であるのに対して，利益集団は特定の利益の実現を目指して活動するのが一般的である。 4．誤り。アメリカでは，利益集団が議員への

働き掛けを活発に行っている。それを担うのは「ロビイスト」と呼ばれる人々であり，ロビイング規制法により，報酬の出所などの情報公開が義務付けられている。よって，「禁止されている」との記述は誤りである。　5．誤り。日本では，制約はあるが，政党と政党が指定する資金管理団体への企業・団体献金が認められている。

16　1

解説　1．正しい。国会法第12条において，「会期の延長は，常会にあっては1回，特別会及び臨時会にあっては2回を超えてはならない」と定められている。　2．誤り。特別会（特別国会）ではなく，臨時会（臨時国会）についての記述である。　3．誤り。臨時会（臨時国会）ではなく，特別会（特別国会）についての記述である。　4．誤り。「参議院議長」を「内閣」とすると正しい記述になる。日本国憲法第54条には，「衆議院が解散されたときは，参議院は，同時に閉会となる。但し，内閣は，国に緊急の必要があるときは，参議院の緊急集会を求めることができる」「前項但書の緊急集会において採られた措置は，臨時のものであって，次の国会開会の後十日以内に，衆議院の同意がない場合には，その効力を失う」と定められている。　5．誤り。公聴会の制度についての説明は正しいが，予算や重要な歳入に関わる案件の審議においては，必ず開かなければならない。

17　2

解説　1．誤り。選択肢の文の前半は正しいが，最高裁判所がこれを「具体的な権利ではない」などとした判例はない。　2．正しい。最高裁判所は，尊属殺人への重罰規定について違憲であると判断した。　3．誤り。最高裁判所は，「愛媛玉ぐし料訴訟」の判決において，県知事による県護国神社，靖国神社への公金支出について，政教分離を定めた憲法の規定に反する行為であると判断した。　4．誤り。最高裁判所は，「朝日訴訟」の判決において，生存権について，具体的権利性を否定している。　5．誤り。経済活動の自由に反するため違憲とされたのは，薬局の距離制限を定めた規定である。

18 1

解説 1. 正しい。日本国憲法第38条3項についての記述である。 2. 誤り。検察官が起訴しない事件について，検察審査会が2度にわたって起訴すべきである旨を議決すると，検察の役割を担う弁護士が選任され，刑事裁判が行われる。 3. 誤り。選択肢2の解説で述べた通り，検察審査会の役割は，検察官が起訴しなかった事件の適否を審査する機関である。 4. 誤り。2018年より，日本でも司法取引が可能となり，他人の犯罪に関する捜査に協力する見返りに，求刑を軽くしたり，起訴を見送ったりすることができるようになった。 5. 誤り。裁判員裁判の対象は，殺人など，重大な刑事事件に限定される。

19 1

解説 1. 正しい。令和3（2021）年に成立し，令和4（2022）年に施行された改正少年法により，18歳および19歳の少年は特定少年とされ，正式起訴されれば，報道機関は実名報道等を行うことが可能となった。但し，比較的軽微な刑事事件に適用され，公開の法廷における手続が省略される略式手続（検察官による略式起訴および裁判所による略式命令）の場合は，除外される。 2. 誤り。令和4（2022）年に成立した改正刑法により，従来の懲役刑と禁固刑を統一する拘禁刑が新設されることになった。つまり，選択肢は時系列が逆になっている。 3. 誤り。令和4（2022）年に成立し，同年施行された改正刑法により，公然と人を侮辱した者に対する刑罰については，従来は拘留若しくは科料に限られていたが，改正後は，「1年以下の懲役若しくは禁錮若しくは30万円以下の罰金又は拘留若しくは科料に処する」こととされた（刑法第231条）。 4. 誤り。令和3（2021）年に成立し，令和4（2022）年に施行された改正少年法においても，18歳および19歳の者について，引き続き全件が家庭裁判所に送られ，家庭裁判所が処分を決定する。但し，16歳以上の者が関わる少年犯罪のうち，重大事件については検察官に逆送されるが，今回の改正により，その範囲が拡大された。具体的には，「16歳以上の少年のとき犯した故意の犯罪行為により被害者を死亡させた罪の事件」に加えて，18歳以上の少年のとき犯した「死刑，無期又は短期（法定刑の下限）1年以上の懲役・禁錮に当たる罪の事件，故意の犯罪行為により被害者を死亡させた罪の事件，死刑・無期又は短期1年以上の懲役・禁錮の罪の事件」とされた。

なお，「逆送」とは，正式には検察官送致といい，家庭裁判所が保護処分ではなく懲役，罰金などの刑罰を科すべきと判断した場合に，事件を検察官に送るものである。逆送された事件は，原則として，検察官によって起訴され，刑事裁判で有罪となれば刑罰が科されることになる。　5．誤り。執行猶予中に再度罪を犯し，有罪とされる場合について，「再度執行猶予付きの判決を下すことのできる制度が廃止された」との記述は誤りであり，むしろ，そのような判決を下すことができる対象が拡大された。改正前の刑法では，「1年以下の懲役又は禁錮」の判決が言い渡された場合にのみ，再度の執行猶予をつけることができるとされていたが，令和4（2022）年に成立した改正刑法により，「1年以下」が「2年以下」とされた。ただし，従来の懲役刑と禁固刑を統一する拘禁刑が新設されるので，運用上は，「2年以下の拘禁刑」が対象となる。

20 4

解説 1．誤り。プライバシーの権利の意義と憲法に明文の規定がない点については正しいが，個人情報保護法の条文に「プライバシーの権利」は明記されていない。　2．誤り。幸福追求権が新しい人権の根拠とされている点は正しいが，最高裁判所がこれをプログラム規定とした判例はない。最高裁判所がプログラム規定と位置付けたのは生存権である。　3．誤り。「健康で文化的な最低限度の生活を営む権利」は「生存権」であるが，最高裁判所は，その具体的な権利としての性質を否定し，国の責務を定めたプログラム規定であるとしている。　4．正しい。「北海道砂川政教分離訴訟（空知太神社訴訟）」に関する記述である。　5．誤り。選択肢は，東大ポポロ劇団事件の判例についての記述であるが，最高裁判所は，この場合の演劇の上演は，政治的・社会的活動にあたり，学問の自由や大学の自治の範囲外であるとした。

21 5

解説 1．誤り。日本銀行が発券銀行である点は正しいが，融資の相手先は銀行などの金融機関であり，製造業は含まれない。　2．誤り。日本銀行政策委員会における議決の要件は，全会一致ではなく，多数決である。　3．誤り。マイナス金利は，不況やデフレーションが継続するなど，金融の緩和が求められる際に採用される政策である。　4．誤り。公定歩合の名称は，基準割引率および基準貸付利率に変更された。また，必ずしも，最も重要で効果

的な政策と位置付けられているわけではない。近年では，金融政策の中でも，公開市場操作の比重が高まっている。　5.　正しい。日本銀行が市場を通じて国債などの有価証券を売買する政策は，公開市場操作と呼ばれる。

22 2

解説　1.　インフレーションについての記述である。　2.　正しい。デフレスパイラルについての記述である。なお，デフレスパイラルとは，デフレの進行と景気悪化の悪循環のことである。　3.　デフレーションについての記述である。　4.　物価の安定が経済政策における重要な課題である点は正しいが，消費者物価指数と企業物価指数についての記述が逆である。　5.　2013年末の月例経済報告では，日本経済はデフレ状況ではなくなったとの認識が示された。

23 3

解説　1.　誤り。経済成長率がプラスの範囲内で低下すると，経済成長が鈍化したことを意味するが，GDP（国内総生産）が減少するわけではない。一方，経済成長率がマイナスになることは，GDP（国内総生産）が減少することを意味する。　2.　誤り。「国民総生産（GNP）」と「国内総生産（GDP）」を入れ替えると正しい記述になる。　3.　正しい。農家の自家消費，持家の家賃の分は，帰属計算として国民所得計算に算入される。　4.　誤り。物価が上昇しているときは，名目値が実質値を上回り，物価が下落しているときは，実質値が名目値を上回る。例えば，デフレが続いているときは，実質GDP（国内総生産）が名目GDP（国内総生産）を上回る。　5.　誤り。第1文については正しい。第2文については，「NNP（国民純生産）から間接税を控除し，補助金を加えることにより」とすると正しい記述になる。

24 2

解説　1.　地方交付税交付金は国から交付されるため，依存財源に分類される。　2.　正しい。特定財源としては，他に国からの補助金が挙げられる。なお，使途が特定されない財源を一般財源という。　3.　地方債を発行する場合，市町村は都道府県知事と，都道府県は総務大臣と「協議」しなければならない。つまり，原則として「許可」が必要となるという記述は誤りである。

ただし，地方財政が悪化した場合には，許可が必要となる場合がある。
4．財政再生団体としての指定を受けると，予算編成権が制約を受けるという点は正しいが，債務の半分が免除されるという制度はない。ただし，利子の支払いが肩代わりされたという前例はある。　5．三位一体の改革により，税源移譲，補助金削減，地方交付税の見直しが進められた。

25　1

解説　1．正しい。21世紀における失業率のピークは，2002年であった。その後，改善傾向を示したものの，リーマンショックによって再び上昇した。2010年以降は，再び低下傾向を示していたが，2021年11月時点で再び増加傾向にある。　2．誤り。21世紀に入って以降も，国債残高，及びそのGDP比は，増加を続けている（2019年現在）。　3．誤り。国家戦略特区と構造改革特区の記述が逆になっている。　4．誤り。日本の経済成長率について，リーマンショック後の落ち込みは，先進国中最悪であった。一方，その後の回復幅については，先進国中，最も大きな値であった。　5．誤り。東日本大震災は，特に，サプライチェーン（部品供給網）に大きな影響を及ぼした。

26　3

解説　1．直接税中心主義の日本の国税の代表格が所得税と法人税である。2．納税者と納税義務者が一致するのが直接税である。間接税である消費税は消費者が直接納めずに，納税義務者である事業者が納める。　3．正しい。国税から交付される地方交付税は，その割合が法律で定められており，国税の一部として国が地方に代わって徴税しているように見えるが，原資はあくまでも国税である。　4．ヨーロッパ先進国では，間接税の比率は日本より高いが，アメリカは間接税の比率が極端に低く，間接税が比較的低い日本を下回っている。国税と地方税を合わせた2018年の各国の直間比率は，日本68：32，アメリカ76：24，イギリス57：43，ドイツ55：45，フランス55：45となっている。　5．所得税は累進課税だが，住民税は2007年度から一律10％（市町村民税6％，都道府県民税4％）の比例税率となっている。

27 4

解説 1. 誤り。「異なる通貨間の交換比率を固定し、それ以外での取引を禁ずる」という記述は誤りであり、「基準となる為替相場を決定し、市場への介入によって変動が場を一定内に抑える」とすると正しい記述になる。外国為替とは、異なる通貨を用いている国や地域間における支払や決済の際、現金を直接輸送せずに行う方法や、そこで用いられる有価証券の名称である。それが取引される市場が外国為替市場であり、交換される通貨の比率を為替相場、または、為替レートという。基本的に、通貨に対する需要が供給を上回るときには、その通貨の価値が上がり、逆に供給が需要を上回るときには、その通貨の価値が下がる。固定為替相場は、為替相場の基準を設定するとともに、各国の通貨当局や政府が介入することによって変動幅を一定以内に抑えることによって成り立つ。 2. 誤り。「変動為替相場制」を「固定為替相場制」とすると正しい記述になる。IMF（国際通貨基金）の当初の協定の下、外国為替市場は、ドルを基軸通貨とする固定為替相場制と、金とドルを一定比率で交換することによって成り立っていた。 3. 誤り。1971年のスミソニアン合意は、ドルの切り下げと容認する変動幅の拡大によって固定為替相場制の維持をはかろうとするものであった。しかしながら、主要国は1973年には変動為替相場制に移行し、1976年のキングストン合意によってそれが追認された。 4. 正しい。資金は、金利が高い国で運用された方が有利である。そのため、金利の差が大きくなると、低い方の国の通貨は売られ、高い国の通貨は買われることになる。つまり、低い国の通貨の価値は下落し、高い国の通貨は上昇する。例えば、日本の金利が低く、アメリカの金利が高い場合、円安ドル高が進む要因となる。 5. 誤り。輸出が増え、外国からの旅行客が増えた場合、代金の多くはその国の通貨で支払われるため、その国の通貨が買われる動きが強まり、その価値は上昇する。

28 2

解説 1. 誤り。完全競争市場では、需要側、供給側ともに、価格受容者（プライステイカー）として行動する。これは、価格を自らコントロールできないことを意味する。 2. 正しい。外部不経済の例として、公害が挙げられる。 3. 誤り。外部経済とは、市場を介さずに、他の経済主体に望ましい影響を及ぼすことであり、この場合、補助金の給付によって最適な均衡

を達成することができる。その例として，教育などが挙げられる。　4．誤り。技術革新による均衡点の変化は，市場機構の中で説明できる。市場の失敗として挙げられるのは，公共財，外部経済，外部不経済などである。5．誤り。寡占市場では，価格先導者（プライスリーダー）が価格を決定することが多く，価格は下がりにくくなる。このことは，価格の下方硬直性と呼ばれる。

29　3

解説　1．誤り。ケネーが価値の源泉を農業労働に求めたという点は正しいが，彼は，自由放任主義的な政策を擁護する立場であった。　2．誤り。T.マンが絶対主義の下で重商主義的な政策を提唱したという点は正しいが，彼は，自由貿易ではなく，貿易を管理することの重要性を説いた。　3．正しい。アダム・スミスは，『国富論（諸国民の富）』の著者として知られる。　4．誤り。乗数理論によれば，減税より，公共投資などの財政支出の拡大の方が，国民所得の増大に寄与する。　5．誤り。フリードマンは，マネタリストの立場から，裁量的な財政策を批判し，安定的な経済成長のためにはルールに基づく金融政策が必要であるとした。

30　2

解説　1．誤り。マーシャルプランによる援助は，ヨーロッパ諸国を対象としていた。日本に対する援助は，ガリオア援助，エロア援助であった。2．正しい。傾斜生産方式が実施された時期には，復興金融金庫からの融資が盛んに行われ，その資金は，同金庫が発行した復金債を日本銀行が引き受ける形で供給されたため，復金インフレと呼ばれるインフレーションが生じた。　3．誤り。選択肢2の解説の通り，復金債の多くは日本銀行によって引き受けられた。また，ドッジ・ラインにより，復興金融金庫は廃止された。4．誤り。朝鮮特需は，朝鮮戦争の際に，アメリカ軍が戦車などの修理や物資の調達を日本において行ったことによってもたらされた好景気である。5．誤り。1979年のイラン革命によってもたらされたのは，第二次石油危機である。日本への影響は比較的軽微であり，マイナス成長には至らなかった。第一次石油危機（オイルショック）は，1973年に勃発した第四次中東戦争によってもたらされ，これにより，翌年，日本は戦後初めてのマイナス成長を

経験した。この時期には，インフレーションと不況が共存するスタグフレーションが生じた。

31 3

解説 ▍ 1．誤り。「1950年に発足した世界銀行」を「1945年に発足した国際通貨基金」とすると正しい記述である。なお，1944年のブレトンウッズ協定により，国際通貨基金（IMF）と世界銀行（国際復興開発銀行IBRD）が発足した。 2．誤り。「イギリスのポンド」を「アメリカのドル」とすると正しい記述になる。 3．正しい。1971年に，アメリカのニクソン大統領が金とドルの交換停止を宣言したニクソン・ショック（ドル・ショック）により，固定為替相場制は実質的に崩壊した。その後，ドルの切り下げと固定相場制の維持を図るスミソニアン協定が実施に移されたものの，1973年に主要国は変動相場制に移行した。 4．誤り。変動為替相場制は，通貨間の交換比率を一定にせず，市場の需要と供給のバランスにより変動させることによって成立する。 5．誤り。ある国の通貨の価値が下落すると，その国の輸出に有利な影響を及ぼす。

32 1

解説 ▍ 1．正しい。消費者委員会は，消費者庁及び消費者委員会設置法に基づき，平成21（2009）年に設置された。設置の根拠は，「内閣府設置法」第49条第3項並びに，「消費者庁及び消費者委員会設置法」第1条及び第6条である。この委員会は，内閣府の下に設置された独立機関として位置づけられている。消費者に関する行政全般について，消費者庁長官に対する建議や，消費者安全法に基づく内閣総理大臣への報告などを行う権限を持つ。 2．誤り。「経済産業省」を「内閣府」とすると正しい記述になる。消費者庁は，消費者に関する行政や，消費生活に密接に関連する物資の品質表示に関する事務を行うことを目的として内閣府の下に設置された。設置の根拠は，「内閣府設置法」第49条第3項並びに，「消費者庁及び消費者委員会設置法」第1条および第2条である。なお，「特定保健用食品」は，からだの生理学的機能などに影響を与える保健効能成分（関与成分）を含み，その摂取により，特定の保健の目的が期待できる旨の表示である。 3．誤り。「公正取引委員会」を「内閣総理大臣」とすると正しい記述になる。消費者安全法は，消費生活にお

ける被害の防止，安全を確保，内閣総理大臣による基本方針の策定，都道府県及び市町村による消費生活相談等の事務の実施及び消費生活センターの設置，消費者事故等に関する情報の集約等について定めた法律であり，2009（平成21）年に施行された。なお，公正取引委員会は，独占禁止法等を執行する行政機関であり，国民生活に影響の大きい価格カルテルや談合，中小事業者等に不当に不利益をもたらす優越的地位の濫用などに対処する。　4．誤り。「契約者双方の合意に基づき」の部分を「無条件で」とすると正しい記述になる。なお，クーリング・オフについて定めているのは，特定商取引法である。　5．誤り。「特定商取引法」を「消費者契約法」とすると正しい記述になる。消費者契約法において，事業者の一定の行為により消費者が誤認し，又は困惑した場合について契約の申込み又はその承諾の意思表示を取り消すことができることが定められている。また，事業者の損害賠償の責任を免除する条項など，消費者の利益を不当に害することとなる条項の全部又は一部を無効とすることについても定められている。

33　2

解説　1．誤り。選択肢の記述は，垂直的公平についての記述である。水平的公平とは，同じ経済力を持つ者に等しい税負担をかすべきであるという考え方である。　2．正しい。どのような税を負担するかを国民の代表である議会が決定すべきであるとする原則が租税法律主義である。　3．誤り。1949年から1950年にかけて示されたシャウプ勧告は，直接税中心の税制を提言する内容を柱としていた。　4．誤り。相続税は，獲得する財産が大きくなるほど負担率が上昇するので，累進課税に分類される。　5．誤り。消費税は，同一の財やサービスの購入について，所得に関わらず同率の税を負担するため，逆進性を持つ。

34　2

解説　1．誤り。2018年にロシアで行われた大統領選挙において，現職のプーチン大統領は史上最高の得票率で勝利した。　2．正しい。ロシアの大統領のポストは連続2期までという上限があった。この制度の下，プーチン氏は2期務めた後に一旦首相となり，その後に再び選挙を経て大統領になった。2018年から連続2期・通算4期目に入っているプーチン氏は2024

年に退任を余儀なくされていた。一方，2020年に改正された憲法では，1期あたり6年の大統領任期の上限が「連続2期」から「通算2期」とされるとともに，現職大統領と大統領経験者の任期数をゼロとみなす条項が追加された。よって，今回の改正により，プーチン氏は2024年以降も2期12年にわたり大統領にとどまることが可能となる。　3．誤り。2014年，ウクライナのクリミア自治共和国ならびにセヴァストポリ特別市において，ロシア連邦への編入の是非を問う住民投票が行われた。投票の結果，ロシアへの編入に賛成する票が全体の9割以上を占め，ロシアは編入を宣言した。しかしながら，住民投票の際，付近でのロシア軍の展開を含む様々な圧力があり，日本やアメリカを含む各国はその正当性を認めていない。　4．誤り。2022年にロシアはウクライナに侵攻したが，アメリカをはじめとしたNATO（北大西洋条約機構）の加盟国が直接的な軍事行動に踏み切ることはなく，ロシアへの経済制裁や，軍事物資を含むウクライナへの支援を行った。　5．誤り。2019年に大統領に就任したゼレンスキー氏がNATO（北大西洋条約機構）とEU（欧州連合）への加盟申請書に署名するなど，手続を本格化させたのは侵攻された年の2022年である。

35 3

解説　1．誤り。イギリスにおいて，ベバリッジ報告により，包括的な社会保障が提唱されたのは1942年であり，日本の恤救規則の制定は1874年である。また，恤救規則による救済の対象は極めて限定されていたため，それが包括的な福祉制度とはいえない。　2．誤り。マクロ経済スライドは，2004年度に導入された年金の支給額についての方式である。　3．正しい。選択肢の文章は，1972年に施行された児童手当法に定められた目的を踏まえた記述である。　4．誤り。介護保険の給付に関する分類は，要支援2段階，要介護5段階，合わせて7段階である。　5．誤り。障害者自立支援法と障害者総合支援法を入れ替えると正しい記述となる。なお，障害者総合支援法の正式名称は，「障害者の日常生活および社会生活を総合的に支援するための法律」である。

36 4

解説 1．自然増減と社会増減についての記述が逆である。　2．日本の人口は，2050年頃に1億人を割り込むと推計されている。　3．総務省の推計によれば，2014年時点の外国人を含む日本の人口は1億2708万人余りであり，2013年と比較すると21万人以上減少している。　4．正しい。人口減少の割合が多い県の上位は，秋田県，青森県，山形県，高知県などである。　5．2015年に空き家対策特別措置法が施行され，倒壊の恐れがある場合などには，市町村は，所有者に撤去等の措置を講ずることを命令できるようになった。

37 2

解説 1．気候変動枠組み条約で採択された議定書は，京都議定書であり，温室効果ガスの削減数値目標を定めたものである。　2．正しい。　3．地球温暖化は，メタンや，かつてスプレーなどに使用されていたフロンのほか，石油や石炭などを燃やしたときに発生するCO_2，また温室効果ガスを吸収する森林の減少など，さまざまな要因が絡み合っている。　4．地球温暖化対策推進法は，気候変動枠組み条約で採択された京都議定書を受けて，国，地方公共団体，事業者，国民の責務，役割を明らかにしたものである。　5．大気汚染物質である硫黄酸化物や窒素酸化物などが酸として降水に取り込まれている現象が酸性雨であり，ダイオキシンは自然界で発生するほか，ごみの焼却による燃焼工程等，さまざまなところで発生する物質である。

38 2

解説 1．誤り。少年法の少年の定義は，「20歳に満たない者」のままである。ただし，18歳・19歳の少年は特定少年といい，17歳以下とは区別されている。　2．正しい。女性の婚姻年齢は16歳から18歳に引き上げられ，男女の婚姻開始年齢が統一された。なお，婚姻開始年齢が成年年齢と同じになったため，婚姻に関して親の同意は不要となった。　3．誤り。女性の再婚禁止期間は，平成28年の改正で6か月から100日に短縮されたが，令和4年12月10日に成立した改正法により再婚禁止期間は廃止され，令和6年4月1日に施行される。　4．誤り。配偶者居住権は，その他の相続人の負担付き所有権分を差し引いたものとして評価され，法定相続分に占める建物の資産価値の

割合を軽減するものである。　5．誤り。未成年者取消権は，成年年齢の引き下げにより，18歳以上の者は行使することができなくなった。

39 2

解説 1．誤り。政治分野における男女共同参画推進法により，各政党などに立候補者の男女均等化に自主的に取り組むように求められているものの，罰則などの規定はない。　2．正しい。間接差別の例として，身長，体重，全国転勤の可否などを要件とすることが挙げられる。　3．誤り。民間企業については，令和4年4月1日より，常用労働者301人以上の民間企業等から，101人以上の民間企業等に対象が拡大された。　4．誤り。クオータ制は，積極的改善措置（ポジティブ・アクション）の1つであり，性別に基づき一定の比率を割り当てる制度であるが，労働基準法によって禁じられているとする記述は誤りである。　5．誤り。男女共同参画第4次基本計画には，農山漁村における女性の参画拡充が盛り込まれている。

40 2

解説 1．誤り。労働三法は，労働基準法，労働組合法，労働関係調整法の3つである。また，斡旋，調停，仲裁などについて定めているのは労働関係調整法である。　2．正しい。2018年度の完全失業率は2.4％であった。3．誤り。有効求人倍率についての説明は正しいが，その数値は，ハローワークにおける求人，求職，就職の状況をベースにして求められる。　4．誤り。最低賃金は，都道府県ごとに定められている。また，東京都や神奈川県においては最低時給が1000円を超えているものの，すべての都道府県に当てはまるわけではない。　5．誤り。労働組合の推定組織率は低下傾向にあり，18％を割り込んだ状況が続いている。

41 3

解説 1．誤り。選択肢の記述は，クーリングオフに関する記述であるが，この際理由は問われず，一定期間内であれば，無条件で，書面により申し込みを撤回できる。　2．誤り。2001年，訪問販売法にかわって特定商取引法が施行された。これにより，消費者保護のための制度が強化された。なお，電話勧誘，通信販売などもこの法律による規制の対象とされている。　3．正

しい。消費者問題への対応が複数の省庁にまたがったことが対応の遅れにつながったことから，これらの一元化などをめざし，2009年に消費者庁が設置された。　4．誤り。消費生活センターは，都道府県や市町村に設置された機関であり，国の機関として設置されたのは，国民生活センターである。なお，国民生活センターは，2002年に独立行政法人となった。　5．誤り。製造物責任法（PL法）では，無過失責任の原則により，被害者側がメーカーの過失を立証する必要はなく，製品の欠陥を立証すれば賠償を受けることができる。

42 4

解説 1．誤り。働き方改革関連法の成立に伴い，時間外労働の上限規制が実施された。　2．誤り。働き方改革関連法による時間外労働の上限規制や，年5日の年次有給休暇の確実な取得が進んだこと等の要因により，2019年から2020年にかけて労働時間は減少した。　3．誤り。同一労働同一賃金の原則を含む法律の施行の影響などにより，感染拡大の影響があったにもかかわらず，パートタイム労働者の特別給与は増加した。　4．正しい。2021年度版の労働経済白書の記述によれば，新型コロナウイルスの感染拡大防止のための経済活動の抑制により，2020年4月には就業者数，雇用者数が約100万人減少した。その後，雇用者数は回復したものの，同年中にもとの水準に戻ることはなかった。　5．誤り。「5％」を「3％」とすると正しい記述になる。なお，2020年における完全失業率のピークは，10月の3.1％であった。

43 1

解説 1．正しい。わが国を防衛するため必要最小限度の実力を行使できる地理的範囲が具体的にどこまで及ぶかは，個々の状況に応じて異なるので，一概には言えないが，他国の領土・領海・領空に派遣するいわゆる海外派兵は，一般に，自衛のための必要最小限度を超えるものであり，憲法上許されないと考えられている。　2．誤り。わが国が自衛権の行使として相手国兵力の殺傷と破壊を行う場合，外見上は同じ殺傷と破壊であっても，それは交戦権の行使とは別の観念のものであるとされている。　3．誤り。非核三原則とは，核兵器を持たず，作らず，持ち込ませずという原則を指す。　4．誤り。わが国は，国会が，自衛官の定数，主要組織などを法律・予算の形で議決し，

また，防衛出動などの承認を行う等，文民統制の制度は整備されている。
5．誤り。外交政策及び防衛政策を中心とした国家安全保障の基本方針として策定されているのは国家安全保障戦略であり，防衛大綱は，国家安全保障戦略を踏まえて策定され，今後のわが国の防衛の基本方針，防衛力の役割，自衛隊の具体的な体制の目標水準などを示している。

44 2

解説 1．誤り。クラウドサービスを一部でも利用している企業の割合は2021年時点で70.4％である。 2．正しい。2020年の我が国の民間企業による情報化投資は，種類別では，ソフトウェアが8.9兆円となり，全体の6割近くを占めている。 3．誤り。2020年のICT財の輸入超過額は3.5兆円（前年比16.6％増），ICTサービスの輸入超過額は2.7兆円（前年比20.0％減）となっており，ICT財で輸入超過の拡大が顕著である。 4．誤り。2021年の端末別のインターネット利用率（個人）は，「スマートフォン」（68.5％）が「パソコン」（48.1％）を20.4ポイント上回っている。 5．誤り。日本の半導体の出荷額は，2018年から減少していたものの，2021年は7,412億円（前年比29.6％増）と増加に転じた。

45 3

解説 1．誤り。2021年の外国人旅行者受入数は，日本は25万人でランキング外となり，2020年の世界21位（アジアで5位）から順位を下げた。
2．誤り。2021年国際観光収入は，日本は47億ドルで29位（アジアで6位）となり，2020年の15位（アジアで4位）から順位を下げた。 3．正しい。2022年の出国日本人数は，前年から増加し，277.2万人となった（2019年比では86.2％減）。 4．誤り。2022年の日本人の国内宿泊旅行者数は延べ2億3,247万人，国内日帰り旅行者数は延べ1億8,539万人で，国内宿泊旅行者数が国内日帰り旅行者数を上回った。 5．誤り。2022年の日本国内のホテル，旅館等における延べ宿泊者数全体に占める外国人の割合は3.7％であった。

社会科学　歴史

■■■■■■■■■■■■■■■■■■■■■■■■■ POINT ■■■■■■■■■■■■■■■■■■■■■■■■

日本史：日本史の対策としては以下の3点が挙げられる。

　まず，高校時代に使用した日本史の教科書を何度も読み返すことが必要となってくる。その際，各時代の特色や歴史の流れを大まかにつかむようにする。その上で，枝葉にあたる部分へと学習を進めていってもらいたい。なぜなら，時代の特色や時代の流れを理解することで，それぞれの歴史事象における，重要性の軽重を判断できるようになるからである。闇雲に全てを暗記しようと思っても，なかなか思うようにはいかないのが実情であろう。

　次に，テーマ別に整理し直すという学習をすすめる。高校時代の教科書はある時代について政治・社会・文化などを一通り記述した後に，次の時代に移るという構成になっている。そこで各時代のあるテーマだけを順にみてその流れを整理することで，分野別にみた歴史の変化をとらえやすくなる。そうすることで，分野別に焦点化した歴史理解が可能となろう。

　最後に，出題形式からみて，空欄補充や記述問題にきちんと答えられるようになってもらいたい。空欄補充問題や記述問題に答えられるようになっていれば，選択問題に答えることが容易となる。難易度の高い問題形式に慣れていくためにも，まずは土台となる基礎用語の理解が不可欠となってくる。

世界史：世界の歴史の流れを理解し，歴史的な考え方を身につけることが「世界史」を学習する上で最も重要となってくる。しかし，広範囲にわたる個々ばらばらの細かい歴史的事項を学習するだけでは，「世界史」が理解できたとは言えない。それぞれの歴史的事項が，どのような背景や原因で起こり，どのような結果や影響を与え，また他地域との結びつきはどうだったのかなど，世界の歴史の大まかな流れと全体のメカニズムについて理解するよう努めたい。そうすることが，世界史の試験対策となる。

　特に，日本と世界の結びつきについては，各々の時代背景を比較しながら理解することが必要である。また，近現代が重視されるのは，現代

の社会の形成に直接的に影響を与えているからである。その観点から考えると，近現代の出来事を理解するとともにその影響についても考察し，現在の社会といかなるかかわりを持つのか，把握することも必要となってこよう。

狙われやすい！重要事項

☑ 江戸時代の幕藩体制～現代までの日本の変遷
☑ 産業革命
☑ 市民革命
☑ 第一次世界大戦～現代までの世界の変遷
☑ 中国王朝の変遷

《 演 習 問 題 》

1 平安時代の歴史に関する記述として，妥当なものはどれか。

1　平安時代は，平安京に都が置かれ，天皇や貴族が権力を持った時代である。平安京への遷都は，光仁天皇によって行われた。

2　平安時代の貴族の勢力は，どれほどの荘園を支配下に置いていたかによって影響を受けた。なお，荘園の起源は，開墾した土地の永久の私有を認める三世一身の法の制定に遡る。

3　母方の親戚を外戚という。藤原氏は，娘を后妃とし，生まれた皇子を天皇に立て，外戚として摂政・関白の地位を独占した。

4　摂政の地位は，平安時代に大きく変質した。特に，藤原良房は，それまでの人臣摂政を廃止し，実質的に権力を握った。

5　9世紀末に菅原道真の進言により遣隋使が廃止されてから，日本風の文化が発達した。貴族文化や浄土教の影響を強く受けたこの文化は，国風文化と呼ばれた。

2 日本の古代史に関する記述として，妥当なものはどれか。

1　厩戸王は，崇俊天皇が即位すると摂政となり，仏教や儒教の思想に基づき，豪族に官僚としての心構えを説き，集権的官僚国家を準備した。

2　蘇我蝦夷は，天皇を中心とする中央集権国家の樹立をめざした政治改革を推し進め，改新の詔で公地公民の方針を示した。

3　聖武天皇の時代に制定された大宝律令では，天皇が国家の集権的な支配を行う律令制を具体化し，神祇官と太政官が同列に置かれ，神祇官は祭祀を，太政官は一般政務を司った。

4　天智天皇は，唐と新羅の連合軍側に味方して大軍を派遣し，百済に対抗し，唐の勢力拡大に貢献した。

5　天武天皇の時代に始められた国史編纂事業は，奈良時代に日本最古の書物『古事記』および，日本最古の官撰正史『日本書紀』の完成として結実した。

3 日本の各時代の文化に関する記述として，妥当なものはどれか。

1　飛鳥文化は，大和国飛鳥地方を中心とした文化である。代表的な寺院に東大寺や興福寺などが挙げられる。中国の南北朝や朝鮮，ペルシアやギリシアの影響を受けた国際的な文化である。

2　天平文化は，奈良の都である平城京を中心とした文化である。代表的な寺院には法隆寺や飛鳥寺が挙げられる。密教の影響が極めて強い仏教文化である。

3　北山文化は，室町時代に足利義政によって主導された文化である。代表的な建築物には慈照寺銀閣が挙げられる。「わび」「さび」などの精神性が強くみられる文化である。

4　桃山文化は，織豊時代に発展した文化である。代表的な建築物には安土城や伏見城，大坂城が挙げられる。豪商の経済力やキリシタンの影響が強く現れた文化である。

5　元禄文化は，江戸時代の徳川綱吉が将軍であった時期に，江戸を中心として栄えた文化である。担い手が町人であることが大きな特徴であり，錦絵や川柳，滑稽本などが多く世に出た。

4 大化の改新に関する記述として，妥当なものはどれか。

1　大化の改新のきっかけとなったのは，蘇我入鹿が聖徳太子による施策を妨害したことについて，宮中において不満が高まったことであった。

2　大化の改新の翌年に，公地公民制が正式に導入された。
3　改新の詔には，中央集権を戒める文言が含まれていた。
4　この時期に，自ら開墾した土地の私有を認める制度が導入された。
5　この時期に，蘇我氏が作成した戸籍や計帳が破棄された。

5　日本における仏教の展開に関する記述として，妥当なものはどれか。

1　日本において，仏教が定着する上で大きな役割を果たしたのが聖徳太子であった。十七条の憲法には，日本古来の清明心，儒教の徳目とともに，仏教思想が反映している。
2　日本における受戒制度に大きな役割を果たしたのは，渡来僧の鑑真であった。彼は，従来の戒を小乗的であるとして批判し，大乗菩薩戒を導入した。
3　比叡山延暦寺を開き，日本における天台宗の発展をもたらしたのが空海であった。彼は，法華経の一乗思想に基づく平等思想を説いた。
4　平安時代末期には，戦乱や災害を背景にした末法思想の影響を受け，阿弥陀如来への信仰が広がった。源信は，他の修業を捨てて称名念仏に専念することによる救いを説いた。
5　鎌倉時代には，中国の影響を受けた禅宗が大きな広がりを見せた。はじめに，道元が臨済宗を伝え，続いて，栄西が曹洞宗を日本にもたらした。

6　江戸時代の幕藩体制と幕府の機構に関する記述として，妥当なものはどれか。

1　江戸時代の大名のうち，関ケ原の戦い以前から徳川氏に臣従していた大名は親藩と呼ばれ，その中で，将軍を出すことができるのは，尾張と紀伊に限られていた。
2　寛永令は，徳川家康が，当時の将軍であった秀忠の名で公表した法であり，大名が守るべき規範などが定められていた。
3　幕府直轄の領地は天領と呼ばれ，江戸やその周辺にとどまらず，全国各地におよんでいた。
4　江戸幕府において，政務を統括した常置の最高職は大老であった。
5　江戸幕府において，大名の監察にあたったのは若年寄であり，旗本や御家人を監督したのは大目付であった。

[7]　**自由民権運動から帝国議会開催にいたる時代に関する記述として，妥当なものはどれか。**

　1　征韓論にやぶれて下野した板垣退助，大隈重信らは，1874年，民撰議院設立の建白書を提出し，自由民権運動の嚆矢となった。

　2　自由民権運動の高まりで，政府は1881年，「漸次立憲政体樹立の詔」を出して，10年後の国会開設を約束した。

　3　国会開設に備え，1885年，内閣制度が制定され，初代伊藤博文内閣が発足したが，閣僚はすべて薩長土肥の官軍側でしめられた。

　4　1889年，大日本帝国憲法が発布され，第2章「臣民権利義務」で，「法律ノ範囲内」という制限はあるものの，国民の権利が明記された。

　5　1890年，第1回衆議院議員総選挙が実施されたが，政府が激しい選挙干渉をしたため，民党は勢力を伸ばせなかった。

[8]　**20世紀前半における日本の情勢に関する記述として，妥当なものはどれか。**

　1　関東軍は，1931年に西安事件を起こし，満州で軍事行動を開始した翌年には，満州の主要地域を占領し，清朝の溥儀を執政として，満州国を建国するに至った。

　2　1929年に発生した世界恐慌の影響を受けた日本も深刻な恐慌に陥ったため，松方正義蔵相は金輸出解禁を実施し，この恐慌の短期間の収拾を図った。

　3　日本は1915年に中国の袁世凱政府に対する外交交渉において，二十一か条の要求をつきつけ，南満州での権益強化などを含む要求の大部分を承認させた。

　4　1925年，第二次護憲運動の主導者であった原敬が内閣総理大臣となり，普通選挙法を成立させた。これにより，満25歳以上の男女全員に選挙権が付与された。

　5　1936年におきた連続血盟団事件では，井上日召の思想に共鳴した青年将校らによって，犬養毅首相や高橋是清蔵相ら数人の閣僚が暗殺された。

9 　織豊期・江戸時代の対外貿易に関する記述として，妥当なものはどれか。

1　織田信長は，キリスト教を弾圧したため，南蛮諸国との貿易は停滞した。そのため，彼は，朝鮮や中国との貿易を望み，積極的に大陸への進出を目指した。

2　豊臣秀吉によるバテレン追放令は，南蛮諸国との貿易の停滞をもたらした。一方，中国や東南アジアとの貿易の拡大がはかられ，奉書船貿易を本格化させた。

3　徳川家康は，ウイリアム＝アダムスやヤン＝ヨーステンを外交顧問に迎えるなど，積極的な対外貿易を進めようとした。そのことを背景に，周辺諸国との貿易も活発化した。

4　江戸幕府は徳川秀忠・家光の時代から対外貿易を制限し始めた。それゆえ，通商関係を維持したオランダや清，朝鮮については，出島でのみ貿易を行った。

5　ペリーが来航すると，江戸幕府は鎖国の方針を改め，開国和親政策へと転換した。日米和親条約により，アメリカとの自由貿易が始められた。

10 　アメリカ合衆国の歴史に関する記述として，妥当なものはどれか。

1　1775年に始まったアメリカ独立戦争において，ヨーロッパ諸国が一致してイギリス側を支持したため，当初は植民地側が苦戦を強いられた。

2　フランスの貴族であったラ・ファイエットは，啓蒙思想の影響の下，アメリカ独立戦争において義勇兵としてイギリス側として参戦した。

3　1823年当時の大統領が発したモンロー宣言は，ウィーン体制の影響下にあった諸国からの干渉を排除することを目的としており，ヨーロッパ諸国との相互不干渉の方針を中心的な内容としていた。

4　1861年，政治的な立場の違いから当時のアメリカ合衆国を脱退した11州によって成立したアメリカ連合国は，翌々年に発せられた奴隷解放宣言に先立ち，奴隷制の廃止を盛り込んだ憲法を制定した。

5　第一次世界大戦後に発足した国際連盟において，アメリカ合衆国は主導的な役割を果たし，発足と同時に理事国としての地位を得た。

[11] **中世ヨーロッパの歴史に関する記述として，妥当なものはどれか。**

1　フランク王国では，クローヴィスにより，ローマ教皇の支持を得た上で
カロリング朝が開かれた。

2　セルジューク・トルコによる占領から聖地を奪還することを目的として，
十字軍遠征が決められたのは，クレルモン公会議であった。

3　ローマ教皇グレゴリウス7世のときに教皇の権限が最も大きくなり，彼
により，イギリスのジョン王が破門された。

4　オスマン帝国のメフメト2世はビザンツ帝国との友好関係を重視し，そ
れが後ろ盾となり，同帝国は最盛期を迎えた。

5　ユグノー戦争は，フランスで起こった旧教と新教の対立によって勃発し
た戦争であり，最終的には，旧教派が勝利した。

[12] **第二次世界大戦後の世界状況に関する次の記述ア～オのうち，下線部
に誤りのあるものの組み合わせとして，妥当なものはどれか。**

ア　全欧州に対する経済援助を目的として，マーシャルプランが策定され
た。

イ　加盟国への短期資金の融資等を目的としてIMFが結成され，本部がワ
シントンに置かれた。

ウ　東南アジアにおける社会主義の勢力の拡大を防ぐことを意図したアメ
リカの支援などを背景に，ASEANが結成され，本部がジャカルタに置
かれた。

エ　資源ナショナリズムの高まりから，OAPECがクウェート，サウジアラ
ビア，イランにより結成された。

オ　ベトナムは，イギリスからの独立を目指していたが，それを阻止しよ
うとする動きがインドシナ戦争の勃発につながった。

1　アとイ　　2　イとウ　　3　ウとエ　　4　エとオ　　5　イとオ

13 アジア各国において展開された植民地政策に関する記述として，妥当なものはどれか。

1　タイは，東南アジアにおいて，欧米諸国から最も過酷な植民地政策にさらされた国であり，特にラーマ5世のときには，列強によって分割された。

2　イギリスは，ミャンマーの南部で水田の開発を行うとともに，アヘンをインドにおいて生産し，それを中国に輸出した。

3　ドイツは，マレー半島のペナン，マラッカ，シンガポールを手に入れ，直轄植民地とした。

4　インドネシアのバダヴィアは，フランスによるアジア進出の拠点とされた。

5　清仏戦争を経て結ばれた天津条約により，清はベトナムの宗主権を手に入れたものの，日清戦争後の国力の衰退を背景として，その地位をフランスに奪われた。

14 中国の歴史に関する記述として，妥当なものはどれか。

1　中国史上最初の大規模な農民の反乱は，陳勝・呉広の乱であった。これに呼応して挙兵した劉邦が，漢王朝の創始者となった。

2　元では，中央政府の要職と地方長官をモンゴル人と漢民族で分け合った。この人事政策により，元は，安定的な政権運営を行うことができた。

3　秦は，長期に渡る分裂期の後，隋に代わる長期統一王朝であった。律令制度を完成させ，日本や朝鮮に大きな影響を及ぼした。

4　明は，漢民族の排斥を唱える諸民族が連合して成立させた王朝であった。その統治の特徴として，君主による独裁体制を完成させたことが挙げられる。

5　今日の中国領の基礎を築いたのは，清であった。ただし，モンゴル，チベット，新疆ウイグルなどの諸地域については，支配下に置くことができなかった。

15 **フランス革命前後に関する記述として，妥当なものはどれか。**

1　1799年に第2回対仏同盟が結成され，フランスが危機に陥ったのを勝機
　とみたナポレオンは，ブリュメール18日のクーデターによって統領政府を
　打倒し，総裁政府を開いた。

2　ジロンド派は，土地改革によって貢租を無償で廃止し，急進的な施策を
　実行していく一方で，保安委員会，公安委員会，革命裁判所などを設け
　て，多くの人々を処刑する恐怖政治を行った。

3　フランス革命期のブルボン朝の王であるルイ16世は，王妃マリー＝アン
　トワネットとともに，オーストリアへの援助を要請するため国外逃亡を企
　てたが，失敗に終わった。

4　1789年に召集された三部会は，議決方式をめぐって混乱し，第三身分
　は国民議会の結成を宣言したが，憲法制定を待たずに解散を余儀なくされ
　た。

5　革命以前のフランス政治および社会体制は，アンシャン＝レジームと呼
　ばれ，当時のフランス国民には身分制度が設けられていたが，貴族につい
　てはどの身分にも属さない特別な存在とされた。

16 **近代ヨーロッパにおける産業革命に関する記述として，妥当なものは
どれか。**

1　産業革命は，工業分野に大きな変化をもたらしたが，産業の重点が綿織
　物から毛織物に移ったことも，その一つである。

2　イギリスにおける産業革命の初期には，農村部において離農が進まな
　かったため，都市部において深刻な人手不足がみられた。

3　スティーブンソンによる蒸気船の発明は，河川や海上における交通の利
　便性を飛躍的に高め，産業革命後の運輸の発展に大きく貢献した。

4　各国で産業革命が進んだことにより，家内制手工業が各地において急速
　な発展を遂げた。

5　イギリスが産業革命の先頭に立った要因として，同国がオランダやフラ
　ンスを破って制海権を手に入れ，広大な世界市場を獲得したことが挙げら
　れる。

17 第一次世界大戦前後の欧米に関する記述として，妥当なものはどれか。

1 イギリスでは，3B政策を推進し，アフリカや中東への進出を強めたため，ドイツやフランスと対立した。

2 ドイツでは，鉄血宰相と呼ばれたビスマルクが台頭し，いわゆるビスマルク外交により，欧州の相対的な安定期がもたらされた。

3 ロシアでは，貧富の格差の拡大などから社会主義思想が広まり，マルクスに率いられたボリシェビキが革命を起こした。

4 イタリアでは，第一次世界大戦後のヴェルサイユ体制への不満から，ムッソリーニに率いられたファシスト党が政権を獲得した。

5 アメリカは，参戦国への輸出を伸ばしたことによって債務国から債権国へと転換し，民主党の主導の下，1920年代の繁栄を迎えた。

18 大航海時代に関する記述として，妥当なものはどれか。

1 1488年にスペイン人のバルトロメウ＝ディアスが喜望峰に到達した。

2 1492年にイタリア人コロンブスが，スペイン王室の援助を得てサンサルバドル島に到達した。

3 1498年，マゼランは喜望峰を回ってインド航路を開拓した。

4 1510年にスペインはインドのゴアを占領し，植民地とした。

5 1533年にポルトガル人のピサロは，インカ帝国を征服した。

《 解 答 ・ 解 説 》

1 3

解説 1．誤り。平安京への遷都は，桓武天皇によって行われた。　2．誤り。三世一身の法を墾田永年私財法に置き換えると正しい記述になる。3．正しい。摂関政治についての記述である。　4．誤り。藤原良房以降の摂政が人臣摂政である。　5．誤り。菅原道真の進言により廃止されたのは，遣隋使ではなく，遣唐使である。

2 5

解説 1．厩戸王（聖徳太子）は，推古天皇が即位した際に摂政となった。2．唐にならい天皇を中心とする中央集権国家の樹立をめざしたのは，中大兄皇子や中臣鎌足らである。　3．大宝律令が制定されたのは，文武天皇の時代である。後半の記述に関しては正しい。　4．日本は，百済側の味方として大軍を派遣したものの，白村江の戦いで日本側は大敗した。　5．正しい。『古事記』は，「帝紀」，「旧辞」を史実に沿うように正し，稗田阿礼に詠み習わせ，元明天皇が太安万侶にこの内容を撰録させたものである。『日本書紀』は，元正天皇の命により，天武天皇の第3皇子の舎人親王を中心に編纂されたものである。

3 4

解説 1．飛鳥文化を代表する寺院は東大寺や興福寺ではなく，法隆寺である。　2．天平文化の時代には，密教の影響はない。密教の影響が強まったのは，平安時代の桓武天皇の時代以降である。　3．北山文化は，足利義満によって創設された鹿苑寺金閣によって代表される。一方，東山文化は，足利義政によって造営された山荘東山殿を起原とする慈照寺銀閣に代表される文化である。　4．正しい。室町（戦国）時代の末期に訪れたポルトガルの影響や，戦国時代末期に力を蓄えた豪商の影響が大きい。　5．元禄文化の中心は江戸ではなくて上方である。また，江戸中心の文化は化政文化であった。

4 2

解説 1．聖徳太子がなくなった後，蘇我馬子の子蝦夷とその孫の入鹿が専制的に権力を振るった。645年，中大兄皇子・中臣鎌足らが蘇我入鹿を暗

殺し，蝦夷は自害に追い込まれた。蘇我氏の滅亡と新しい体制の確立を大化の改新と呼ぶ。　2．正しい。改新の詔には，公地公民が含まれていた。3．大化の改新の翌年には，改新の詔が発せられた。それには，公地公民制や中央集権体制の確立が含まれていた。　4．自ら開墾した土地の私有を認める墾田永年私財法が制定されたのは743年である。　5．戸籍・計帳を作成し，班田収授法が定められた。

5 1

解説　1．正しい。役人の心構えを示した十七条の憲法には，「篤く三宝を敬え」との文言が含まれている。三宝とは，仏・法・僧である。　2．誤り。第1文は正しいが，第2文については，最澄についての記述である。彼は，鑑真による戒を小乗的であると批判し，大乗菩薩戒による国立戒壇の設立を提唱し，死後に実現した。　3．誤り。選択肢の文章は，最澄についてのものである。空海は，高野山に金剛峯寺を開き，日本における真言宗の発展に貢献した。　4．誤り。第1文は正しいが，第2文については，浄土宗の開祖である法然についての記述である。源信は，称名念仏とともに，観想念仏を説いた。　5．誤り。道元と栄西の記述が逆である。

6 3

解説　1．誤り。関ケ原の戦い以前から徳川氏に臣従していた大名は譜代大名であり，徳川氏の一門が親藩である。また，将軍を出すことができた三家には，水戸も含まれる。　2．誤り。選択肢の文章は，元和令についてのものである。寛永令は，徳川家光によって発布された。　3．正しい。天領・幕領は約400万石であった。　4．誤り。政務を担当する職のうち，大老は非常時の最高職であり，常置の最高職は老中であった。　5．誤り。若年寄と大目付が逆になっている。

7 4

解説　1．大隈重信は加わっていない。大隈が下野するのは，明治14年の政変によってである。板垣退助のほかに，民撰議院設立の建白書提出に加わっていたのは，後藤象二郎，江藤新平などである。　2．「漸次立憲政体樹立の詔」ではなく，「国会開設の勅諭」。「漸次立憲政体樹立の詔」は，民撰議院設立の

建白に対し，政府が板垣らと妥協を図るため，徐々に立憲政体を樹立すること
を宣言したもので，1875年に出された。　3. 旧幕臣で，戊辰戦争では最後ま
で新政府に抵抗した榎本武揚が，逓信大臣として入閣している。ほかの閣僚は
薩長土肥の出身。　4. 正しい。　5. 第1回の総選挙は政府の干渉はなく，民
党が圧勝した。政府による激しい選挙干渉があったのは第2回の総選挙である。

8 3

解説 1. 選択肢は，柳条湖事件についての記述である。また，西安事件
とは，1936年に中国の西安で起きた，張学良・楊虎城らによる蔣介石拉致監
禁事件のことである。　2. 1929年に発生した世界恐慌と浜口雄幸内閣の金
輸出解禁が重なり，日本にも恐慌が波及した。また，翌年，犬養毅によって
再び金輸出禁止の経済政策がとられることになった。　3. 正しい。二十一か
条の要求には，他に，ドイツが山東省に持っていた権益を日本が継承するこ
となども含まれていた。　4. 1925年に普通選挙法を成立させたのは加藤高
明首相である。また，この選挙法の成立により，満25歳以上の男性に選挙権
が付与されたが，女性には選挙権がなかった。　5. 犬養毅首相が暗殺された
のは1932年5月15日（五・一五事件）であり，また，高橋是清蔵相らが暗殺
されたのは，1936年2月26日（二・二六事件）である。

9 3

解説 1. 織田信長はキリスト教を保護しており，南蛮貿易も活発化した。
2. 豊臣秀吉が始めた貿易は朱印船貿易。　3. 正しい。鎖国を行ったのは家
康の時代ではなく，その後の時代。キリスト教の禁止と勘違いしないように
したい。　4. 出島で貿易を行った拠点はオランダであり，中国とは，唐人屋
敷において貿易を行った。　5. アメリカとの貿易が始まったのは，日米修好
通商条約による。

10 3

解説 1. 誤り。アメリカ独立戦争において植民地側が当初苦戦を強いられ
たのは事実であるが，ヨーロッパ諸国において植民地側への支持が広がって
いたので，「ヨーロッパ諸国が一致してイギリス側を支持した」との記述は誤
りである。独立戦争における態度の違いによりイギリスは孤立し，このことは

戦況を植民地側に有利にした。これにより1783年のパリ条約を経て，植民地側が独立を果たした。　2．誤り。ラ・ファイエットはフランスの自由主義的な貴族であり，フランス人権宣言の起草者としても知られる。アメリカ独立戦争の際には，義勇兵として植民地側として参戦した。　3．正しい。ヨーロッパ諸国との相互不干渉を中心とした外交政策はモンロー主義と呼ばれ，19世紀のアメリカの外交政策に大きな影響を及ぼした。なお，ウィーン体制とはナポレオン戦争の戦後処理によって成立した支配体制であり，オーストリアの宰相であったメッテルニヒによって主導された体制である。　4．誤り。1861年，リンカーンの大統領当選後にアメリカ合衆国を脱退した南部の11州によって成立したアメリカ連合国は，州が持つ諸権利の維持や奴隷制を維持・擁護する内容を盛り込んだ憲法を制定した。つまり，「奴隷制の廃止を盛り込んだ憲法を制定した」との記述は誤りである。なお，その後，南北戦争における敗戦を受け，いずれの州もアメリカ合衆国に復帰した。　5．誤り。国際連盟は当時の大統領であったウィルソンの提案に基づいた国際機関であったが，アメリカ合衆国はモンロー主義の影響が強かった上院の反対により，加盟することができなかった。

11 2

解説　1．誤り。クローヴィスをピピンとすると，正しい記述になる。クローヴィスによって開かれたのはメロヴィング朝である。　2．正しい。第1回の十字軍遠征により，聖地は奪回され，イェルサレム王国が建国された。ただし，その後の遠征は失敗が相次いだ。　3．誤り。ローマ教皇の権限が最も大きかったのは，インノケンティウス3世のときであった。ジョン王の破門も，彼によるものであった。グレゴリウス7世は，神聖ローマ皇帝ハインリヒ4世を破門した。　4．誤り。ビザンツ帝国は，オスマン帝国のメフメト2世によって滅ぼされた。　5．誤り。ユグノー戦争で勝利したのは，新教・ユグノーの側であった。

12 4

解説　アは正しい。マーシャルプランは大戦で疲弊した全欧州への経済援助プランであったが，結果的にプランを受け入れたのは西欧諸国であった。イは正しい。IMFは国連の専門機関の一つであり，本部はワシントンに置か

れている。ウは正しい。ベトナムや北朝鮮，中国といった社会主義の勢力拡大を阻止しようという意図が背景にあった。なお，ベトナムは，現在ASEANの正式な加盟国である。エは誤りである。OAPECにイランは含まれない。Aはアラブの意味であり，イランはアラブ人を中心とした国ではなく，ペルシア人を中心とした国である。オは誤りである。ベトナムは，イギリスではなく，フランスの植民地であった。以上より正解は4である。

13 2

解説　1．誤り。タイは植民地支配を受けなかった。　2．正しい。イギリスによるアヘンの生産と輸出はアヘン戦争の原因となった。　3．誤り。ドイツではなく，イギリスについての記述である。　4．誤り。インドネシアのバタヴィアは，オランダの拠点であった。なお，バダヴィアはジャワ島にあった都市であり，現在のジャカルタにあたる。　5．誤り。清仏戦争において清は敗北し，天津条約によって宗主権が放棄された。

14 1

解説　1．正しい。漢王朝は，中国最初の長期統一王朝であった。　2．誤り。元では，モンゴル第一主義の下，中央政府の要職と地方長官をモンゴル人が独占した。　3．誤り。秦を唐に置き換えると正しい記述になる。　4．誤り。明は，漢民族の復興を唱え，それ以外の民族による支配を打破して成立した王朝であった。　5．誤り。清は，モンゴル，チベット，新疆ウイグルなどの諸地域まで領土を拡大した。

15 3

解説　1．ナポレオンは，ブリュメール18日のクーデターで総裁政府を打倒し，統領政府を開いた。　2．選択肢はジャコバン派についての説明である。ジロンド派は，商工業者を地盤とする，穏和な共和主義を主張したことで知られている。　3．正しい。ヴァレンヌ逃亡事件に関する記述である。王妃の母国であるオーストリアへの援助を要請するため国外逃亡を企てたが，捕らえられてパリに連行された。　4．選択肢は，球戯場の誓いについての記述であるが，これはフランス革命勃発の直前，第三身分がヴェルサイユ宮殿の球戯場に集まって，憲法制定まで解散しないことを誓ったものである。　5．前

半は正しいが，国民の身分は，第一身分は聖職者，第二身分は貴族，第三身分は平民，これら三つに大別されていた。

16　5

解説　1．誤り。産業革命の初期において，毛織物から綿織物に重点を移行した。　2．誤り。第2次囲い込みによって土地を失った農民が都市部に流入し，豊富な労働力をもたらした。　3．誤り。スティーブンソンが発明したのは蒸気機関車であり，蒸気船を発明したのはフルトンである。　4．誤り。産業革命の進展に合わせ，工場制機械工業が発達したことにより，家内制手工業は急速に衰退した。　5．正しい。イギリスは，17世紀にオランダを破り，それに続いて18世紀にフランスに勝利した。

17　4

解説　1．イギリスが推進した政策は3C政策。　2．第一次世界大戦以前の1890年代にビスマルクは引退している。第一次世界大戦の直前期は，ヴィルヘルム二世による親政が進められた時代であった。　3．ロシア革命の直接の指導者はマルクスではなく，レーニンであった。　4．正しい。イタリアは大恐慌以前から，つまりドイツよりも先にファシズムが浸透した。　5．1920年代において，アメリカの政治は共和党による政権が担っていた。

18　2

解説　1．誤り。バルトロメウ＝ディアスは，ポルトガル人である。　2．正しい。イタリア人コロンブスは，スペイン女王イザベルI世の援助を得て，カリブ海のサンサルバドル島に到達した。　3．誤り。喜望峰を回ってインド航路を開拓したのは，ヴァスコ＝ダ＝ガマである。マゼランは，大西洋を横断してマゼラン海峡を発見し，太平洋に出て，1521年にフィリピン諸島に到達した。　4．誤り。インドのゴアを占領したのは，ポルトガルである。　5．誤り。インカ帝国を征服したピサロは，スペイン人のコンキスタドール（征服者）である。

社会科学　　地理

━━━━━━━━━━━━━━━━━ **P O I N T** ━━━━━━━━━━━━━━━━━

地図と地形図：地理において地図と地形図は，頻出事項の分野である。まず地図の図法は，用途と特徴を確実に把握し，地形図は，土地利用や距離などを読み取ることができるようになる必要がある。

世界の地形：地形に関する問題は，かなり多く取り上げられる。地形の特色・土地利用・その代表例は押さえておきたい。また，大地形・沈水海岸・海岸地形なども，よく理解しておくこと。試験対策としては，地形図と関連させながら，農業・工業とのかかわりを整理しておくとよい。

世界の気候：気候に関しては，ケッペンの気候区分が最頻出問題となる。次いで農業とのかかわりで，土壌や植生の問題も出題される。気候区の特徴とその位置は明確に把握しておこう。気候区とあわせて土壌・植生なども確認しておくことも大切である。

世界の地域：アメリカ合衆国は，最大の工業国・農業国であり，南米やカナダとのかかわりを問う問題も多い。また東南アジア，特にASEAN諸国での工業・鉱物資源などは広範に出題される。EU主要国に関しては，できるだけ広く深く学習しておく必要がある。資源・農業・工業・交通・貿易など総合的に見ておこう。

日本の自然：地形・気候を中心とした自然環境は頻出である。地形や山地・平野などの特徴は理解しておきたい。

日本の現状：農業・工業などに関する問題は，今日本が抱えている問題を中心に整理するとよい。農産物の自由化が進み，労働生産性の低い日本の農業は，苦しい状況に追い込まれている。工業においては，競争力を維持していく手段を選んでいかざるを得ない状況に陥っている。環境問題も大きな課題である。このような時事的な繋がりのある問題を取り上げた出題にも対処する必要がある。

狙われやすい！ 重要事項

☑ 地図・地形
☑ 土壌・環境・気候
☑ 人種・民族
☑ 人口・交通
☑ アジア・オセアニア
☑ ヨーロッパ
☑ 南北アメリカ
☑ アフリカ

演 習 問 題

1　世界の人口に関する記述として，正しいものはどれか。

1　人口の国際移動は，経済的，宗教的，政治的要因によって発生するが，中国の華僑は主に宗教的要因によって国際移動したと見られている。

2　出生率が高く人口の自然増加が多い国の人口ピラミッドは，富士山型（ピラミッド型）となり，逆に出生率の低下した先進国などは，つり鐘型になる。

3　産業別人口構成では，先進国は第一次産業人口の割合が高く，発展途上国では第二次，第三次産業人口の割合が高い。

4　現在，世界で成長センターとなっているアジアだが，経済的要因から出稼ぎ労働者の移動が多い。しかし各国はこれを規制し，数ヶ月程度のごく短期間に限って出稼ぎ労働を認めている。

5　現在，世界の人口は約70億人で，人口の多い国の順位は，1位中国，2位アメリカ，3位インドである。

2 世界の水産資源に関する記述として，正しいものはどれか。

1　漁獲量が多い国は，中国，インドネシア，アメリカなどがある。いずれの国も広大な領海内での漁業が中心となっている。

2　日本の漁業は，漁業部門別では遠洋漁業の割合が最も高い。特に，焼津や釧路などが遠洋漁業の基地として非常に発展している。

3　南米のペルーやチリでは，アンチョビの漁獲量が多い。それを支えているのは，各国において行われているアンチョビの大規模な養殖である。

4　東南アジアでは，エビの漁獲高が大きく，その多くは，日本に輸出されている。これは，各国においてマングローブ畑をエビの養殖地に転換し，産出を増やしたことによる。

5　全世界的に捕鯨の禁止が広まっている。これは乱獲による資源の枯渇の側面もあるが，欧州には，そもそも鯨を捕る文化がないことが原因である。

3 世界各国の農牧業に関する記述として，妥当なものはどれか。

1　原始的農牧業の一種である焼畑農業は，畑が数年で放棄され，地球温暖化との関連も指摘されているが，雑草や害虫がほとんど発生しないため，土地生産性は極めて高い。

2　遊牧は，水や草を求めて，家畜とともに地域を移動しながら営まれる牧畜であるが，それが行われてきた範囲は，温帯の地域に限られる。

3　アジア式稲作農業は，水田を中心に稲作を行うことによって成り立ち，他の農業に比べて，その経営規模は極めて大きい。

4　ヨーロッパにおいて行われている地中海式農業は，乾燥性の強い樹木作物と自給用の穀物を栽培することによって営まれている。

5　企業的穀物農業は，主としてトウモロコシの生産で導入が進められているが，機械化の遅れた地域で営まれているため，労働生産性は他の農業に比べて低い。

4 世界の河川に関する記述として，妥当なものはどれか。

1　世界的に大きな河川は，日本の河川に比べて，流れは緩やかで，流域面積も広い。最も大きな流域面積を持つのはアマゾン川であり，ナイル川がそれに続く。

2　主に川を堰き止めることによって建設されるダムは，生活用水，工業用水の確保や発電などに役立てられる。世界のダムの中で，最大の貯水量を誇るのは，ガーナのアコソンボである。

3　中国には，流域面積で世界の30位以内に入る河川が複数ある。そのうち，同国，及び東アジアにおいて最大の流域面積を持つのは，黄河である。

4　モンスーンの雨季には，多くの降水により，河川が増水し，洪水が度々起こる地域がある。この地域では，河川の増水に伴い急速に茎を伸ばす浮き稲を栽培し，船による収穫を行っている。

5　アメリカ合衆国のニューヨーク州東部を流れる川が，ミシシッピ川である。ニューヨークステートバージ運河とつながっているため，海運が盛んである。

5 世界の山脈と関係する国家の組み合わせとして，妥当なものはどれか。

	〈山脈〉	〈関係する国家〉
1	スカンディナビア山脈	ノルウェー
2	ドラケンスバーグ山脈	スペイン
3	グレートディバイディング山脈	南アフリカ
4	アパラチア山脈	オーストラリア
5	ピレネー山脈	アメリカ

6　下の表は，2020年における各国の主要輸出品の上位5位を示している。
A〜Eに入る国名の組み合わせとして，妥当なものはどれか。

国	A	B	C	D	E
1位	機械類	機械類	機械類	鉄鉱石	原油
2位	医薬品	自動車	自動車	石炭	鉄鋼
3位	自動車	医薬品	精密機械	金（非貨幣用）	天然ガス
4位	衣類	航空機	石油製品	肉類	銅
5位	金属製品	化学品	医薬品	機械類	天然ウラン

(帝国書院　『地理データファイル2022年度版』より作成)

	A	B	C	D	E
1	フランス	イタリア	アメリカ合衆国	カザフスタン	オーストラリア
2	アメリカ合衆国	オーストラリア	イタリア	カザフスタン	フランス
3	フランス	イタリア	オーストラリア	カザフスタン	アメリカ合衆国
4	オーストラリア	フランス	イタリア	アメリカ合衆国	カザフスタン
5	イタリア	フランス	アメリカ合衆国	オーストラリア	カザフスタン

7　南アメリカに関する記述として，妥当なものはどれか。

1　南アメリカ大陸全体の約半分を占めるブラジルは，典型的な農業国であり，耐久消費財を周辺諸国からの輸入に依存していることが同国経済の弱点である。

2　南アメリカ大陸の中央にあるボリビアは，領土に沿岸地域を持たない内陸国であり，錫（すず）の生産などで知られる。

3　チリの国土は，多くの部分が大西洋に接する沿岸地域であり，銅の生産や輸出が同国経済の中で大きな比重を占める。

4　ペルーは，太平洋に臨む国であり，鉱産資源に乏しいため，アンチョビなどの漁業と，加工した水産物の輸出が経済を支えている。

5　カリブ海に臨むベネズエラは，19世紀にオランダからの独立を果たした国であり，石油の生産と輸出が同国経済を支えている。

8 東南アジアに関する記述として，妥当なものはどれか。

1 東南アジアは，ヨーロッパ諸国の植民地とされた国が多い。植民地支配が典型的であった時期にイギリスとフランスの緩衝地帯として機能したタイは，この地域において唯一の独立国であった。

2 東南アジア諸国連合（ASEAN）は，近年の高い経済成長により，その地位や機能を高めつつある。新規の加盟については，社会主義を掲げる国や，軍事政権下にある国を排除する方針を明確にした。

3 東南アジアの植民地支配は，この地域の農業に変革をもたらした。旧来よりプランテーション型の農業が営まれた地域において，これを廃止したのはその典型であった。

4 シンガポールは，旧イギリス領であったため，他の地域のような宗教の混在がみられない。イギリスの影響を強く受けたことにより，キリスト教の教会が各地に散在している。

5 東南アジアは，他の地域に比べて，地震や火山の活動が少ない。これは，アルプス造山帯と環太平洋造山帯の影響を受けにくい特性による。

9　次のハイサーグラフＡ～Ｄとそれに対応する気候区分の組み合わせのうち，妥当なもののみをすべて挙げているのはどれか。

A　ステップ気候　　　　B　地中海性気候
C　亜寒帯湿潤気候　　　D　西岸海洋性気候

　1　A，B　　2　A，C　　3　B，C　　4　B，D　　5　C，D

10 世界の土壌に関する記述として，妥当なものはどれか。

1 赤褐色の間帯土壌であるテラロッサは，石灰岩の風化によって生成され，中国華北地方を中心に分布する。

2 玄武岩の風化によって生成されるテラローシャは，暗紫色の間帯土壌であり，コーヒーの栽培に適している。

3 ポドゾルは，強いアルカリ性の灰白色の土壌であり，その性質上，林業には不適である。

4 プレーリー土は，北アメリカに分布する黒色の土壌であるが，養分が極めて少ないため，栽培できる作物が限られている。

5 気候や植生などの影響を受けて生成された土壌が成帯土壌であり，デカン高原に分布するレグール土はその代表的な例である。

11 世界の鉱産資源に関する記述として，妥当なものはどれか。

1 世界の石炭の約70％は古期造山帯に集中しており，その中でもロッキー炭田は，アメリカ最大量の石炭を産出している。

2 ブラジルは，鉄鉱石の産出量，埋蔵量共に世界最大の地位を占め，鉱産資源の取引自由化を進めた後も，最先端技術などを取り入れ，工業は安定的に成長している。

3 オーストラリアは，ボーキサイトの産出量が世界第1位であり，金や鉄鉱石も豊富に産出され，また，アルミニウム精錬や高度加工製品の製造が盛んである。

4 チリは，銅鉱の産出が世界第1位であり，主にビンガムやモレンシーといった銅鉱山などで産出されている。

5 東南アジアでは，ルソン島周辺に油田が多く分布しており，特にフィリピンやタイが主な産油国となっている。

12 **ヨーロッパの工業に関する記述として，妥当なものはどれか。**

1　ユーロポートは，ヨーロッパの玄関として発達したドイツの港湾地区であり，鉄鋼や石油化学工業などが発達している。

2　プラハには，旧ソビエト連邦の影響の下で工業の近代化が遅れた影響が残されており，食品工業などの軽工業が工業生産のほとんどを占めている。

3　ルール工業地帯は，ヨーロッパ最大の工業地域であり，油田や陸運がその発展を支えてきた。

4　フランス北西部のルアーヴルは，セーヌ川の河口付近に位置する港湾都市として発展を遂げ，近年では，原子力発電所が林立し，ヨーロッパの工業をエネルギーの面から支えている。

5　バルセロナ，フランス南部，イタリア北部にかけて，航空機産業やエレクトロニクス産業などの先端技術を柱とする産業が連なり，これらは，ヨーロッパのサンベルトと呼ばれる。

13 **気候区分に関する記述として，妥当なものはどれか。**

1　熱帯サバナ気候は，赤道付近に分布しており，一年を通して高温多雨である。また，その地域ではスコールが降り，密林が茂っている。

2　やや高緯度の大陸西岸では，地中海性気候がみられる。偏西風と暖流の影響を受け，夏は涼しく冬は温暖であり，一年を通した降雨も特徴的の一つである。

3　温暖湿潤気候は，中緯度の大陸東岸でみられる。季節風の影響を受けることから，その緯度とは関係なく冬は低温少雨，夏は高温多雨である。

4　雨季と乾季がはっきり分かれる砂漠気候では，乾季に植物が育つことはほとんどないが，雨季ではステップとよばれる短草草原が広がる。

5　西岸海洋性気候は，高気圧の影響から夏は高温で乾燥し，冬は比較的寒く少雨がみられる。

14 **世界の言語に関する記述として，妥当なものはどれか。**

1　言語の分類については諸説あるが，世界には，数百の言語があるとされている。そのうち，数億人が用いる大言語は，中国語，ヒンドゥー語，英語，スペイン語などである。

2　国家が公に使用することを定めている言語を公用語という。1国ごとに1言語が一般的であるが，複数が定められることもある。

3　旧植民地を支配した人々の言語と，先住民などの言語が混合して独特の言語が形成された場合，それは，混成語と呼ばれる。スワヒリ語は，その典型である。

4　方言の差が激しい言語の場合，全地域に通じるように整備された語が求められる。そのような言語は，特に母語と呼ばれる。

5　言語学上，共通の祖語を持つなど，関係の深い諸言語を語派という。また，語派の中で，特に親近性が強い言語のまとまりが語族である。

《　解　答・解　説　》

1　2

解説 1.　華僑（海外で暮らす中国系住民のうち中国の国籍をもっているもの）は，鉱山やプランテーションの労働者など経済的要因が一因となり，東南アジアなどに移動した人々である。　2.　正しい。　3.　先進国では第二次産業（製造・建設業など），第三次産業（サービス・商業・運輸通信業など），発展途上国では第一次産業（農林・水産業）の人口の割合が高い。　4.　アジア各国では移民（出稼ぎ）労働者規制をしている国は少なくないが，「数ヶ月程度のごく短期間」に限られているわけではない。　5.　人口の多い国（2017年）は1位中国（約13.9億人），2位インド（約13.4億人），3位アメリカ（約3.3億人）である。

2　4

解説 1.　中国は周辺に多くの国があり，領海での漁獲量は必ずしも多くない。　2.　日本では，1970年代以降，遠洋漁業の割合はきわめて低く，現在は沖合漁業が中心である。　3.　アンチョビは養殖では作らない。　4.　正しい。マングローブは熱帯地域で育つ樹種である。海岸に存在し，水質の浄化にも役に立つ。　5.　欧州にもノルウェーやアイスランドなどの捕鯨国は存在する。

3 4

解説 1．誤り。焼畑農業による畑には，雑草や害虫が発生するため，土地生産性は低い。　2．誤り。北極圏において，トナカイを主要な家畜とする遊牧がみられる。　3．誤り。他の農業に比べ，アジア式稲作農業の経営規模は小さい。　4．正しい。地中海農業は，夏の乾燥と冬の温暖さなど，地中海性気候の特性を生かして営まれている農業である。　5．誤り。企業的穀物農業は，機械化を進めつつ，小麦などの穀物を大規模に営む農業であり，労働生産性は高い。

4 4

解説 1．誤り。第1文は正しいが，アマゾン川に次いで大きな流域面積を持つのは，コンゴ川であり，ミシシッピ川，ラプラタ川がそれに続く。なお，世界で最も長い川はナイル川である。　2．誤り。世界最大の貯水量を持つダムは，ウガンダのナルバーレである。なお，有効貯水量の多くはヴィクトリア湖によるものであるため，ジンバブエとザンビアのカリバを1位としている統計もある。　3．誤り。中国及び東アジアにおいて最大の流域面積を持つのは長江である。　4．正しい。チャオプラヤ川，エヤワディ川，メコン川などの流域において，浮き稲を利用した稲作が行われている。　5．誤り。選択肢の文章は，ハドソン川についてのものである。ミシシッピ川は，アメリカ合衆国の中央部を南流する川である。

5 1

解説 1．正しい。スカンディナビア山脈は多くの西欧北欧の山地と同じく古期造山帯になる。　2．古期造山帯のドラケンスバーグ山脈は南アフリカにある。　3．古期造山帯のグレートディバイディング山脈はオーストラリアにある。　4．古期造山帯のアパラチア山脈はアメリカにある。　5．新期造山帯のピレネー山脈はフランスとスペインにまたがっている。

6 5

解説 選択肢に示されたそれぞれの国について，特徴的な輸出品目をヒントにすることが大切である。例えば，イタリアの衣類，フランスの航空機，アメリカの精密機械，オーストラリアの鉄鉱石や石炭，肉類，カザフスタン

の原油や天然ガス，天然ウランが特徴的な輸出品目に該当する。　Aは，イタリアである。ファッションを発信する国の1つであり，衣類が上位に入っている点から判断できる。北部においては工業が発展し，南部には農村地域が広がっていたが，近年では先端技術や情報化の発達がみられる。　Bは，フランスである。航空機が上位に入っている点から判断できる。ヨーロッパにおいて穀物や酪農品を供給してきたが，各地に工業基地を造成し，工業国としての発展がみられる。　Cは，アメリカ合衆国である。自動車などに加え，精密機械や医薬品が上位に入っている点から判断できる。航空宇宙産業や，エレクトロニクス分野などの面で最先端を誇る工業国である。表中には登場しないが穀物の世界最大の輸出国でもある。　Dは，オーストラリアである。石炭，鉄鉱石，肉類が上位に入っている点から判断できる。鉱物資源の開発が進み，これらを日本を含む各国に供給するとともに，肉類などの輸出も盛んである。　Eは，カザフスタンである。原油，天然ガス，天然ウランが上位に入っている点から判断できる。主要な産業は鉱物資源である。
以上より，正解は5。

7 2

解説 1. 誤り。ブラジルは，ラテンアメリカ最大の工業生産力を誇り，耐久消費財のほとんどを自給している。　2. 正しい。ボリビアは，19世紀に独立を果たしたものの，チリとの戦いに敗れて沿岸地域の領土を失った。3. 誤り。大西洋を太平洋とすると正しい文になる。　4. 誤り。ペルーは，銅，鉄鉱石，銀などの資源に恵まれている。　5. 誤り。「オランダから独立を果たした国」という部分が誤りである。ベネズエラは，19世紀にスペインによる支配を脱し，その後，グラン・コロンビア共和国から分離・独立を果たした。

8 1

解説 1. 正しい。東南アジア諸国の多くが独立したのは，第二次世界大戦後のことであった。　2. 誤り。軍事政権下のミャンマーや，社会主義のベトナムも加盟した。　3. 誤り。プランテーションは，ヨーロッパ人が東南アジアに持ち込んだものである。　4. 誤り。かつてイギリス領であったことや，華僑や印僑の移住の影響により，キリスト教，ヒンドゥー教，道教，イスラ

ム教，仏教など多様な宗教がみられる。そのため，各地に多様な寺院がみられる。　5．誤り。東南アジアは，アルプス造山帯と環太平洋造山帯が合流する場であるため，火山や地震の活動は激しい。

9 4

解説　Aは誤り。Aのグラフはインドのカルカッタのものであり，ステップ気候ではなくサバナ気候に属する。ステップ気候は，砂漠周辺に分布する乾燥気候であり，降水量が少ない。サバナ気候は，雨季と乾季の区別が明瞭な熱帯気候であり，気温の年較差が大きい。　Bは正しい。Bのグラフは，チリのサンティアゴのものである。地中海性気候は，夏に乾燥すること，冬に降水が多くなることによって特徴付けられる温帯の気候である。温帯冬雨気候ともよばれる。　Cは誤り。Cのグラフはアメリカ合衆国・アラスカのバローのものであり，亜寒帯湿潤気候ではなく，ツンドラ気候に属する。亜寒帯湿潤気候は，一年を通じて比較的降水が確保され，また，冬には多量の降雪がみられる気候である。ツンドラ気候は，短い夏の間だけ，永久凍土の表層が溶ける程度の気候である。　Dは正しい。Dのグラフは，イギリスのロンドンのものである。西岸海洋性気候は，偏西風と暖流の影響を受けるため，気温の年較差が小さい。また，降雨も年間を通じて安定している。以上より，正解は4である。

10 2

解説　1．誤り。テラロッサが分布するのは，主に，地中海沿岸である。2．正しい。テラローシャは，ブラジル高原などに分布する。　3．誤り。ポドゾルは，強酸性の土壌であり，それが分布する地域には，林業地域が広がっている。　4．誤り。プレーリー土は肥沃であり，小麦などが栽培されている。　5．誤り。成帯土壌についての説明は正しいが，レグール土は間帯土壌である。

11 3

解説　1．アメリカの炭田で産出量が最大なのは，アパラチア炭田である。ロッキー炭田は埋蔵量がアメリカ最大である。　2．鉄鉱石の埋蔵量が世界第1位なのはオーストラリアである。　3．正しい。オーストラリアの主な鉄鉱

石の採掘場は，ハマーズリー山脈付近のマウントホエールバックである。
4．チリは，銅鉱の産出が世界第1位であることは正しいが，その主な銅鉱山はチュキカマタやエルテニエンテなどである。選択肢に示されているのは，アメリカの代表的な銅鉱山である。　5．東南アジアの油田は，ボルネオのカリマンタン島や，スマトラ島に分布しており，インドネシアやブルネイが主な産油国である。

12 5

解説 1．誤り。ユーロポートが位置しているのはドイツではなくオランダである。　2．誤り。プラハでは，自動車，航空機，機械工業，繊維，ガラス，印刷などの工業が発展している。　3．誤り。ルール工業地帯の発展を支えてきたのは，炭田やライン川の水運などである。陸運もある程度整備されてきたが，比較的古くから活用されてきたのは水運であった。　4．誤り。ルアーヴルにおいて発達している工業は，造船，自動車，食品などである。5．正しい。ヨーロッパにおいて，複数の国にまたがる工業が盛んな地域の呼称として，選択肢に示したヨーロッパのサンベルトとともに，イギリス南東部からイタリア北部にかけて広がるブルーバナナが挙げられる。

13 3

解説 1．選択肢は，熱帯雨林気候についての記述である。熱帯サバナ気候は，年中高温で，雨季と乾季の区別が明瞭であり，サバナと呼ばれる熱帯草原が広がるといった特徴をもつ。　2．西岸海洋性気候の説明である。低気圧が頻繁に通過することから，年中小雨で冬と夏の気温差が比較的小さい。3．正しい。また，季節風の影響から，四季の変化が最も明瞭であることも覚えておきたい。　4．砂漠気候は，年間を通し降水量が極端に少なく，雨季と乾季の区別はない。なお，ステップが広がる地域はステップ気候である。　5．地中海性気候についての記述である。

14 2

解説 1．誤り。世界の言語の数については，3000とする説，6000を超えているという説などがあるが，数百というのは誤りである。第2文については正しい。　2．正しい。カナダ，スイスなどは，複数の公用語を持つ。　3．誤

り。スワヒリ語は，混成語ではない。混成語の例としては，クレオール語が挙げられる。　4．誤り。第1文は，共通語，または標準語についてのものである。母語は，人が最初に身に付ける言語である。　5．誤り。語派と語族を入れ替えると，正しい記述になる。

第3部

教養試験
自然科学

- 数　　学
- 物　　理
- 化　　学
- 生　　物
- 地　　学

自然科学　数学

━━━━━━━━━━━━━━ POINT ━━━━━━━━━━━━━━

　数学の分野では，高校までの学習内容が出題される。教科書に出てくる公式を覚えるだけではなく，応用問題への対応が必要となる。以下に示す単元ごとの最重要事項を確実に押さえ，本書でその利用法を習得しよう。

　「数と式」の内容では，一見何をしたらよいか分かりづらい問題が出てくるが，「因数分解」，「因数定理」，「剰余の定理」，「相加平均・相乗平均の関係」などを用いることが多い。その他にも，「分母の有理化」や根号，絶対値の扱い方などをしっかり確認しておこう。

　「方程式と不等式」の内容では，特に二次方程式や二次不等式を扱う問題が頻出である。「二次方程式の解と係数の関係」，「解の公式」，「判別式」を用いた実数解や虚数解の数を求める問題は確実にできるようにしたい。また，「二次不等式の解」，「連立不等式の解の範囲」については，不等号の向きを間違えないように注意しよう。余裕があれば，「三次方程式の解と係数の関係」や「円の方程式」なども知っておきたい。

　「関数」の内容でも，中心となるのは二次関数である。「二次関数のグラフの頂点」，「最大値と最小値」，「x軸との共有点」は確実に求められるようにしよう。また，グラフを「対称移動」や「平行移動」させたときの式の変形もできるようにしたい。その他にも，「点と直線の距離」，「三角関数」の基本的な公式なども知っておきたい。

　「数の性質」の内容では，「倍数と約数」，「剰余系」，「n進法」などの問題が出題される。これらについては，とにかく多くの問題を解いてパターンを覚えることが重要である。

　「微分・積分」の内容では，グラフのある点における「接線の方程式」，グラフに囲まれた「面積」が求められるようになっておきたい。

　「場合の数と確率」の内容では，まずは順列・組合せと確率計算が正しくできなければならない。その際，場合の数が多かったり抽象的であったりして考えにくいようであれば，樹形図の活用や問題の具体的な内容を書き出すことで，一般的な規則性が見つかり解法が分かることがある。余事象を利用することで，容易に解ける問題もある。「同じものを含む順列」，「円順列」など

もできるようにしたい。

「数列」の内容では，等差数列，等比数列，階差数列の一般項や和の公式を覚えよう。余裕があれば，群数列にも慣れておこう。

「図形」の内容では，三角形の合同条件・相似条件，平行線と角に関する性質，三角形・四角形・円などの基本的性質や，面積の計算方法などは必ずと言ってよいほど必要となるので，しっかりと整理しておくこと。

数学の知識は「判断推理」や「数的推理」の問題を解く際にも必要となるため，これらと並行して取り組むようにしたい。

☞ 狙われやすい！ 重要事項

- ☑ 二次方程式・不等式
- ☑ 二次関数の最大値・最小値
- ☑ 平面図形の面積

《 演 習 問 題 》

1　ある数 x から3引いて2乗した数が，x を2倍して3引いた数に等しくなった。この場合，ある数 x として正しいものの組み合わせはどれか。

　1　1, 3　　　2　1, 5　　　3　2, 3　　　4　2, 6　　　5　2, 9

2　1個のさいころを続けて3回投げるとき，目の和が偶数になるような場合は何通りあるか。正しいものを選べ。

　1　106通り　　　2　108通り　　　3　110通り
　4　112通り　　　5　115通り

3　右図のような一辺の長さが5の正四面体 O-ABC において，辺OB上の点P，辺OC上の点Q が OP = 1，OQ = 4 を満たすとき，PQ の長さを求めよ。

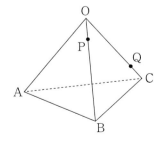

　1　$\sqrt{13}$　　2　$2\sqrt{13}$　　3　4
　4　$\sqrt{15}$　　5　$2\sqrt{15}$

$\boxed{4}$ $x^2-8x+14=0$ の2つの解を α，β とするとき，$\alpha^2+\beta^2$ と $\alpha^3+\beta^3$ の値の組み合わせとして妥当なものはどれか。

	$\alpha^2+\beta^2$	$\alpha^3+\beta^3$
1	24	-88
2	24	88
3	36	-176
4	36	176
5	48	176

$\boxed{5}$ 次の2つの式で示される直線と x 軸，y 軸により，次の図のように，全体はA～Jの10領域に分かれる。

$y=2x+4$ …①

$y=-x-2$ …②

①，②の2つの式を以下③，④のような不等式に変えた場合，これらの条件をすべて満たす領域として正しいものはどれか。

$y>2x+4$ …③

$y<-x-2$ …④

1 A，C　　2 B，D，H，I　　3 D，H　　4 E，F　　5 G，J

$\boxed{6}$ 縦50m，横60mの長方形の土地がある。この土地に，図のような直角に交わる同じ幅の通路を作る。通路の面積を土地全体の面積の $\dfrac{1}{3}$ 以下にするには，通路の幅を何m以下にすればよいか。

1 8m　　2 8.5m　　3 9m　　4 10m　　5 10.5m

[7] xy平面上に2点A$(-2, 5)$，B$(6, 9)$ がある。またx軸上に点P$(t, 0)$をとる。このとき，PA＝PBとなるtの値として，正しいものはどれか。

1 $\dfrac{9}{2}$　　2 $\dfrac{24}{5}$　　3 5　　4 $\dfrac{11}{2}$　　5 $\dfrac{29}{5}$

[8] 2次関数$y＝x^2－2bx＋4b$におけるyの最小値として，正しいものはどれか。

1 $2b^2＋2b$　　2 $2b^2－2b$　　3 $－b^2＋4b$
4 $－b^2－4b$　　5 $4b^2＋4b$

[9] 平行四辺形ABCDにおいて，AB＝3，BC＝4，∠ABC＝60°のとき，2本の対角線の長さとして正しい組合せはどれか。

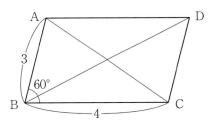

1 $\sqrt{11}, \sqrt{35}$　　2 $6, \sqrt{35}$　　3 $\sqrt{13}, \sqrt{37}$
4 $7, \sqrt{37}$　　5 $7, \sqrt{39}$

[10] 右の図において，四角形ABCDは円に内接しており，弧BC＝弧CDである。AB，ADの延長と点Cにおけるこの円の接線との交点をそれぞれP，Qとする。AC＝4cm，CD＝2cm，DA＝3cmとするとき，△BPCと△APQの面積比として正しいものはどれか。

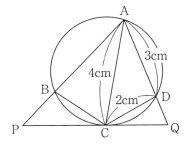

1 1：5　　2 1：6　　3 1：7　　4 2：15　　5 3：20

《　解　答　・　解　説　》

1 4

解説　$(x-3)^2 = 2x-3$ より，$x^2 - 8x + 12 = 0$

$(x-2)(x-6) = 0$

∴　$x = 2,\ 6$

以上より，正解は4。

2 2

解説　和が偶数になるのは，3回とも偶数の場合と，偶数が1回で，残りの2回が奇数の場合である。さいころの目は，偶数と奇数はそれぞれ3個だから，

（ⅰ）3回とも偶数：$3 \times 3 \times 3 = 27$〔通り〕

（ⅱ）偶数が1回で，残りの2回が奇数

・偶数/奇数/奇数：$3 \times 3 \times 3 = 27$〔通り〕

・奇数/偶数/奇数：$3 \times 3 \times 3 = 27$〔通り〕

・奇数/奇数/偶数：$3 \times 3 \times 3 = 27$〔通り〕

合計すると，$27 + (27 \times 3) = 108$〔通り〕である。

以上より，正解は2。

3 1

解説　正四面体は4つの合同な正三角形から構成される。

△OPQにおいて，OP = 1，OQ = 4，∠POQ = 60°なので，余弦定理より，

$$PQ^2 = OP^2 + OQ^2 - 2 \times OP \times OQ \times \cos \angle POQ$$
$$= 1 + 16 - 2 \times 1 \times 4 \times \cos 60°$$
$$= 17 - 8 \times \frac{1}{2}$$
$$= 13$$
$$PQ = \sqrt{13}$$

以上より，正解は1。

4 4

解説 一般に，2次方程式 $ax^2 + bx + c = 0$ $(a \neq 0)$ の2つの解を α，β とすると，$\alpha + \beta = -\dfrac{b}{a}$，$\alpha\beta = \dfrac{c}{a}$ が成り立つ。

ここでは，$a = 1$，$b = -8$，$c = 14$ であるから，$\alpha + \beta = -\dfrac{-8}{1} = 8$，$\alpha\beta = \dfrac{14}{1}$ $= 14$ となる。

よって，求める値は

$\alpha^2 + \beta^2 = (\alpha + \beta)^2 - 2\alpha\beta = 8^2 - 2 \times 14 = 36$

$\alpha^3 + \beta^3 = (\alpha + \beta)^3 - 3\alpha\beta(\alpha + \beta) = 8^3 - 3 \times 14 \times 8 = 512 - 336 = 176$

以上より，正解は4。

5 4

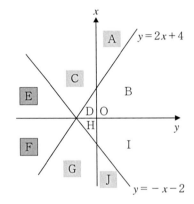

解説 $y > 2x + 4$ に，$(0, 0)$ を代入すると，$0 > 4$ になるので不成立である。よって，該当する領域は直線 $y = 2x + 4$ に対して，原点 $(0, 0)$ の反対側にあることが分かる。つまり，A，C，E，Fのいずれかである。

次に，$y < -x - 2$ に，$(0, 0)$ を代入すると，$0 < -2$ になるので，不成立である。よって，該当する領域は，

直線 $y = -x - 2$ に対して，原点 $(0, 0)$ の反対側にあることが分かる。つまり，E，F，G，Jのいずれかであり，

求める領域は，「A，C，E，F」と「E，F，G，J」の重なった領域なので，「E，F」となる。

以上より，正解は4。

6 4

解説 通路の幅を x 〔m〕とし
$(0<x<50)$，次のように通路を
左上に寄せて考える。

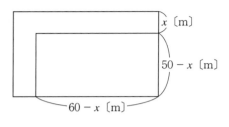

通路の面積は，
$$x \times 60 + (50 - x) \times x \text{〔m}^2\text{〕}$$
土地全体の面積は，50×60
よって，
$$x \times 60 + (50 - x) \times x \leqq 50 \times 60 \times \frac{1}{3}$$
$$60x + 50x - x^2 \leqq 1000$$
$$x^2 - 110x + 1000 \geqq 0$$
$$(x - 10)(x - 100) \geqq 0$$
$$x \leqq 10, \ 100 \leqq x$$
$0<x<50$ より，$0<x \leqq 10$
したがって，通路の幅を10m以下にすればよい。
以上より，正解は4。

7 4

解説 $\text{PA} = \text{PB}$ より，$\text{PA}^2 = \text{PB}^2$
$$(-2 - t)^2 + 5^2 = (6 - t)^2 + 9^2$$
$$4 + 4t + t^2 + 25 = 36 - 12t + t^2 + 81$$
$$16t = 88$$
$$t = \frac{11}{2}$$
以上より，正解は4。

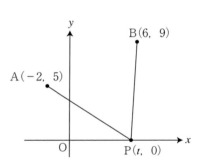

8 3

解説 $y = x^2 - 2bx + 4b$
$$= (x - b)^2 - b^2 + 4b$$
よって，この2次関数は，$x = b$ のとき，最小値 $-b^2 + 4b$ をとる。
以上より，正解は3。

9 3

解説 △ABCにおいて，余弦定理より，

$AC^2 = 3^2 + 4^2 - 2 \cdot 3 \cdot 4\cos60°$

$= 9 + 16 - 12$

$= 13$

ゆえに，$AC = \sqrt{13}$

また，平行四辺形より，隣り合う角の和は180°となるので，

$\angle BCD = 180° - \angle ABC$

$= 180° - 60°$

$= 120°$

よって，

△BCDにおいて，

$BD^2 = 3^2 + 4^2 - 2 \cdot 3 \cdot 4\cos120°$

$= 9 + 16 + 12$

$= 37$

ゆえに，$BD = \sqrt{37}$

以上より，正解は3。

10 3

解説 四角形ABCDは円に内接しているので，向かい合う内角の和は180°となるので，

$\angle ABC + \angle ADC = 180°$

また，$\angle ABC + \angle PBC = 180°$より，$\angle PBC = \angle ADC$

さらに，接弦定理より，$\angle PCB = \angle BAC$

円周角の定理より，$\angle BAC = \angle CAD$

よって，2角が等しいので，△BPC∽△DCA

弧BC＝弧CDより，BC＝CD＝2〔cm〕

よって，△BPCと△DCAの相似比は2:3より，

△BPC:△DCA＝4:9…①

一方，△CQDと△AQCにおいて，$\angle CQD = \angle AQC$，

接弦定理より，$\angle QCD = \angle QAC$

よって，2角が等しいので，△CQD∽△AQC，

CD＝2〔cm〕，AC＝4〔cm〕より，相似比は1:2，面積比は1:4

よって，△DCA：△AQC = 3：4 = 9：12…②

①，②より，△BPC：△DCA：△AQC = 4：9：12…③

ここで，△BPCと△CPAについて同様に考えると，

△BPC∽△CPA，相似比1：2，面積比は1：4

よって，△BPC：△ABC = 1：3 = 4：12…④

③，④より，△BPC：△APQ = △BPC：(△BPC + △ABC + △AQC)

$$= 4：(4 + 12 + 12)$$
$$= 4：28$$
$$= 1：7$$

以上より，正解は3。

自然科学　　　　物 理

　物理の分野では，ほとんどが高校物理の内容を中心とした問題で，下記のいずれの単元からも出題される可能性がある。しかし，出題パターンは限られており，優先的に取り組むべきなのは「力学」で，「電磁気」，「波動」がこれに続く。ほとんどが計算問題であるが，正誤問題や穴埋め問題が出る場合もある。

　「力学」では，「等速直線運動」や「等加速度直線運動」が基本となり，「落体の運動」，「斜面をすべる物体の運動」などはこれらの知識を用いて解いていくことになる。また，覚えた公式をどの問題で，どういう形で利用するのか，自身で判断できるようにならなければいけない。例えば，「落体の運動」では自由落下，鉛直投げ下ろし，鉛直投げ上げ，水平投射，斜方投射といった様々な運動形態が出てくる。その他にも，「糸の張力」，「ばねの弾性力」，「浮力」といった力の種類や，「仕事とエネルギー」，「運動量」などを題材にした問題も多い。

　「熱と気体」では，「熱量の保存」に関する計算問題や，「物質の三態と状態変化」に関する正誤問題または穴埋め問題が頻出である。覚えることが少ない単元なので，しっかりと練習しておけば得点源になりやすい。

　「波動」では，まず波の基本公式を覚え，波長，振動数，速さ，周期といった物理量を用いて，式変形ができるようになっておくべきである。そして，最も重要なのが「ドップラー効果」を題材にした計算問題であり，基本公式は確実に覚えておかなければならない。そのうえで，音源と観測者が静止している場合，近づく場合，遠ざかる場合によって，基本公式の速度の符号が変わることに気を付けてほしい。実際の試験問題では，問題文からいずれの場合であるか読み取り，自身の判断で公式を立てられるようにならなければいけない。なお，この単元では波の性質（反射，屈折，回折，干渉など）やその具体例，温度と音速の関係など，基本的性質を問う正誤問題が出題されることが多いので注意しよう。

　「電磁気」では，コンデンサーや電気抵抗のある電気回路を題材にした計算

問題が非常に多い。公式としては,「オームの法則」,「合成抵抗」,「合成容量」,「抵抗率」に関するものは確実に使えるようになっておきたい。余力があれば,「キルヒホッフの法則」も覚えておこう。計算パターンは限られているが,コンデンサーや抵抗の数,および接続方法を変えた多様な問題が出題されるので注意が必要である。接続方法には「直列接続」と「並列接続」があり,実際の試験問題では,与えられた電気回路のどこが直列（または並列）接続なのか自身で判断できなければならない。

「原子」では,まずはα線,β線,γ線の基本的な性質や違いを理解しよう。そのうえで,「核分裂」や「核融合」の反応式が作れること,「放射性原子核の半減期」に関する計算問題ができるようになっておこう。この単元も,是非とも得点源にしたい。

学習方法としては,本書の例題に限らずできるだけ多くの問題を解くことである。公式を丸暗記するより,具体的な問題を解きながら考える力を養っていこう。難問が出題されることはほとんどないので,教科書の練習問題や章末問題レベルに集中して取り組むようにしたい。

🖝 狙われやすい！ 重要事項

- ☑ 力のつりあい
- ☑ 等加速度運動
- ☑ 音波の性質
- ☑ 電気回路

《　演 習 問 題　》

1　重さが20Nの小球に，2本の軽い糸1，糸2をつけ，天井に固定する。
糸1，2が鉛直方向となす角が30度，60度であったときに，糸1が小球を
引く力の大きさ（N）として正しいものはどれか。ただし，√3＝1.7とする。

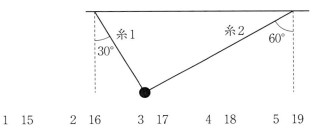

1　15　　　2　16　　　3　17　　　4　18　　　5　19

2　振動数が440Hzの音が，温度が20℃の部屋から，5℃の屋外へもれて
いるとする。このときの音の振動数と波長の関係について正しいのはどれ
か。
　1　振動数，波長ともに減少する。
　2　振動数は変化しないが，波長は長くなる。
　3　振動数は変化しないが，波長は短くなる。
　4　振動数は減少するが，波長は変化しない。
　5　振動数，波長ともに変化しない。

3　起電力が3Vで内部抵抗が0.4Ωの電池Eが2個と，0.3Ωの抵抗Rが
ある。これらを図のようにつないだら，Rを流れる電流はいくらになるか。

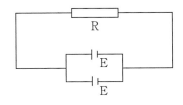

1　6A　　　2　5A　　　3　4A　　　4　3A　　　5　2A

4 　右図のような単振り子に関する記述のう
ち，正しいのはどれか。

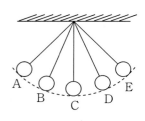

1　速度が最大になるのはB点とD点である。
2　おもりの加速度が最小であるのはA点と
　　E点である。
3　D点での加速度の向きは，いつも等しい。
4　運動エネルギーが最小であるのはC点で
　　ある。
5　位置エネルギーが最大なのはB点とD点である。

5 　なめらかな水平面上に質量5.0kgの物体が静止している。その物体を
一定の力Fで引いたところ，5.0秒後に4m/sになった。このとき，物体を
引いている力Fはいくらか。

1　1.0N　　2　2.0N　　3　3.0N　　4　4.0N　　5　5.0N

6 　長さ15cmのつる巻ばねに50gのおもりをつるすとその長さは17cm
になった。これとは異なるおもりをつるすとその長さは21cmになった。
このおもりの質量はいくらになるか。

1　120g　　2　150g　　3　180g　　4　210g　　5　240g

7 　ある物体を毎秒58.8メートルの初速度で鉛直に投げ上げたとき，最高
点に達するまでの時間と，投げ上げた地点から最高点までの高さの組み合わ
せとして，妥当なものはどれか。但し，重力加速度を9.8〔m/s²〕とする。

	最高点に達するまでの時間〔s〕	投げ上げた地点から最高点までの高さ〔m〕
1	6	88.2
2	6	176.4
3	8	88.2
4	8	176.4
5	12	176.4

8 図のように，3Ωの抵抗を並列に4つ
なぎ，さらに10Vの電源と，電流計を接続
したとき，この回路全体の消費電力は何W
か。ただし，電源と電流計の抵抗を0とし，
消費電力は小数第2位を四捨五入して求め
るものとする。

1　97.3W 　　2　103.7W
3　133.3W 　　4　151.9W
5　167.7W

9 波に関する次の記述のうち，妥当なものはどれか。
1　媒質の振動方向と波の進行方向が垂直であるような波を横波という。横
　波は疎密波とも呼ばれる。
2　2つの波の山と谷が重なったところでは波は打ち消し合い，山と山，谷
　と谷が重なる所では強めあう。これを波の共鳴という。
3　波が異なる媒質の境界を進むときに方向が変わる現象を回折という。
4　波の山から山，あるいは谷から谷までの長さを波長といい，媒質が振動
　して1秒間に往復する回数を振動数という。波の速さは，波長を振動数で
　割ると求まる。
5　媒質が1往復するのにかかる時間を波の周期という。波の周期は振動数
　の逆数に等しい。

《 解 答 ・ 解 説 》

1 3

解説 次の図のように，小球には20Nの力が作用し，その反作用力Fは，ひも1にかかる張力T_1とひも2にかかる張力T_2に分解される。これらを水平方向と鉛直方向に分解し，力のつり合いを考える。

水平方向の力のつり合いより，

$$T_1\sin30° = T_2\sin60°$$
$$\frac{1}{2}T_1 = \frac{\sqrt{3}}{2}T_2$$
$$T_1 = \sqrt{3}T_2 \cdots ①$$

鉛直方向の力のつり合いより，

$$T_1\cos30° + T_2\cos60° = 20 〔N〕$$
$$\frac{\sqrt{3}}{2}T_1 + \frac{1}{2}T_2 = 20 \cdots ②$$

①②より，$\dfrac{\sqrt{3}}{2}T_1 + \dfrac{1}{2\sqrt{3}}T_1 = 20$

$$\frac{3+1}{2\sqrt{3}}T_1 = 20$$

$$T_1 = 20 \times \frac{2\sqrt{3}}{4} = 10\sqrt{3} = 17 〔N〕$$

以上より，正解は3。

2 3

解説 音波の速さV〔m/s〕は，乾燥した空気中では振動数によらず，温度t〔℃〕に依存し，$V = 331.5 + 0.6t$の関係がある。よって，温度が下がると音速は減少する。

また，音波の振動数をf〔Hz〕，波長をλ〔m〕とすると，$V = f\lambda$の関係がある。ここで，振動数は媒質が変わっても変化しないので，音速が減少すると波長が短くなることがわかる。

以上より，正解は3。

---

3 1

解説 各部を流れる電流の強さを i_1〔A〕，i_2〔A〕，i_3〔A〕とすると，

つながれている電池2個は同じものなので，

$$i_2 = i_3 = \frac{1}{2} i_1$$

また，閉回路A→B→C→D→Aにこの向きを正の向きとして，キルヒホッフの法則を用いると，

$$3 = 0.3 i_1 + 0.4 i_3 = 0.3 i_1 + 0.4 \times \frac{i_1}{2} \text{ より } i_1 = 6 \text{〔A〕}$$

以上より，正解は1。

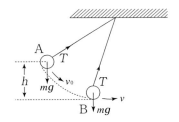

4 3

解説 図のように振り子が振れているとき，おもりにはたらく力は張力と重力だけである。また，どの位置であっても，おもりの運動方向はおもりが描く円弧の接線方向，つまり張力の垂直方向なので，張力はおもりに対して仕事をしない。よって，力学的エネルギー保存の法則が成り立ち，運動エネルギーと位置エネルギーの和は一定となる。

1．誤り。運動エネルギーが最大となるのは，位置エネルギーが最小となるC点である。　2．誤り。加速度が最小になるのはC点である。　3．正しい。D点での加速度の向きは，図のように張力の垂直方向となる。　4．誤り。運動エネルギーが最小になるのは，位置エネルギーが最大となるA，E点である。　5．誤り。位置エネルギーが最大になるのは，高さが最大になるA，E点である。

5 　4

解説 ＼ 物体には一定の力が加わっているので，この物体は等加速度直線運動をしている。物体の初速度をv_0〔m/s〕，速度をv〔m/s〕，加速度をa〔m/s²〕，時刻をt〔s〕とすると，

$$v = v_0 + at$$
$$a = \frac{v - v_0}{t} = \frac{4 - 0}{5.0} = 0.8 \text{〔m/s²〕}$$

したがって，物体を引く力Fは，運動方程式より，

$$F = 5.0 \times 0.8 = 4.0 \text{〔N〕}$$

以上より，正解は4。

6 　2

解説 ＼ フックの法則より，ばねの自然長からの伸びx〔m〕は，加えた力f〔N〕に比例する。ばね定数をk〔N/m〕とすると，$f = kx$と表せる。

　50gのおもりをつるしたとき，ばねの自然長からの伸びは$17 - 15 = 2$〔cm〕

　異なるおもりをつるしたとき，ばねの自然長からの伸びは$21 - 15 = 6$〔cm〕

となったので，50gのおもりをつるしたときより3倍の大きさの力が加わったことになる。

ここで，（力）＝（質量）×（重力加速度）であり，重力加速度は一定なので，異なるおもりの質量は$50 \times 3 = 150$〔g〕

以上より，正解は2。

7 　2

解説 ＼ 一般に，鉛直投げ上げによる運動において，速度をv〔m/s〕，初速度をv_0〔m/s〕，重力加速度をg〔m/s²〕，時間をt〔s〕，投げ上げた地点からの高さをy〔m〕で表すものとすると，$v = v_0 - gt \cdots$①，$y = v_0t - \frac{1}{2}gt^2 \cdots$②の2つの公式が成り立つ。

ここで，$v_0 = 58.8$，$g = 9.8$であり，最高点では$v = 0$となるから，

①より，$0 = 58.8 - 9.8t$　　∴　$t = 6$〔s〕

また，

②より，$y = 58.8 \times 6 - \frac{1}{2} \times 9.8 \times 6^2 = 352.8 - 176.4 = 176.4$〔m〕

以上より，正解は2。

8 3

解説 まず，回路全体の合成抵抗を求める。並列回路の合成抵抗の逆数は，それぞれの抵抗の逆数の和に等しいから，

$$\frac{1}{合成抵抗} = \frac{1}{3} + \frac{1}{3} + \frac{1}{3} + \frac{1}{3} = \frac{4}{3} \qquad \therefore \quad 合成抵抗 = \frac{3}{4} = 0.75 〔Ω〕$$

ここで，（電力）＝（電流）×（電圧）＝ $\frac{(電圧)^2}{抵抗} = \frac{10^2}{0.75} ≒ 133.3$〔W〕

以上より，正解は3。

9 5

解説 1．誤り。媒質の振動方向と波の進行方向が垂直であるような波を横波といい，媒質の振動方向と波の進行方向が同じものを縦波という。縦波は疎密波とも呼ばれる。　2．誤り。2つの波の山と谷が重なったところでは波は打ち消し合い，山と山，谷と谷が重なる所では強めあう。この現象は干渉と呼ばれる。　3．誤り。波が異なる媒質の境界を進むときに方向が変わる現象を屈折という。　4．誤り。波の速さは単位時間に進む波の距離で求まる。媒質が振動して1秒間に往復する回数が振動数であり，波長をかけると1秒間に波が進んだ距離が求まる。よって波の速さは振動数×波長で求まる。　5．正しい。媒質が振動して1秒間に往復する回数が振動数なので，振動数の逆数は波が1往復するのにかかる時間を示す。つまり，周期に相当する。

自然科学　　化学

‖‖‖‖‖‖‖‖‖‖‖‖‖‖‖‖‖‖‖‖‖‖‖ **P O I N T** ‖‖‖‖‖‖‖‖‖‖‖‖‖‖‖‖‖‖‖‖‖

　化学の分野では，ほとんどが高校化学の内容から出題される。「理論化学」，「無機化学」，「有機化学」に大別されるが，主に「理論化学」からの出題が多い。また，「無機化学」や「有機化学」の内容は，「理論化学」の内容が分かれば理解・暗記がしやすいので，まずは「理論化学」に優先的に取り組むとよい。

　「理論化学」では，計算問題とそれ以外の問題が同じぐらいの割合で出題される。計算問題としては，化学反応式をもとにした物質の質量，体積，物質量などの計算や，与えられた原子量から化合物の式量や分子量を求めることが必須である。そのうえで，気体の状態方程式（圧力，体積，絶対温度など），混合気体の分圧や全圧，溶解度を用いた物質の析出量，熱化学方程式を用いた反応熱．中和滴定に必要な酸や塩基の体積や濃度，酸や塩基のpH，電気分解で析出する物質の質量などが求められるようになっておきたい。その他には，化学理論（分圧の法則など），物質の分離法，化学結合，物質の状態変化，化学平衡，コロイド溶液，化学電池などについてしっかり整理しておこう。

　「無機化学」では，計算問題はほとんど出題されず，大部分が物質の性質を問う正誤問題である。まずは，元素周期表の特徴をしっかりと理解し，性質の似た物質のグループがあることを把握すること。また，イオン化エネルギーや電気陰性度など，周期表と大きく関わる用語を覚えよう。無機物質は金属と非金属に大別される。金属では，1族の金属，2族の金属の他に，鉄，銅，銀，アルミニウム，チタンなどの代表的な金属の性質，化学反応，製法を覚えておくこと。非金属では，ハロゲン，希ガス，炭素やケイ素の性質，化学反応を覚えておくこと。そのうえで，代表的な気体（酸素，窒素，二酸化炭素，アンモニアなど），溶液（塩酸，硫酸，硝酸など）などについて，教科書レベルの知識を身に付けておきたい。

　「有機化学」では，計算問題としては有機化合物の元素分析の結果から分子量が求められるようになろう。その他には，教科書レベルの代表的な有機化

合物の性質や反応性を覚えること，高分子化合物については，樹脂，繊維，ゴムなどに利用される物質について整理しておこう。

本書に限らず，できるだけ多くの公務員試験の問題に触れ，解いた問題を中心に知識を増やしていこう。出題傾向がつかめたら，大学入試センター試験や大学入学共通テストから類題を探すのもよい。

☞ 狙われやすい! 重要事項

☑ **基礎的な化学理論**
☑ **物質の状態変化**
☑ **酸と塩基**
☑ **化学平衡**
☑ **無機物質の性質**

《 演 習 問 題 》

1 トルエンを，触媒を用いて酸化すると固体物質が得られる。この物質は次のどれに属するか。

1　アミノ酸　　　　　2　脂肪酸　　　　　3　芳香族カルボン酸
4　カルボン酸エステル　5　炭水化物

2　次の文は，鍾乳洞がどうしてできるかについて述べたものである。文章全体から判断すると，ア～エの中で適切でないものがある。適切でないものすべてをあげているのはどれか。

石灰岩地帯にCO_2を含んだ$_{ア}$弱酸性の水が浸透すると，石灰岩中のCaが$_{イ}CaCO_3$として水に溶けてしまう。この溶液が空洞に出ると，$_{ウ}$圧力の減少，水分の蒸発などによって$_{エ}Ca(HCO_3)_2$の沈殿が生じて，これが鍾乳石となる。

1　エ
2　イ・エ
3　ウ・エ
4　ア・イ・ウ
5　イ・ウ・エ

3 **鉄の性質に関する次の記述のうち，誤っているものはどれか。**

1　酸性域の水中においては，水素イオン濃度が高いほど腐食しやすい。

2　濃硝酸に浸すと，不動態皮膜を形成する。

3　アルカリ性のコンクリート中では，腐食が抑制される傾向がある。

4　塩分の付着したものは，腐食しやすくなる。

5　水中で鉄と銅が接触しているとき，鉄の腐食は抑制される。

4 **次の記述のうち，最も妥当なものはどれか。**

1　銅は金属の中で最もよく電気や熱を導く。また，この金属の化合物は感光性があるので，写真のフィルムに用いられる。

2　アルミニウムは酸化物を融解塩電解をすることで得られる金属である。この元素の単体は軽くてやわらかい金属である。空気中では表面が酸化されて，ち密な被膜を生じている。

3　水銀の単体は常温で固体である。他の金属と合金をつくりやすく，これをアマルガムという。

4　鉄は酸化物をコークスから生じる一酸化炭素で還元して得られる。この金属にクロムやニッケルを混ぜてつくった合金はジュラルミンといわれ，錆びにくいという特徴をもつ。

5　カルシウムは常温で水と激しく反応し，水素を発生させる。炎色反応で呈する色は黄色である。炭酸塩と塩酸を反応させると二酸化炭素が発生する。

5 **結晶に関する記述として，最も妥当なものはどれか。**

1　共有結合は結合力が強いといわれるので，氷やドライアイスなどの分子結晶は，硬度がきわめて大きい。

2　塩化ナトリウムや水晶のようなイオン結晶は，溶融した場合，電気伝導性がある。

3　ナフタレンや水素が昇華しやすいのは，分子間力が弱く，分子の熱運動により容易に分子間の結合が切れるためである。

4　氷は水よりも密度が小さい。これは，水の結晶では，分子が比較的大きなすき間をつくって配列しているからである。

5　ダイヤモンドは互いに電子を出し合って，その自由電子によって結合しているので，融点，沸点は高い。

6 次の現象のうち，化学変化とよばれるものはどれか。

1　水が沸騰して水蒸気になる
2　砂糖が水に溶ける
3　紙が燃えて灰になる
4　鉄を高温に熱すると溶ける
5　酸素の気体に圧力を加えると体積が小さくなる

7 5.0×10^5〔Pa〕，27℃，10Lの気体を，温度を変えずに25Lになるまで膨張させると，圧力は何Paになるか。

1　1.0×10^5〔Pa〕　　2　1.5×10^5〔Pa〕　　3　2.0×10^5〔Pa〕
4　5.0×10^5〔Pa〕　　5　12.5×10^5〔Pa〕

8 ある物質25gを100gの水に溶かした。この水溶液の質量パーセント濃度はいくらになるか。

1　20%　　2　25%　　3　30%　　4　50%　　5　125%

9 化学変化に関する記述として，妥当なものはどれか。

1　気体が関係する化学反応において，同温かつ同圧の下で，反応する気体の体積間には簡単な整数比が成り立つ。
2　化学反応において，正触媒を加えると，活性化エネルギーが増大することを通じて反応速度が大きくなる。
3　可逆反応において，実際に反応が停止した状態を化学平衡といい，この状態に達した後に，濃度や圧力など条件を変えても，新たな化学変化は起こらず，不変の状態が続く。
4　中和反応とは，酸の水素イオンと塩基の水酸化物イオンが反応して，水が生成することによってそれぞれのイオンの性質が打ち消される反応であり，物質によって，吸熱反応と発熱反応のいずれかを示す。
5　ケン化と呼ばれる反応を利用して作られるのがセッケンであり，具体的には，油脂に酸を加えることによって製造される。

10 有機化合物に関する次の記述のうち，妥当なものはどれか。

1　炭素原子を含む化合物はすべて有機化合物に分類される。

2　有機化合物は導電性のないものが多く，可燃性のものが多い。

3　有機化合物を構成する元素の種類は少なく，化合物数も無機化合物に比べて少ない。

4　多くの有機化合物は，水に溶けやすく，エーテルなどの溶媒に溶けにくい。

5　有機化合物は共有結合でできているため，融点や沸点は高いものが多い。

《 解 答 ・ 解 説 》

1　3

解説　トルエン$C_6H_5CH_3$は二酸化マンガンを触媒として酸化すると，安息香酸C_6H_5COOHが生成する。

アミノ酸‥‥‥‥‥‥‥‥‥‥酸性のカルボキシ基―COOHと塩基性のアミノ基―NH_2を含んでいる化合物。

脂肪酸‥‥‥‥‥‥‥‥‥‥‥R―COOHという一般式で表される化合物。脂肪族カルボン酸ともいう。

芳香族カルボン酸‥‥‥‥芳香族炭化水素（ベンゼン環を含む炭化水素）の水素原子1個またはそれ以上を，カルボキシ基―COOHで置換した化合物。

ヒドロキノン酸‥‥‥‥‥芳香族炭化水素の水素原子2個が，アルコール基―OHで置換されたもの。

カルボン酸エステル‥‥‥カルボン酸とアルコールが反応して生成する化合物。

炭水化物‥‥‥‥‥‥‥‥‥炭素の水和物として示される化合物。

2 2

解説 ア．正しい。二酸化炭素が溶けた水のpHは約5.6であり，弱酸性である。 イ．誤り。石灰岩は炭酸カルシウム$CaCO_3$が堆積したものであり，これが水に溶けると，$CaCO_3 + H_2O + CO_2 \rightarrow Ca(HCO_3)_2$という化学反応が起こり，炭酸水素カルシウム$Ca(HCO_3)_2$が生じる。 ウ．正しい。水に溶け出した$Ca(HCO_3)_2$は，水分の蒸発や圧力の減少などで，$Ca(HCO_3)_2 \rightarrow CaCO_3 + H_2O + CO_2$という反応が起こり，再び$CaCO_3$が析出する。 エ．誤り。ウの反応式で析出した$CaCO_3$が沈殿することで，鍾乳洞ができる。
したがって，イの「$CaCO_3$」とエの「$Ca(HCO_3)_2$」を入れ替えると，正しい文章となる。
以上より，正解は2。

3 5

解説 水中で鉄と銅が接触している場合，銅よりもイオン化傾向が大きな鉄の腐食が促進される。

4 2

解説 1．誤り。銀に関する記述である。 2．正しい。 3．誤り。水銀の単体は常温で液体である。 4．誤り。ジュラルミンはアルミニウムと銅を主成分とする合金である。 5．誤り。カルシウムが炎色反応で呈する色は橙赤色である。

5 3

解説 1．誤り。分子結晶は，分子内の原子の結合は共有結合であるが，分子間力による結合力が弱いため，もろくてこわれやすい。 2．誤り。水晶はイオン結晶ではなく，共有結合性結晶である。 3．正しい。 4．誤り。水ではなく氷の分子が，大きなすき間をつくって配列している。 5．誤り。ダイヤモンドではなく鉄などの金属結晶の記述である。

[6] 3

解説 物質そのものが新しいもの（別の化学式で表すもの）に変化すること
を化学変化という。1，2，4，5は物質そのものは変化していない。

[7] 3

解説 膨張後の気体の圧力を P 〔Pa〕とすると，ボイルの法則より，

$(5.0 \times 10^5) \times 10 = P \times 25$

$P = \dfrac{(5.0 \times 10^5) \times 10}{25} = 2.0 \times 10^5$ 〔Pa〕

以上より，正解は3。

[8] 1

解説 溶質の質量が25g，溶媒の質量が100gより，溶液の質量は25 + 100
= 125〔g〕となる。よって，この水溶液の質量パーセント濃度は，

$\dfrac{25}{125} \times 100 = 20$ 〔%〕

以上より，正解は1。

[9] 1

解説 1．正しい。気体反応の法則についての記述である。　2．誤り。
正触媒を加えた場合，活性化エネルギーが減少することを通じて反応速度
が大きくなる。　3．誤り。化学平衡の状態では，反応は止まっているよう
に見えるものの，実際に止まっているわけではなく，右向きの反応と左向
きの反応の速度が等しくなっている。また，化学平衡に達した後も，濃度，
圧力，温度の影響により反応が進み，新たな平衡状態に達する。　4．誤り。
中和反応は発熱反応であり，そこで生じる熱を中和熱という。　5．誤り。
セッケンは，油脂に塩基である水酸化ナトリウムを加えて加熱することに
よって作られる。

10 2

解説 1．誤り。炭素を含む化合物を有機化合物に分類するが，CO や CO_2，炭酸塩，シアン化物などは炭素原子を含むが無機化合物に分類される。2．正しい。有機化合物は無極性のものが多く，イオンに電離するものも少ないため，ほとんどの化合物が導電性を持たない。有機化合物は可燃性のものが多い。 3．誤り。有機化合物を構成する元素は，炭素。水素，酸素，窒素などが主で，他に硫黄，リンなどを含むものもあるが，構成元素の種類は少ない。しかし，同じ分子式で示される化合物でも，構造式や立体構造の違いによる異性体が存在するため化合物数は非常に多い。 4．誤り。多くの有機物は無極性の分子であり，水和されにくく水に溶けにくい。逆にエーテルのような無極性の有機溶媒には溶けやすい。 5．誤り。有機化合物は原子同士が共有結合で結びついている。しかし，分子性の物質で分子間には弱い分子間力が働くため，結合力が弱く融点や沸点は低い。

自然科学　　　　　生　物

||||||||||||||||||||||||||||　P O I N T　||||||||||||||||||||||||||||

　生物の分野では，高校までの内容が出題される。出題形式としては，ほとんどの問題が基本的な知識を問う正誤問題や穴埋め問題で，計算問題はごく一部である。また，教科書と同じような図表が与えられる問題が多いので，図表から必要な情報を的確に読み取れるように，教科書などをしっかり読み込んでおこう。暗記事項が多いものの，中学生物の知識だけで解ける問題もあるため，効果的な学習ができれば十分得点源となる。以下に，それぞれの単元で最重要事項をまとめるので，優先的に取り組んでほしい。

　「細胞」に関する内容として，まずは「細胞小器官」の構造やはたらきを覚え，「動物細胞と植物細胞の違い」を整理しよう。次に，「細胞分裂」について「体細胞分裂の一連の流れ」を覚え，その後「減数分裂」との違いを整理しよう。さらに，「動物細胞と植物細胞の分裂の仕組みの違い」についても理解しよう。図が与えられた問題の対策としては，「どの細胞のどの分裂のどの時期か」が判断できるようになっておきたい。なお，細胞周期や分裂細胞数の計算方法にも慣れておこう。

　「遺伝子」に関する問題として，まずは「DNAとRNA」の構造やはたらきを覚え，これらの違いを整理しよう。次に，「遺伝現象」について，「メンデルの法則に従う遺伝現象」の一連の流れや3つの法則，生まれてくる子の遺伝子型や表現型の分離比の計算方法を完璧に押さえること。その上で，「メンデルの法則に従わない遺伝現象」について，具体例とともに覚えよう。特に，「ABO式血液型」で生まれてくる子の血液型のパターンを問う問題は頻出である。余裕があれば，伴性遺伝の仕組みや組み換え価の計算などに挑戦しよう。

　「代謝」に関する問題としては，まずは「酵素」について基本的な性質を覚え，「消化酵素のはたらきと分泌腺」の組合せを覚えよう。次に，「呼吸」については3つの過程を覚え，それぞれの反応に関与する物質や生成するATPの数を覚えよう。また，「光合成」からは様々な論点や図表からの出題実績があるので，一連の流れを覚えるだけでなく，できるだけ多くの問

題に触れること。

「体内環境と恒常性」に関する内容としては，「免疫反応」の体液性免疫と細胞性免疫の流れと違い，「血液凝固」の仕組み，「ホルモン」のはたらきと分泌腺，「交感神経と副交感神経」のはたらきの違い，「腎臓と肝臓」のはたらき，「ヒトの脳」の部位とはたらきの違いなどがよく出題される。ほとんどがヒトに関わる内容なので取り組みやすいが，「ホルモン」については植物ホルモンから出題される場合も多い。

「生態系」に関する問題としては，「食物連鎖」や「物質循環」がよく出題されるので，全体の流れをしっかりと把握し，図の読み取りや穴埋め形式の問題への対応をしよう。

本書に限らず，できるだけ多くの公務員試験の問題に触れ，解いた問題を中心に知識を増やしていこう。出題傾向がつかめたら，大学入試センター試験や大学入学共通テストから類題を探すのもよい。

👉 狙われやすい！ 重要事項 ∙∙

☑ **細胞**
☑ **代謝**
☑ **体内環境と恒常性**
☑ **生態系**

1 遺伝の種類と具体的な例として，正しい組み合わせはどれか。
1 複対立遺伝子 —— ヒトのABO式血液型
2 致死遺伝子 ——— スイートピーの紫と白の花色
3 伴性遺伝 ———— マルバアサガオやオシロイバナの花色
4 不完全優性 ——— ヒトの赤緑色覚異常
5 補足遺伝子 ——— キイロハツカネズミの毛色

2 ある植物細胞を，体細胞分裂に適した環境で培養したところ，600個であった細胞が，30時間後には2400個に増加していた。この細胞の細胞周期として正しい時間はどれか。ただし整数で表すものとする。
1 5時間　　2 10時間　　3 15時間　　4 20時間　　5 25時間

3 植物の開花について，正しく記述されているのはどれか。
1 トマト，エンドウ，トウモロコシなどは，明期が長くなり，暗期が10時間以下にならないと花芽が形成されず，開花できない。
2 冬になってから温室で発芽させた秋まきコムギは，暖かい環境下の栽培により成長が促進され，初夏には出穂し，開花してしまう。
3 わが国の植物園などで温室栽培されている熱帯植物の多くは，明期が長くなる春から初夏にかけて，開花する。
4 暗期が一定時間以上になると開花する植物アサガオは，暗期の途中で，数分間程度だけなら光を当てても，花芽の形成に影響せず，開花する。
5 秋咲き植物であるキクは，葉の上半部をすべて除去しても，下半部を短日処理をすれば，茎の上部成長点に花芽が形成され，開花する。

4 人間の輸血について，正しく記述されているのはどれか。
1 A型の人からB型の人への輸血は可能である。
2 A型の人からO型の人への輸血は可能である。
3 A型の人からAB型の人への輸血は可能である。
4 B型の人からO型の人への輸血は可能である。
5 AB型の人からB型の人への輸血は可能である。

5 **大脳のはたらきを述べた記述として，最も妥当なものはどれか。**

1　からだの平衡を正しく保つ中枢がある。

2　感覚・感情・記憶・推理・判断の中枢がある。

3　内臓のはたらきを調節する中枢がある。

4　呼吸・心臓のはく動・かむ・飲みこむなどの中枢がある。

5　眼球運動，こう彩の中枢がある。

6 **ヒトの色覚異常は劣性の遺伝病で，伴性遺伝をする。次のうちヒトの色覚異常の遺伝について，正しく記述されているのはどれか。**

1　父，母とも色覚異常でなくても，色覚異常の息子が産まれることがある。

2　父，母とも色覚異常であっても，その娘が色覚異常であるとはかぎらない。

3　母が色覚異常だったら，その子供はすべて色覚異常である。

4　健康な父と，色覚異常の母では，その息子は健康で，娘は潜在色覚異常になる。

5　色覚異常の父と，健康な母では，その息子は色覚異常で，娘は潜在色覚異常になる。

7 **植物体の生理に関する記述として，妥当なものはどれか。**

1　緑色植物の炭酸同化作用には，光のエネルギーのほかに，体内の糖分を分解することによって得られるエネルギーも利用される。

2　ふつうの緑色植物では，大気中の遊離窒素を体内に吸収して，これを炭水化物と結合させてアミノ酸を生成する。そして最終的には，いろいろなタンパク質を合成する。

3　水分の蒸散は，主として葉の裏面にある気孔を通じて行われる。また，蒸散は，昼間より夜間のほうが盛んで，早朝に葉に水滴が残っていることがある。

4　気孔の開閉は，気孔の内側と外側の細胞の熱膨張率の違いによるものである。気孔が開くのは，外側の細胞がより膨張したときである。

5　ある種の植物は，微生物と共生することにより，栄養分に乏しい土地でも生育することができる。

8 種子の発芽に必要な条件の組み合わせとして，妥当なものはどれか。

1　水　　温度　　空気
2　水　　温度　　土
3　土　　温度　　肥料
4　光　　土　　　温度
5　水　　光　　　温度

9 遺伝子に関する記述として，誤っているものはどれか。

1　遺伝子はたんぱく質を生産するもとになる。
2　種を構成するのに必要な最小の遺伝子群のことをゲノムと呼ぶ。
3　遺伝子治療は遺伝性疾患やがんなどの患者に遺伝子を導入して行う治療のことである。
4　ヒトの遺伝子の本体はRNAである。
5　遺伝子は4種の遺伝暗号（塩基）が連なってできている。

10 生態系に関する記述として，妥当なものはどれか。

1　自浄できる分量を大幅に超えた汚水が海などに流入すると，ほとんどのプランクトンが瞬時に死滅する。その結果，多くの魚類が，捕食する対象を失うため，死滅に至る。
2　アンモニアは，窒素の循環において重要な役割を果たす。アンモニアは，植物の根によって吸収され，アミノ酸やタンパク質などに変えられる。
3　生態系ピラミッドは，生産者，第一次消費者，第二次消費者などによって構成される。いわゆる高次の消費者は，低次の者に比べると，個体数，エネルギー量において，大規模になる。
4　無機物から有機物を生み出す働きを持つのが生産者である。プランクトンや細菌はこれに含まれず，緑色植物が主な例として挙げられる。
5　湖沼における生態系に大きな脅威を与えているのは硫黄酸化物や窒素酸化物である。被害の最大の原因は，雨が少ない地域の湖沼において，自然界に古くから存在する化合物の濃度が上昇したことにある。

解 答 ・ 解 説

1　1

解説　1.　正しい。複対立遺伝子は3つ以上の対立遺伝子による遺伝現象で，ヒトのABO式血液型などに見られる。　2.　誤り。致死遺伝子はキイロハツカネズミの毛色の決定などに関わっている。　3.　誤り。伴性遺伝は性染色体上に存在する遺伝子による遺伝現象で，ヒトの赤緑色覚異常などで見られる。　4.　誤り。不完全優性はマルバアサガオやオシロイバナの花色などで見られる。　5.　誤り。補足遺伝子はスイートピーの花の色の決定などに関わっている。

2　3

解説　体細胞分裂では，1回の分裂で1個の細胞が2個になる。30時間で細胞数が4倍に増えていることから，全ての細胞が分裂したと仮定すれば，2回分裂が起きたことがわかる。全ての細胞が2回分裂するには細胞周期の2倍の時間がかかるので，細胞周期は$\frac{30}{2}=15$〔時間〕となる。

以上より，正解は3。

3　5

解説　1.　誤り。トマト，エンドウ，トウモロコシなどは，明暗の長さに関係なく花芽が形成される中性植物である。　2.　誤り。秋まきコムギは，一定期間低温条件におかれてから開花結実する。このように，低温条件で花芽の形成を促すことを春化処理という。　3.　誤り。多くの熱帯植物は短日植物であり，開花時期は秋〜冬である。　4.　誤り。暗期がある一定の長さ以上になると花芽を形成する短日植物に対して，暗期の途中に光を当てると花芽が形成されなくなる。これを光中断という。　5.　正しい。日長刺激を受容するのは葉であり，葉でつくられたフロリゲンという花芽形成促進物質が芽に移動することで，花芽が形成される。一部の葉が日長を受容すれば，その刺激は植物全体に伝わっていく。

4　3

解説　実際の輸血の場合は，同じ血液型同士で行うが，理論上は次のようになる。

各型の血液にはそれぞれ赤血球の中に凝集原（A，B）と，血しょうの中に凝集素（α，β）をもっている。そして輸血の際に，Aとα，Bとβが出会うと，抗原抗体反応が起こり，輸血は不可能となる。各型の凝集原，凝集素を表すと，

A型……A，β	B型……B，α
AB型……AとB，凝集素はナシ	O型……凝集原はナシ，αとβ

となる。つまり，輸血をして供血者と受血者のAとα，Bとβが共存しなければ輸血可能となる。

5　2

解説　1．誤り。これは小脳のはたらきに関する記述である。　2．正しい。3．誤り。これは間脳に関する記述である。　4．誤り。これは延髄に関する記述である。　5．これは中脳に関する記述である。

6　1

解説　ヒトの色覚異常に関する遺伝子は，X染色体上に存在する。健康な男性の性染色体をXY，健康な女性の性染色体をXXとし，色覚異常をもたらすX染色体をX′と表すと，色覚異常の男性はX′Y，色覚異常の女性はX′X′である。また症状は出ていないものの，X′染色体を1つもつ女性X′Xを潜在色覚異常とする。以上を組み合わせて産まれる可能性のある子どもは次の表のようになる。

	両　親		子　　供	
	父	母	息　子	娘
ア	X　Y	X　X	X　Y	X　X
イ	X　Y	X′　X	X　Y，X′　Y	X　X，X′　X
ウ	X　Y	X′　X′	X′　Y	X′　X
エ	X′　Y	X　X	X　Y	X′　X
オ	X′　Y	X′　X	X　Y，X′　Y	X′　X′，X′　X
カ	X′　Y	X′　X′	X′　Y	X′　X′

1．正しい。イより，健康な父XYと潜在色覚異常の母X′Xの間には，色覚異常の息子X′Yが産まれる可能性がある。　2．誤り。カより，色覚異常の父X′Yと母X′X′の間には，色覚異常の娘X′X′が産まれる可能性がある。3．誤り。ウより，色覚異常の母X′X′と健康な父XYの間には，潜在色覚異常の娘X′Xが産まれる可能性がある。　4．誤り。ウより，健康な父XYと色覚異常の母X′X′との間には，色覚異常の息子X′Yが産まれる。　5．誤り。エより，色覚異常の父X′Yと，健康な母XXの間には，健康な息子XYが産まれる。

7　5

解説　1．誤り。緑色植物の炭酸同化作用とは光合成のことであり，吸収した光エネルギーを用いて合成した化学エネルギー（ATP）が利用される。2．誤り。一般的な植物は，空気中の窒素を直接利用することはできず，根を通して地中に含まれている硝酸イオンやアンモニウムイオンの形で吸収している。　3．誤り。気孔は日中に開き，夜間閉じているため，水の蒸散は日中に多く，夜間は少ない。　4．誤り。気孔の開閉は，孔辺細胞の膨圧の変化によるもので，孔辺細胞が吸水による膨圧でふくれると，気孔は開く。　5．正しい。これはマメ科植物と根粒菌の相利共生の例である。

8　1

解説　一般に，種子の発芽に必要な条件は温度，水，空気であり，光，土，養分（肥料）は当てはまらない。

9 4

解説 1．正しい。DNAの塩基配列がRNAに写し取られ，これをもとに
アミノ酸配列がつくられ，たんぱく質が合成される。遺伝子とは，DNAの塩
基配列のうちたんぱく質合成に関与する部分である。　2．正しい。ゲノムと
はすべての遺伝情報のことである。ヒトの場合，ゲノムは約20500個の遺伝
子からなる。　3．正しい。遺伝子治療とは，患者に遺伝子を導入することで
遺伝子を組み換え，病気を治療する方法である。　4．誤り。ヒトの遺伝子の
本体はDNAである。　5．正しい。DNAを構成する塩基配列には4種類の塩
基があり，その組み合わせが遺伝暗号となり，合成するアミノ酸配列を指定
する。

10 2

解説 1．誤り。汚水の流入は，特定のプランクトンの異常な発生や増加
をもたらす。その結果，酸素が不足することにより，魚類などの大量死に至
る。　2．正しい。植物の根から吸収されたアンモニアは，その植物の中で，
アミノ酸，タンパク質などの有機窒素化合物の合成に利用される。　3．誤
り。低次の消費者は，高次の者に比べると，個体数，エネルギー量，生体量
のいずれも大きくなる。　4．誤り。植物プランクトンや光合成細菌は，生産
者に含まれる。　5．誤り。酸性雨と富栄養化の説明が混同されている。酸性
雨が湖沼にもたらす影響は，硫黄酸化物や窒素酸化物が溶け込んだ雨により
湖沼が酸性化し，魚などが減少することである。一方，富栄養化が湖沼にも
たらす影響は，生活排水が大量に流入することで，湖沼に元から存在する栄
養塩類の濃度が増加し，プランクトンなどが異常発生することである。

| 自然科学 | 地 学 |

　地学の分野では，高校までの内容が出題される。出題形式としては，ほとんどの問題が基本的な知識を問う正誤問題や穴埋め問題で，計算問題はごく一部である。中学の学習内容が最も役に立つ分野といえるので，高校地学の勉強が困難な場合は，中学地学から取り組むのもよい。以下に，それぞれの単元の最重要事項をまとめるので，優先的に取り組んでほしい。

　「地球の外観と活動」に関する内容として，まずは地殻や境界面の種類や特徴をしっかり覚えること。そのうえで，プレートやマントルなど，「地震」や「火山活動」につながる仕組みについて理解しよう。その他にも，ジオイドや重力の定義の理解，扁平率の計算などが出題されやすい。「地震」では，P波とS波の違いや震度とマグニチュードの違いについて理解するとともに，地震波の速度・震源からの距離・地震発生時刻の計算ができるようにしたい。「火山活動」を理解するためには，まずは「火成岩の分類」を完璧に覚える必要がある。鉱物組成の違いがマグマの粘度の差となって現れ，火山の形や活動様式の違いにつながっていく。

　「地球の歴史」に関する問題としては，地質年代を代表する生物の名称，大量絶滅などの出来事について，時系列で整理しておこう。また，示相化石や示準化石についても狙われやすい。

　「大気と海洋」については，「大気」に関する内容に優先的に取り組もう。日本の季節，前線の種類と特徴，台風の定義などは頻出である。また，フェーン現象を題材とした乾燥断熱減率・湿潤断熱減率を使った温度計算や，相対湿度の計算をできるようにしよう。その他にも，風の種類や大気圏の層構造について問われることがある。「海洋」については，エルニーニョ現象が起こる仕組みが頻出である。

　「宇宙」に関する問題としては，まずは地球から見て恒星・惑星・月・星座などがどのように見えるかを完璧に覚えよう。また，南中高度の計算もできるようにしておくこと。次に，「太陽や太陽系の惑星」について，それぞれの特徴を押さえよう。特に，地球型惑星と木星型惑星の違い，金星の見え方な

どが頻出である。会合周期の計算もできるようにしておきたい。さらに，「太陽系外の宇宙の構造」として，HR図を使った恒星の性質の理解，恒星までの距離と明るさの関係などを知っておこう。

　本書に限らず，できるだけ多くの公務員試験の問題に触れ，解いた問題を中心に知識を増やしていこう。出題傾向がつかめたら，大学入試センター試験や大学入学共通テストから類題を探すのもよい。

☞ **狙われやすい! 重要事項** ....

☑ **太陽系**
☑ **地球の運動**
☑ **大気と海洋**
☑ **地球の内部構造**
☑ **地震**

《 **演 習 問 題** 》

[1] **岩石に関する記述として，誤っているものはどれか。**

1　大地を形成する岩石は，火成岩，堆積岩，変成岩に大別される。このうち，火成岩はその生成過程により，火山岩，深成岩に分類される。

2　火成岩のうち，マグマが地殻の深部でゆっくり冷えて固まってできた岩石を深成岩とよび，カコウ岩やセンリョク岩などがある。

3　火山岩と深成岩の組織を比べると，火山岩が等粒状であるのに対し，深成岩は斑状になっている。

4　岩石を，化学組成により分類した場合，それぞれのSiO_2を含む割合によって，その多い順に酸性岩，中性岩，塩基性岩などに分類することができる。

5　酸性岩は白っぽく見えるが，塩基性岩は黒っぽい。

2　太陽系における地球型惑星（地球，水星，金星，火星）と木星型惑星（木星，土星，天王星，海王星）を比べたとき，正しいのはどれか。

1　各々の半径および質量は，木星型惑星より地球型惑星のほうが小さいが，平均密度は地球型惑星のほうが大きい。

2　各々の質量は，地球型惑星が太陽に近いものほど，木星型惑星が太陽から遠いものほど小さくなる。

3　各々の自転周期は，木星型惑星より地球型惑星のほうが短い。

4　各々の軌道平均速度は，地球型惑星が太陽に近いものほど，木星型惑星が太陽から遠いものほど小さくなる。

5　各々の扁平率（（赤道半径－極半径）÷赤道半径）は，木星型惑星より地球型惑星のほうが大きい。

3　地震に関する以下の記述で，正しいものの組み合わせを選べ。

A　震度は各地での地震の揺れの大きさを表すが，震度は0から7までの10段階に分かれている。

B　地殻とマントルでは地震波の進む速度はマントルの方が速い。

C　地震波にはP波，S波，表面波があるがP波が最も速く，S波が最も遅い。

D　地震のエネルギーを表すマグニチュードは1大きくなると約32倍のエネルギーとなり，2大きくなると約64倍のエネルギーとなる。

　　1　A・B　　2　A・C　　3　A・D　　4　B・C　　5　B・D

4　寒冷前線が気温に与える影響について，最も妥当な記述はどれか。

1　寒冷前線が近づくと気温は下がり，通過後，また元の気温にもどる。

2　寒冷前線は，温暖前線のような変化はなく，気温の変化はほとんどない。

3　寒冷前線が近づくと気温は下がり，通過後もその気温は変わらない。

4　寒冷前線が近づくと気温は上がり，通過後気温は下がる。

5　寒冷前線が通過すると，気温が激しく変化し，上昇するとも下降するとも一概には言えない。

5　太陽に関する記述として，最も適当な記述はどれか。
1　太陽をおおう大気の最外層を彩層とよび，弱い光を発して，黒点の多い時期にはほぼ円形になり，少ない時期には楕円形になっている。
2　太陽面上の暗い斑点状の点を黒点とよび，温度は，その周辺に比べると低く，平均して約11年を周期として増減している。
3　太陽のまわりでは，絶えず赤い炎が高く吹き上げられたり下降したりしている。この部分をプロミネンス（紅炎）とよび，組成成分は水素，ヘリウム，カルシウムなどの軽い元素のみである。
4　太陽の大気の最下層部分をコロナとよび，太陽表面から非常に速く飛び出す赤く輝くガスの集合である。
5　太陽をおおっている大気を含めた全体を光球とよび，中心部が暗く，周辺部は明るい。

6　大気圏に関する記述として，最も妥当なものはどれか。
1　大気圏は地表から1000km以上の高空まで広がっており，下から順に，対流圏，電離圏，中間層，成層圏に分けられる。
2　対流圏では，雲，雨，台風，前線活動，雷などの天気現象が見られる。しかしながら，これは対流圏特有の現象ではない。
3　約10kmから約50kmの成層圏には，太陽からの紫外線を吸収するオゾン（O_3）を多く含むオゾン層がある。
4　中間圏の気温は，上層になるに従って上がり高度90kmでは摂氏約80度になる。
5　熱圏には，電子密度が極小となるいくつかの電離層が存在する。

7　日本上空の気団と気候に関する記述として，最も妥当なものはどれか。
1　小笠原気団は，夏に到来する気団であり，気団の発達によって，高温で乾燥した季節風が日本列島に吹く。
2　揚子江気団は，移動性低気圧，温帯低気圧を発達させ，日本に高温多湿な気候をもたらす気団である。
3　オホーツク海気団は，主に春・秋に日本に到来する低温で乾燥した気団であり，停滞前線となって，日本上空に停滞することがある。
4　シベリア気団は，主に冬に日本へ到来する低温で乾燥した気団であり，「西高東低」の気圧配置をとることが多い。

5 赤道気団は，主に夏になると日本に到来し，高温で乾燥した気候をもたらす気団である。

8 火山活動に関する記述として，最も妥当なものはどれか。

1 火山は，全て地下の粘性の小さいマグマが地表に噴出したものである。
2 火山噴火によって，火山地域には必ず陥没地形（カルデラ）が生ずる。
3 火山の噴火は，大陸地域には起こらない。
4 盾状火山をつくるマグマは，玄武岩質である。
5 火砕流は，流紋岩質マグマより玄武岩質マグマの活動に多い。

9 月はいつも同じ面を地球に向けている。このことを説明する事象として，正しいものはどれか。

1 月の公転周期が地球の自転周期に一致する
2 月は自転も公転もしていない
3 月の自転周期と月の公転周期が一致する
4 月の自転周期が地球の自転周期に一致する
5 月の公転周期が地球の公転周期に一致する

《 解 答 ・ 解 説 》

1 3

解説 3.は「火山岩」と「深成岩」の説明が逆である。火山岩は斑状組織，深成岩は等粒状組織をもっている。

2 1

解説 1．正しい。木星型惑星は主に気体でできているが，地球型惑星の表面は固体である。この違いが，大きさや密度の違いに関わっている。　2．誤り。惑星を太陽から近い順に並べると，水星，金星，地球，火星，木星，土星，天王星，海王星となるが，最も大きいのは木星であり，土星，天王星，海王星，地球，金星，火星，水星と続く。よって，地球型惑星については，太陽からの距離と大きさの間には規則性はない。　3．誤り。自転周期は，木星型惑星のほうが短い。　4．誤り。いずれの型の惑星でも，軌道平均速度は太陽からの距離が遠いほど小さい。　5．誤り。扁平率は，地球型惑星より木星型惑星のほうが大きい。

3 1

解説 A．正しい。震度5と6には強と弱があり計10段階である。　B．正しい。マントルは圧力などの要因により地殻に比べて岩石どうしが密着しており，弾性定数が大きく，硬いので，地震波が伝わりやすく速度が速くなる。C．誤り。P波が最も速く，次いでS波，表面波は最も遅い。　D．誤り。マグニチュードが1大きくなると約32倍になることは正しいが，2大きくなると $32 \times 32 \fallingdotseq 1000$ 倍になる。

4 4

解説 ある地点を温帯低気圧が通過する際には，先に温暖前線が近づき，これが通過することで気温は上がる。このとき，その地点には後からくる寒冷前線が近づいており，寒冷前線が通過するとその地点の気温は下がる。以上より，正解は4。

5 2

解説 1. 誤り。彩層の外側にはコロナという真珠色の層がある。 2. 正しい。太陽の表面温度は約6000Kであるが，黒点では1500～2000Kほど低温である。 3. 誤り。プロミネンスとは，太陽表面から飛び出す赤いガスであり，カルシウムは含んでいない。 4. 誤り。コロナより彩層の方が下層である。 5. 誤り。太陽は中心部が最も明るく，周辺部ほど暗い。また，光球とは光を出している厚さ約500kmの層のことである。

6 3

解説 1. 誤り。大気圏は下から，対流圏，成層圏，中間圏，熱圏の順である。 2. 誤り。天気の変化は，対流圏で起きる現象である。 3. 正しい。オゾン層が太陽からの紫外線を吸収することにより，成層圏は高度が高くなるほど気温が上昇する。 4. 誤り。中間圏の気温は，高度が高くなるほど下降する。 5. 誤り。熱圏にある電離層は，電子密度が高い層である。

7 4

解説 1. 誤り。小笠原気団は，海洋性の高温湿潤な気団であり，この気団により日本の天気は，高温で湿度が高い日が続くことが多くなる。 2. 誤り。揚子江気団は，直接日本に到来するのではなく，気団の一部が偏西風に乗せられて日本列島を西から東へと代わる代わる横断し，天気を周期的に変化させる。 3. 誤り。オホーツク海気団は海洋性なので多湿な気団である。また，オホーツク海気団と小笠原気団の勢力がつり合った状態になることで，停滞前線が作られ日本列島に梅雨をもたらす。 4. 正しい。シベリア気団の影響により，日本では冷たい北西風が吹き，これにより日本海側では雪が多くなる。 5. 誤り。赤道気団は海洋性なので多湿である。また，主に台風の時期に日本に到来する。

8 4

解説 1. 誤り。粘性の大きなマグマが地表に噴出してできた火山もある。 2. 誤り。カルデラが生ずるのは，粘性の大きなマグマが噴出する火山地域である。 3. 誤り。火山の噴火は，大陸でも海底でも起こっている。 4. 正しい。玄武岩質マグマは粘性が小さく，盾状火山をつくる。 5. 誤り。火

砕流は，粘性が非常に大きな流紋岩質マグマの活動により多く発生する。

9 3

解説 月は地球の周りを1回公転するごとに，1回自転しており，月の公転周期と月の自転周期が一致している。その自転周期は27.3日で，地球より長い。

第4部

文章理解

- 現代文
- 英　文

文章理解　　現代文

||||||||||||||||||||||||||||| **P O I N T** |||||||||||||||||||||||||||||

　長文・短文にかかわらず大意や要旨を問う問題は，公務員試験においても毎年出題される。短い時間のなかで正解を得るためには，次のような点に注意するのがコツである。

① 全文を，引用などに惑わされず，まず構成を考えながら通読してみること。

② 何が文章の中心テーマになっているかを確実に把握すること。

③ 引続き選択肢も通読してしまうこと。

④ 選択肢には，正解と似通った紛らわしいものが混ざっているので，注意すること。

⑤ 一般に本文中にも，選択肢と対応した紛らわしい要素が混ざっているので，これを消去すること。

　こうすると，5肢選択といっても，実際には二者択一程度になるので，後は慌てさえしなければ，それほど難しいものではない。

《 **演 習 問 題** 》

1 **次の文章の内容と一致するものとして，適当なものはどれか。**

　西欧のブルジョワ家族はその子供を外社会から隔離することによって，近代的自我を培養したのである。ところが日本の近代社会では，家族のなかにおいてではなく，家族に反逆することによって近代的自我が成長したのだ。それは日本の家族が密室ではなかったからである，というほかはない。日本の家屋が外界の風や気温の侵入を防ぐのに適していないように，世間の世論や権力の支配は自由に〈家〉のなかにはいってくる。家族は他の家族と避けがたい連帯の組織の中に織り込まれている。家族間にはプライバシーを相互に保障しあう黙契が十分に制度化されなかった。

1　近代的な自我の成長の有無が，西欧人と日本人を隔てる特質であった。

2　日本の家屋には，外の気候による害悪を防ぐのに適した工夫が施されていた。

3　西欧における近代的自我の成長は，その家族がブルジョワに属するか否かにより，異なっていた。

4　親が子の自主性を尊重する姿勢こそが，望ましい自我の成長に不可欠の要素であった。

5　日本における近代的自我は，西欧とは異なり，家族に反逆することによって成長した。

2　次の文章の要旨として，最も適当なものはどれか。

　人間は，常に行為しなければ，生きてゆくことができませんが，このさい重要なのは，人間がみずからの自由によってその行為を選択しなければならないということです。人間は行為を選択する自由をもっています。われわれは，ひまさえあれば寝て暮らすこともできます。また，寸暇を惜しんで，勉強したり，仕事に打ち込んだりすることもできます。われわれは，日常行っている一つ一つの行為を，すべてみずからの自由によって決断し，選択しているのです。

　この点に，おそらく，他の動物と人間とのあいだの本質的な相異があるといえましょう。人間以外の動物は，ただ本能によって行動しているだけで，自由によってその行動を選択しているわけではありません。どうして人間だけがこのように行為をみずから選択する自由をもっているのかということは，おそらく，もはや人間の解きえない問題であるといわなければならないでしょう。しかし，とにかく，人間が自由をもっており，それによって行為を選択しているということは，否定することのできない事実だといわなければなりません。

1　人間にとって大切なことは，無為に日々を過ごすことなく，勉強や仕事などの有益な活動に時間を費やすことである。

2　自由や選択といった人間の本質を探究する上で重要なことは，人間と動物はともに本能の主体であるという共通点を見出すことである。

3　人間の本質の探究において，解きえないという問題を設定してはならない。

4　自由そのものの価値を再検討するために，選択の基準についての探求を怠ってはならない。

5　人間は，他の動物と異なり，自ら行動を選択する自由を持ち，その決断によって行為し，生きている。

3 次の文章の内容と一致するものとして，適当なものはどれか。

　今の日本に生きる私たちは楽しむことに事欠かないように見える。楽しむことはおおっぴらに奨励され，楽しむための技術はさまざまに工夫され，それは人生の唯一の目的であるかのようにも装われている。それが単に楽しみを売る商業主義の結果だけでないことは，反体制的な若者たちもまた，物質に頼らぬ質素な生活の楽しさを求めてさまよっているのを見ても分かるだろう。

　だがその同じ私たちが，一篇の詩を本当に楽しんでいるかどうかは疑わしい。詩に限らず，文学，芸術に関する限り，私たちは楽しさよりも先ず，何かしら〈ためになること〉を追うようだ。楽しむための文学を，たとえば中間小説，大衆小説などと呼んで区別するところにも，自らの手で楽しむことを卑小化する傾向が見られはしまいか。感覚の楽しみが精神の豊かさにつながっていないから，楽しさの究極の評価とし得ないのだ。

1　日本において，感覚の楽しみと精神の豊かさの間には，断絶が存在する。
2　日本において，楽しむことに重きを置いた文学は，最も崇高な地位が与えられている。
3　楽しむことができる人生をもたらしたものは，急速な経済成長である。
4　物質に頼らぬ質素な生活の楽しさを求める生き方は，古い時代に固有のものである。
5　中間小説や大衆小説は，日本古来の文学と本質的な差異のないものである。

4 次の文章の内容と一致するものとして，最も適当なものはどれか。

　ヘシオドスは，歴史に名前が残っている最古の個人の一人である。ホメロスはもう少し古いが，なかば伝説上の人物で，その具体的な姿はさだかでない。また，5000年前の王の名前が残っていても，それを個人の名前と同列に考えるわけにはいかない。詩人や哲学者の名前が出てくるのはやはりギリシアが最も早く，中国で孔子，墨子などが出てくるのはさらに2，300年後のことである。こうした個人の活躍は，ギリシアのポリスのような都市国家が成立し，市場経済と交易のネットワークが広がり，そこで市民が個人として活躍するようになったことと関係がありそうである。

　『仕事と日々』の中で，ヘシオドスはこういっている。人間は安楽と平安を求める。太古の時代にはそれがあったのに，今はなくなっており，人間は労苦と悲しみから逃れることができない。それはなぜか。神々がケチで，人間から生活の手段を隠し，簡単には手に入らないようにしたからである。

1　ヘシオドスによれば，人間が労苦と悲しみから逃れることができないのは，各自がぜいたくを求めるようになったからである。
2　人間が安楽と平安を求めるのは，人間が堕落したことの表れである。
3　市場経済と交易のネットワークの発展は，社会の中に個人を埋没させてしまった。
4　中国の思想家と西洋の哲学者を比較すると，明らかに後者の方が優れていた。
5　ホメロスが半ば伝説上の人物である一方，ヘシオドスは，歴史上に名前が残っている最古の個人の一人である。

5　次の文章の内容と一致しているものとして，最も適当なものはどれか。

　かつて私たちの祖先は，自然の美しさに目を奪われ，自然を模倣しながら装飾することの愉しさを知り，絵画や彫刻によって創造の喜びを知ったのである。現在の抽象絵画や現代造形の原点も，とどのつまりは自然の美に在るという創造の基本理念を，忘却してしまったのではないだろうか。
　もうひとつ，自然と人間の関係が薄れた理由は，私たちが自然と接する機会が少なくなり，自然のすばらしさや美しさを実感することさえ忘れてしまったということが挙げられる。IT（情報技術）が産業界の中枢となった現代社会では，コンピュータや映像メディアが氾濫し，人々は自然との直接体験よりも，プリント・メディアや映像メディアを通した二次元的な情報選択との接点が圧倒的に多くなり，また，こうした情報収集で満足してしまうのである。さらにテレビゲーム，コンピュータ・グラフィックス，インターネットの映像情報が，現実との境界を曖昧にしてしまった映像のバーチャル化が，人々に自然を受け入れる余裕さえ，見失わせてしまったのである。

1　現代における映像情報や，そのあり様の変化などは，人々が自然を受け入れる余裕を失わせてしまった。
2　二次元的な情報収集が一般化すると，人々は直接体験を渇望するようになる。
3　自然を模倣することは，新たな創造には繋がらず，単なるコピー文化を生み出すのみである。
4　情報産業が発達した今日でも，日本における産業の中心は，モノづくりをはじめとした製造業である。
5　誰でもいる場所に関わらず，容易に情報にアクセスできるユビキタス社会の進展は，デジタル・デバイドと呼ばれる情報格差を縮小させつつある。

6 次の文章の内容と一致しているものとして，最も適当なものはどれか。

　恵まれすぎた環境にいるとそれに慣れてしまい，住んでいる人がその「豊穣」なるものに感覚的に気がつかない，という現象を生む。

　水循環に恵まれ，世界でも稀な「水飢饉」の心配が殆どない国という「しあわせ」は，おしよせてくる世界規模の「水飢饉」に対して，危機感のないぶん「脆弱」である。

　何ひとつ不足や不満のない生活をしている人が，ひとたび飢餓に追いやられたときの衝撃が大きいように，当面の「水問題」を考えると，いま日本はそういう「間抜けな裕福」から「深刻な危機」に否応なしにじわじわ追い詰められている状態にあるといっていいかもしれない。

　国の政策により川がさまざまな理由でダムや堤防の建設や流路のショートカット，河口付近の干拓などの人工化を強いられている。そうした問題が数々露呈してきて，都市や地方など住む地域を問わず，この国に住む人々がようやく問題の深刻さに気づき始めた。

1　豊かに作物が実るような環境に身を置いている人々は，豊穣という感覚に敏感になる。

2　ダム，堤防，干拓など川や河口に手を加えず放置する政策が，水に関する問題を複雑化する要因となっている。

3　日本では，あらゆる地域に住む人々が，水に関する問題の深刻さに気づかざるを得ない状況が進行している。

4　諸問題に対する危機感は，危機にさらされ続けることによって減退せざるを得ない。

5　日本人は，様々な知恵や力を結集することによって，危機的な状況から，裕福感を感じることができる環境に変化させてきた。

7 次の文章の内容と一致するものとして，最も適当なものはどれか。

　少子高齢化が問題なのは，人間社会だけではないらしい。森林も少子高齢化が進むという。

　戦後に植林され成長した多くの木々が山に残り，高齢化した。伐採が滞って，その跡に新たな木が植えられないから若木は少ない。放置された豊かな森林資源の有効活用が日本の大きな課題だ。

　こんな話を耳にしたのは，学童保育施設に関する勉強会だった。多くの施設が小学校の敷地などにプレハブで建てられてきた。勉強会は，施設の木造化を進めようと話し合う。岡山県学童保育連絡協議会の糸山智栄会長らが8月末から月2回，オンラインで開催し，全国の学童保育や建築，木材関係者らが参加する。

　一般的に公共施設がプレハブで新設されることはないだろう。だが，学童保育施設はおおむね仮設的な位置づけのままだった。「『仮設』なのに20，30年も使っている」との皮肉も聞かれる。

　岡山県内では，新築や建て替えの数が多い岡山市が2年前にプレハブから切り替えるなど，木造施設が広がり始めた。「夏は涼しく，冬は暖かい」「子どもが落ち着く」などと好評だ。

　子育てや少子化対策が重視され，学童保育は自治体の中核的施策になってきた。山で出番を待つ木々の活用と保育の質の向上。縦割り行政を超えて両者をマッチさせたい。二つの少子高齢化問題に同時に応えることでもある。

1　戦後に植林され成長した木々の多くは，急テンポで伐採されてしまい，森林資源の枯渇をもたらした。
2　8月末から，月2回のペースで，学童保育の関係者が一堂に会して，学童保育施設に関する勉強会が開かれている。
3　予算不足の中，多くの公共施設がプレハブで新設されることが増えた。
4　学童保育の重要性は，幼稚園と保育園の機能を一体化する幼保一元化の流れの中で議論されている。
5　学童保育施設は，仮設的な位置づけが続いたことから，プレハブで建てられたものが多かった。

[8] 次の文章の内容と一致するものとして，最も適当なものはどれか。

　サンマはかつて「下賤（げせん）な魚」として相手にされなかった。広く親しまれるようになったのは江戸中期あたりからのようだ。戦後は集魚灯を使う漁法が中心となり水揚げがぐんと増えた。気軽に味わえる「秋の味覚」。それがサンマだった。

　ところが近年は不漁が深刻化。昨年の漁獲量はピークの1割に満たない。本来の漁場である日本近海は地球温暖化もあって海面水温が高く，遠く離れた公海に漁場ができている。だが燃料代と時間をかけ漁に出ても水揚げは少ない。昨秋は船の転覆事故も起きた。「遠くに出るのがおっかなくなった」と漁場の近いイワシ漁に替えた船長もいた。

　温暖化で今世紀中，1次産業に深刻な影響が出るとの国の報告書がある。漁場が遠くなったサンマは小ぶりになる。サケ・マス類も日本周辺の生息域が縮小。2040年代は1等米も減り経済的損失が大きくなる。

　舌に残ったワタの苦味のように何とも苦い予測だ。皿の上で骨だけになった姿に，サンマを味わえるこの秋の幸せを思う。

1　サンマは古来より，日本を代表する高貴な魚として珍重されてきた。

2　イワシ漁と比較すると，サンマの漁場は大幅に港に近い場所にある。

3　サンマの本来の漁場は日本近海であったが，その海域における海水温の急激な低下によって，漁に適さない状況が続いている。

4　温暖化の影響により，一部の魚の日本周辺の生息域の縮小，米の質の低下などが予想されている。

5　海洋資源の枯渇のリスクから，国際機関は日本に対してサンマ漁を控えるように勧告している。

9 次の文の内容と一致するものとして，最も適当なものはどれか。

　ソクラテスは，アテナイの広場に出かけていき，そこで出会った市民をはしから挑発的な問答に引き込んだ。ソクラテスは，自分自身を，市民一人一人について回る虻に喩えている。まさしく不法侵入者である。ただし，ソクラテスの問答は，非常に変わったものだった。彼は，自分の見解，真理についての自分自身の見解を説いたりはしなかった。ソクラテスが行ったこと，それは，まず相手の命題を全面的に肯定した上で，その相手とのやりとりを通じて相手に考えさせ，結果として，相手をして，もともと彼が提示した命題を否定する反対命題を引き出させることだった。こうした問答を通じて，ソクラテスの対話の相手は，自分が最初に真理であると見なしていた命題が真理ではなかったことを納得する。

　しかし，ソクラテスは，なぜ，いきなり真理を説かずに，こんな方法を用いたのか。ソクラテス自身も，何が真理かを知らなかったからである。彼が，他の人より優っていたのは，ただ，自分も真理を知らないということを知っていたということに尽きる。この方法は，対話相手の思考を簡単には終わらせない。ソクラテスがもし真理を知っているのならば，相手は，その真理に到達した時点で，思考を終結させることができるが，ソクラテス自身も真理を知らないとなると，ソクラテスの域に達しても，探究は終わらない。ソクラテスは，相手の思考の触媒であることに徹している。だから彼は，自分の問答法を産婆術に喩えた。結局，対話相手は自分で自分の誤りの自覚に達しているのだから，放置しておけば彼が自然と同じ結論に達したかといえば，そんなことは絶対にないはずだ。ソクラテスという不法侵入者＝産婆が不可欠だったのである。

　1　ソクラテスが，自分の見解，真理についての自分自身の見解を説かないので，常に論争は平行線に終わっていた。
　2　不法侵入者ソクラテスの挑発的問答によって，相手は真理に到達することができた。
　3　ソクラテスは触媒の役割に徹することによって，相手の思考を継続させた。
　4　ソクラテスは，自分が真理を知らないことを，相手に悟らせなかった。
　5　ソクラテスは，何が真理かを知らなかったが，相手を挑発的問答に引き込むことで，真理に到達した。

10 **次の文章の内容と一致するものとして，最も適当なものはどれか。**

　皮肉な話だが，「知識」が「専門化」すればするほど，同時に人間は急速に「平均化」しつつあるといえる。人間が細分化され，人間性が失われて行くのと，並行して，他方ではそれを回復すると称して，空疎な政治スローガンがわれわれを偽りの常識に誘惑する。

　だが，文明の常識というものは，ほんらい人間にとって，ひとつの暗黙の了解のようなものではなかっただろうか。自然の感じかた，起居動作の作法，基本的なモラルの感情など，いずれも言葉に出して教えられぬものが文明の根底にある。それはあらゆる専門知識のまえにあり，それどころか，人間が常識的に行うすべての行為の以前にある。人間をほんとうに根底から支配するものは，けっきょくは知識に過ぎないものの足し算ではなかったはずである。

1　知識の専門化と，人間の平均化は，同時並行で進むものではない。

2　人間性の回復を掲げる政治スローガンは，いずれも傾聴に値するものであり，新しい常識の構築のために不可欠である。

3　哲学や宗教への探究を怠ってきた近現代の人類にとって，人間の平均化は不可避なものである。

4　言葉に出して教えられないものが文明の根底にあり，文明の常識は，暗黙の了解のようなものである。

5　様々な議論はあるが，人間を根底から支配するものは，結局，知識の総和である。

11 **次の文章について，空所（　A　）に共通して入る語句はどれか。**

　他人という日本語は不思議な言葉である。それは文字通りには，他の人ということであるが，しかし実際に自分以外の他の人を意味するためには他者という新しい言葉がつくられていて，それとは違う特殊な意味合いが他人という言葉には含まれている。他人という言葉を辞引きで引いてみると，第一に「（　A　）のない人」とあり，第二に「無関係な人」と出ている。すなわち他人の本質は第一に（　A　）がないということであり，まさしくその意味で親子は他人ではない。しかし夫婦や兄弟のように親子関係を媒介としての連なりは，「夫婦も元は他人」とか「兄弟は他人の始まり」といわれるように，他人としての性格を潜在的にそなえていることになる。

いいかえれば夫婦は今は関係があるが，元は無関係であったから，元は他人なのであり，兄弟もその中に無関係となるかもしれないので，他人の始まりなのである。これに反して親子が他人となれないのは，両者の絆が分かちがたいからだろう。

　　1　地縁　　2　良縁　　3　血縁　　4　因縁　　5　因果

《 解 答 ・ 解 説 》

1 5

解説　作田啓一『恥の文化再考』より。　1．誤り。第1文において西欧人の近代的自我の培養について述べられ，第2文において日本人の近代的自我の成長について述べられていることから，「有無」を前提にした選択肢の記述は誤りである。　2．誤り。「日本の家屋が外界の風や気温の侵入を防ぐのに適していない」と述べられている。　3．誤り。西欧のブルジョワ家族については述べられているものの，西欧におけるブルジョワに属さない家族については触れられていない。　4．誤り。「親が子の自主性を尊重する姿勢」については触れられていない。　5．正しい。第2文の内容と一致している。

2 5

解説　岩崎武雄『哲学のすすめ』より。　1．仕事や勉強については，選択の一例として示されているものの，選択肢のような価値判断はしていない。2．本文では，むしろ，人間と他の動物の違いが強調されている。　3．人間がなぜ選択する自由を持つのかという問題は，解きえない問題であるとされている。　4．選択肢の内容は，本文で触れられていない。　5．正しい。書き出しの部分，強調されている部分，結論部分において，人間の自由な行動の選択について述べられている。

3 1

解説　谷川俊太郎『楽しむということ』より。　1．正しい。最後の文の内容と一致している。　2．誤り。筆者は，楽しむための文学を区別することについて，「楽しむことを卑小化する傾向」と結びつけて論じており，「崇高な

地位が与えられている」とはいえない。　3．誤り。急速な経済成長については，本文において触れられていない。　4．誤り。物質に頼らぬ質素な生活の楽しさを求めることについて，筆者は，古い時代に固有なものとは評価しておらず，反体制的な若者たちを例に挙げ，今日でもみられるとしている。5．誤り。本文において，「日本古来の文学」については触れられていない。

４ 5

解説 竹内靖雄『経済思想の巨人たち』より。　1．誤り。ヘシオドスによれば，人間が労苦と悲しみから逃れることができないのは，神々が生活の手段を隠したからである。　2．誤り。人間が安楽と平安を求めることについて，否定的にとらえたり，「堕落」としたりしている記述はない。　3．誤り。本文では，むしろ，市場経済と交易のネットワークの広がりと，個人としての活躍との関連性が論じられている。　4．誤り。哲学者や思想家について論じた内容は含まれていない。　5．正しい。本文の冒頭の内容と一致する。

５ 1

解説 三井秀樹『形の美とは何か』より。　1．正しい。文章の最後の一文の内容と一致している。　2．人々は映像メディアを通じた二次元的な情報収集で満足してしまうと述べられている。　3．自然の模倣については肯定的に述べられており，装飾や創造の原点とされている。　4．産業界の中枢は，IT（情報技術）が中心であると述べられている。　5．ユビキタス社会やデジタル・デバイドについては本文で触れられていない。

６ 3

解説 椎名誠『水惑星の旅』より。　1．作物については書かれておらず，また，恵まれた環境に慣れると，豊穣なるものに気づかないと述べられている。　2．最終段落で，人工化が強いられていることと，それに伴う問題点について述べられており，手を加えずに放置されているわけではない。　3．正しい。課題文の最後の方と内容が一致している。　4．第2段落では，危機感がないとその対策が脆弱にならざるを得ない旨が述べられている。　5．間抜けな裕福から深刻な危機に追い詰められていると述べられている。

7 5

解説 山陽新聞『滴一滴』2020年10月19日より。 1.誤り。第2段落のはじめに、戦後に植林され成長した多くの木々が山に残ったこと、放置された豊かな森林資源の活用が課題となっていることが述べられている。 2.誤り。第3段落によれば、勉強会はオンラインで開かれている。 3.誤り。第3段落において、「一般的に公共施設がプレハブで新設されることはないだろう」との記述があるので、選択肢の内容は誤りである。 4.誤り。幼保一元化については触れられていない。 5.正しい。第4段落にプレハブで建てられた理由として、仮設的な位置づけが続いたことが挙げられている。

8 4

解説 秋田魁新報『北斗星』2020年10月19日より。 1.誤り。第1段落において、サンマがかつて「下賤な魚」として相手にされなかった旨が述べられているので、選択肢の「高貴な魚として珍重」との記述は誤りである。 2.誤り。第2段落の最後の部分から、イワシ漁の漁場の方がサンマ漁の漁場よりも近いことが読み取れる。 3.誤り。第2段落において、日本近海の海水温の高さもあり、遠く離れた公海に漁場ができている旨が述べられている。 4.正しい。第3段落に書かれている内容と一致する。 5.誤り。海洋資源の枯渇のリスクや、国際機関の動きについては、本文中において触れられていない。

9 3

解説 大澤真幸『思想の不法侵入者』より。 1・5.本文に合う記述はない。よって誤り。 2.本文に記述がないが、第1段落最終文に反するので誤り。 4.「悟らせなかった」かは本文からは読み取れない。よって、正解は3。

10 4

解説 山崎正和『混沌からの表現』より。 1.誤り。本文では、知識が専門化するほど、人間が平均化しつつあると述べられている。 2.誤り。筆者は、人間性を回復すると称する政治スローガンについて、空疎なもの、偽りの常識に誘惑するものなどと評価している。 3.誤り。哲学や宗教への探求

については本文中において触れられていない。　4．正しい。第2段落の内容と一致している。　5．誤り。最後の文の内容と一致しない。

11 3

解説　土屋健郎『「甘え」の構造』より。他人についての定義について述べられているが，その後に，「親子」「兄弟」を例に挙げながら考察されているため，「血縁」が最も適切である。その土地における古くからの縁である「地縁」，好ましい縁を表す「良縁」，事物の原因と結果などを意味する「因縁」や「因果」は，いずれにしても不適切である。以上より，正解は3である。

文章理解 　　　英 文

英文解釈は，公務員試験における英語の中心となるものである。書かれて
ある英文の内容を正しく理解するためには，主語，述語，目的語，補語とい
う英文の要素をしっかりおさえるとよい。

「主語＋述語動詞」に注目しよう。どれほど修飾語句で飾られた文でも，ま
たどれほど難語，難句でかためられた文でも，裸にすれば，主語と述語動詞
の2つが残る。だから英文を読む時には，まずその主語をつきとめ，次にその
主語に対する述語動詞をさがし出すことである。そして自分の持つ関連知識
と常識力を総動員して全体を理解するよう努めることである。つねに「主語
＋述語動詞」を考えながら読もう。

《 演 習 問 題 》

1 次の英文の内容と一致するものはどれか。

I have a friend who jogs deep into the night before he goes to bed.
I would not recommend this to anyone but he swears by it as the surest
way to keep his weight down.

Be that as it may, he is a typical night owl, and he goes out for his jog at
around 1 or 2 a.m. His route takes him through a residential neighborhood
in Tokyo. Which is dark and silent at such an hour. When I told him it
must be rather boring to be on dark and deserted streets, he came back
with an unexpected reply. He said there are all sorts of smells, suddenly
wafting out of the darkness, that never fail to fascinate him.

Just a while ago, he explained, it was the sweet fragrance of booming
kinmokusei (fragrant olive) flowers. And to his surprise and delight, he
would encounter the smell at various points along his route.

1　寝る直前や起きた直後にジョギングをすることは，最も効果的なダイエットである。

2　夜間のジョギングは，昼間の感覚とは違う形で芳香を感じることができる。

3　夜間にジョギングしてみると，東京の住宅街は午前1時から2時頃になっても眠らない街となっていることが感じられる。

4　風景が良く見えないコースを走ることは，面白みに欠けるものである。

5　キンモクセイの植生は，限定されているためその匂いに出合えることは稀である。

② 次の英文の内容と一致するものはどれか。

Our education system is predicated on the idea of academic ability. And there's a reason. Around the world, there were no public systems of education, really, before the 19th century. They all came into being to meet the needs of industrialism. So the hierarchy is rooted on two ideas.

Number one, that the most useful subjects for work are at the top. So you were probably steered benignly away from things at school when you were a kid, things you liked, on the grounds that you would never get a job doing that. Is that right? Don't do music, you're not going to be a musician; don't do art, you won't be an artist. Benign advice -- now, profoundly mistaken. The whole world is engulfed in a revolution.

And the second is academic ability, which has really come to dominate our view of intelligence, because the universities designed the system in their image. If you think of it, the whole system of public education around the world is a protracted process of university entrance. And the consequence is that many highly-talented, brilliant, creative people think they're not, because the thing they were good at at school wasn't valued, or was actually stigmatized. And I think we can't afford to go on that way.

1　学校教育において重要なことは，幼少期から個人の才能を伸ばすような教育プログラムを組むことである。

2　世界中に広がる現在の学校教育制度は，大学に入るためだけではなく，個人の才能を開花させるために制度化された。

3　現代の教育制度において，科目の優劣は2つの学術的な要請から判断されている。

4　制度全体が作り上げられた19世紀以前にも，世界中の様々な場所で公
教育が行われていた。
5　現代の教育制度は，学者を育てるために作られているようなものである。

3　次の英文の内容と一致するものはどれか。

　The Sino-Japanese word *buke*[1] or *bushi*[2] came into common use in
Japan. The words mean "fighting knights[3]," who were a privileged class.
Originally they must have been a rough breed whose work was fighting.
They were selected in a natural way. Only the strongest survived over
periods of constant war. To borrow Emerson's phrase, they were "a rude
race, all masculine, with brutish strength." They had many advantages,
great honor and heavy responsibility. Soon they felt the need of a common
standard of behavior, especially since they were always fighting and
belonged to different clans. They were in need of some measure by which
to be judged such as fair play in fight, a primitive sense of childhood
morality. Is this not the root of all military and civic virtue? The British
boy had two ideals: 1) never bully a smaller boy and 2) never run away
from a bigger one. This is the basis on which very strong morals can be
built. This is the basis on which the greatness of England was built. The
same was true of Bushido.
[1] 武家　　[2] 武士　　[3] 戦う騎士
　1　イギリスが育んだ強い道徳心をつくる原則は，武士道とは異なるもので
あった。
　2　特権階級に選抜された者達は，名誉や責任感が欠如していた。
　3　イギリスの少年に求められる規範のうちの一つは，どんなことがあって
も争いをしてはならないということである。
　4　「戦う騎士」とは，特権階級に属する者を指し，元々は戦いを仕事とす
る粗野な生まれの者たちを指す言葉である。
　5　「武家」や「武士」という言葉は，日本から中国へと伝わり，広く使われ
るようになった。

4 次の英文の空所ア〜ウに入る語句の組み合わせとして適切なものはどれか。

Bushido made the sword its symbol of power and bravery in battle. Very early the samurai boy （　ア　） to use it. For him it was a thrilling moment when, at the age of 5, he put on samurai dress and was given a real sword in place of the toy he had been playing with. From that time, whenever he went outside of his father's gates, he would wear it or a wooden one covered with gold as a symbol of his status. （　イ　） a few years he always wore the real sword but not a sharp one. Soon after that he was given the real, sharp swords. He would happily go out to try their blade edges on wood and stone. When he （　ウ　） a man at the age of 15, his actions were free from control and he carried swords sharp enough for any work. Just having the swords gave him the feeling and appearance of self-respect and responsibility.

	ア	イ	ウ
1	had	After	change
2	had	By	change
3	had	By	became
4	learned	After	became
5	learned	By	became

5 次の英文の内容と一致するものはどれか。

Japanese restaurant owners are frustrated by foreign tourists who make reservations and then don't show up.

The operator of a leading online dining website has come up with what it hopes is a solution.

Gurunavi will require overseas visitors to use their credit cards to make advance deposits when they book a table.

It will introduce the system in cooperation with two tour companies in China and Taiwan.

Gurunavi says the deposits are not refundable even if customers cancel their reservations in advance.

A restaurateur in Tokyo's Ginza district that's listed on the website says foreign tourists who make reservations online are sometimes no-shows.

"Cancellation without notice will cause food waste. We also have to save the seats for the reservations, when we could serve other customers."

Many tourists are expected during the Chinese Lunar New Year holidays starting later this month.

1　飲食店大手ウェブサイトの運営者は，テーブルを予約する際，クレジットカードによる前金の支払を必要とするシステムを考案した。

2　新しいシステムによれば，予約がキャンセルされた場合であっても，キャンセル料は発生せず，前金の支払があった場合には全額が払い戻される。

3　予約をしておきながら姿を見せない外国人旅行客の多くは，中国や台湾からの旅行客である。

4　外国人を受け入れる店の多くは，実際に来店してから料理を作り始めるシステムに変更した。

5　決済にあたってクレジットカードを用いる際に懸念されたのは，他人のクレジットカードを用いるなどの不正利用の増加であった。

6 次の英文の内容と一致するものはどれか。

On a given day, studies show that you may be lied to anywhere from 10 to 200 times. Now granted, many of those are white lies. But in another study, it showed that strangers lied three times within the first 10 minutes of meeting each other.

Now when we first hear this data, we recoil. We can't believe how prevalent lying is. We're essentially against lying. But if you look more closely, the plot actually thickens. We lie more to strangers than we lie to coworkers. Extroverts lie more than introverts. Men lie eight times more about themselves than they do other people. Women lie more to protect other people. If you're an average married couple, you're going to lie to your spouse in one out of every 10 interactions. Now, you may think that's bad. If you're unmarried, that number drops to three.

Lying's complex. It's woven into the fabric of our daily and our business lives. We're deeply ambivalent about the truth. We parse it out on an as-needed basis, sometimes for very good reasons, other times just because we don't understand the gaps in our lives.

1　研究によると，人々は，毎日10回から100回ほど周りの人に嘘をついている。

2　研究によると，性格が内向型の人は外向型の人よりもより嘘をつくことが判明した。

3　男女で比較した場合，男性は女性に比べ，他の人を守るためにより嘘をつく。

4　一般的に人は，見知らぬ人よりも職場の同僚など身近な人物によく嘘をつく。

5　初めて会う人同士は最初の10分で3回嘘をつくという研究結果もある。

7 次の英文の内容に合致しないものはどれか。

"This felt like an area where there might actually be a chance to make a difference. We're not an advocacy group, so we're not proscribing specific solutions. Our job as journalists is to hold the system accountable for doing its job," he said.

Since its launch in November 2014, The Marshall Project has published over 400 stories in partnership with around 60 news organizations.

It has brought readers inside New York's Rikers Island prison, confronted President Barack Obama about his record on pardons and commutations and shed light on how "implicit bias" affects the amount of time public defenders spend with their black clients.

1 記事中のジャーナリストの仕事は，その（刑事司法）制度について報道責任を果たすということである。

2 2014年の立ち上げ以来，マーシャル・プロジェクトは，約60のニュース配信団体と提携し，400以上の記事を発表してきた。

3 記事中のジャーナリストは，権利擁護団体での立場を利用し，特定の法律を排斥する運動をしている。

4 ニューヨーク市にあるライカーズ刑務所では，多数の受刑者が大統領の恩赦を受けた。

5 「潜在的な偏見」は，公選弁護士が黒人の被告に費やす時間に影響を与えるという事実がある。

8 次の英文の内容と一致するものはどれか。

　The Gushiken family was poor. His mother was a fish peddler, and Gushiken himself during his senior high school days boarded in a bathhouse in Naha City and polished floors. Since he became champion, he has built a house for his parents and has been taking care of his younger brother, but he himself continues to live a very simple life. It is said that he is telling himself, "I can enjoy myself and be extravagant after I retire. But while I am a boxer, I must devote myself completely to boxing."

　The charm of this 24-year-old young man lies in his natural, child-like simplicity. Even today, when he is called "The Star of Okinawa," he says, "Just before a fight, I feel scared. I'm scared, really scared!" His ability to bare his real face without embarrassment to dare to take chances may be Gushiken's strength.

1　具志堅氏がボクシングで成功したのは，指導者の教えを忠実に実行したからである。

2　具志堅氏は，チャンピオンになった後，自らのためにマイホームを新築した。

3　具志堅氏は，試合の直前に感じている恐怖感について吐露することもある。

4　具志堅氏は，高校時代にふろ屋で床みがきをしたが，それは，体を鍛えるために自ら申し出たからであった。

5　具志堅一家は裕福であったが，両親は，世の中の厳しさを教えるためにあえて最小限のお金しか渡さなかった。

9 次の英文の内容について説明した記述のうち，妥当なものはどれか。

Unlike Japan, Singapore is not known for having excellent service. Recently, however, I had the privilege of enjoying some of the best service I had ever had.

I was having brunch at a local dim sum place with my friends. It wasn't a swanky restaurant. Neither was it our top choice. We had gone there because the restaurant we had wanted to go to was fully booked.

We entered the restaurant through its adjoining bakery and waited for someone to attend to us. Everyone seemed busy. Finally we caught the attention of a waitress passing by, "Table for four," I said, preempting her question.

"Follow me." She led us briskly to a table. As we sat down, she said, "You actually came in by the back entrance. Use the front entrance next time.," She gestured towards the other end of the restaurant.

She did not bother with pleasantries, but it didn't feel rude.

With characteristic Singaporean efficiency, she had shown us our seats and given us solid advice.

1 シンガポールのサービスの良質さは，日本と同様，世界に知られていることである。

2 筆者らが接したウェイトレスの態度は，一般的な常識と比較すると，とても失礼なものであった。

3 筆者らがブランチを食べた店に入る際，正面入口ではなく，パン屋と隣接した裏口を使った。

4 文化圏が異なると，ジェスチャーの意味は異なるため，注意が必要である。

5 筆者らは，もともと行きたかったレストランに入ることができた。

《 解 答 ・ 解 説 》

1 2

解説 朝日新聞社『天声人語』1997.10.25より。（全訳）深夜，それも眠る
直前にジョギングをする友人がいる。効果のほどはわからないからお勧めも
しないが，本人はこれが最も確かなダイエット法だと信じている。

　それはともかく，夜型の彼が走る時刻は，午前1時とか2時。コースにして
いる東京の住宅街は暗く，静まっている。周りもよく見えないし，面白みに
欠けるだろうと思ったら，意外なことを教えてくれた。走っていると，さま
ざまなにおいの空間が暗闇から突然現れる，というのだ。

　少し前は，キンモクセイの芳香がそうだった。それも数地点で現れる。こ
こにも咲いているのか，と気づかされる。

　1．寝る直前のジョギングについては，第1段落2文目に，効果のほどはわ
からないとの記述がある。また，起きた直後のジョギングについては触れら
れていない。　2．第2段落最終文に，暗闇の中から突然漂ってくる匂いに心
を奪われる，と述べられていることから，選択肢の内容が正しいことが読み
取れる。　3．第2段落3文目の「dark and silent at such an hour」から，「眠
らない街」が誤りであるとわかる。　4．第2段落4文目と5文目に，著者が
「面白くないだろう」と言うと，友人から思いがけない返答があったと述べら
れている。よって，友人にとっては何か面白いことがあるとわかる。　5．キ
ンモクセイの植生が限定されているという記述は本文中にない。また，第3段
落最終文の「encounter the smell at various points」から，さまざまな場所
でその香りに出合えたことがわかる。

2 5

解説 TED Talks：Sir Ken Robinson「学校教育は創造性を殺してしまっ
ている」より。（全訳）今の教育制度は学者を育てるために作られています。
そこには理由があるのです。制度全体が作り上げられた19世紀以前に，世界
中どこにも公教育などはなく，教育制度は産業主義社会のニーズから生まれ
ました。科目の優劣は2つのことから決められました。

　1つは働くために有用な科目が最優先ということです。私たちが小学生の頃
習ったことや好きなこと，砂場遊びとか仕事に使えないことはおそらく敬遠

されたでしょう。砂遊びでは会社で雇ってもらえませんから。音楽もいけません。音楽家になるわけじゃないのだから。アートなんてしてはいけない，アーティストになんてならないのだから。心優しいアドバイスです。でもまったくもって間違っています。世界は今，変革の時にあります。

　2つ目は学力です。学校の成績だけがいまや知性だと思われています。大学側のイメージだけで教育制度を作ったからです。世界中に広がる今の学校教育が，大学に入るために敷かれた長い道のりなのです。その結果，無数の天才的で創造性溢れる人たちが「自分は才能がない」と感じています。学校は彼らの才能を評価しないどころか，ダメだと烙印を押してしまうからです。しかし，そんなことをしている余裕はないのです。

　1．誤り。本文中には記述されていない。また，筆者は現在の教育制度は，学生の才能を的確に評価できていないという欠点を指摘している。　2．誤り。第3段落1文目と2文目より，現代の教育制度は大学に入学するために作られたことがわかる。　3．誤り。第2段落1文目と第3段落1文目に，科目の優劣は，産業主義社会のニーズと学術的な要請の2つから判断されると示されている。　4．誤り。第1段落3文目に，19世紀以前には世界中どこにも公教育などはなかったと述べられている。　5．正しい。第1段落の冒頭で述べられている内容と一致する。

3　4

解説　新渡戸稲造『武士道』より。（全訳）中国語に由来する言葉の「武家」，「武士」は日本で広く使われるようになった。どちらも，「戦う騎士」を意味し，特権階級に属する者を指したが，元々は戦いを仕事とする粗野な生まれの者たちであった。この特権階級は自然な形で選抜されていった。一番強いものだけが戦乱の世を生き延びたのだ。思想家エマソンの言葉を借りれば，「荒っぽい人種で，みな力強く，獣のような強さ」を持つ者たちである。名誉もあれば責任も重く，さまざまな点で優位な立場にあった。まもなく彼らは共通の行動規範が必要だと感じるようになった。それというのもいつも戦っていた上，氏族もそれぞれ違ったからである。戦いにおけるフェアプレー精神，幼少期の素朴な道徳観のような何らかの基準を定める必要があった。これは武士も一般の民衆も含めたすべての人々の美徳の根ざすものではないだろうか？　イギリスの少年には2つの規範があった。（1）自分より小さい子を絶対にいじめない。

(2) 自分より大きい子から絶対に逃げ出さない。これは強い道徳心をつくる原則だ。偉大なイギリスが生んだ原則である。武士道にも同じことが言える。

　1．最後の2文から，イギリスの生んだ原則が，武士道にも当てはまるということが読み取れる。　2．7文目に「great honor and heavy responsibility」を持っていたと述べられているので，誤り。　3．誤り。イギリスの少年の2つの規範は，「自分より小さい子を絶対にいじめない」，「自分より大きい子から絶対に逃げ出さない」の2つである。　4．正しい。「"fighting knights," who were a privileged class. Originally they must have been a rough breed whose work was fighting.」より，選択肢の内容が読み取れる。　5．冒頭の文に，「日本から中国」ではなく，「中国から日本」へと伝わり，広まったと述べられている。

4　4

解説　新渡戸稲造『武士道』より。（全訳）武士道においては刀こそは武勇の象徴とされた。侍の子はごく幼い頃から刀の扱いを習った。彼が五歳になり，侍の装束をまとい，それまでもて遊んでいたおもちゃの短刀の代わりに本物の刀を与えられた時はわくわくする瞬間だった。

　この資格取得の儀式を終えた後は，もはやこの身分の証しを帯びずに門を出ることはならなかった，ふだんは金箔貼りの木刀で代用したにせよ。さらに何年もたたないうちに刃先は鋭くないものの本物の刀を常に差すようになり，その後すぐに本物の鋭い鋼の刀を与えられた。新たに手にした武器に喜びいっぱいに外へ飛び出し，木や石に向かって試し斬りをしてみる。そして十五歳で元服し，一人前の行動を認められてからは，どんな働きにでも応じられるよう十分に鋭い武器を身につけていることを誇りとするのだ。

　アはlearned。本文中では「学んだことを使う」という意味に使われている。イはAfter。「After a few years」で「数年後には」という意味になる。ウはbecame。「When he became～」で「彼が～になった時に」と訳される。

5　1

解説　『NHKニュースで英会話』2017年4月号より。（全訳）日本のレストラン経営者らは，予約をしておきながら姿を見せない外国人旅行者にいらだっています。

　飲食店情報の大手ウェブサイトの運営者が，解決策になるのではと期待する案を考え出しました。

　「ぐるなび」は海外からの訪問客に，テーブルを予約する際にクレジットカードを使用し，前金で支払うことを求めるようになります。

　「ぐるなび」は中国と台湾の旅行会社2社と協力して，この方式を導入します。

　「ぐるなび」によると，前払い金は客が前もって予約をキャンセルした場合にも払い戻しはされません。

　このサイトに掲載されている東京・銀座の料理店主は，オンラインで予約する海外からの旅行客の中には，ときどき店に現れない人たちがいると言います。

　「連絡のないキャンセルは，食品を捨てることにつながります。さらに，予約分の席を取っておかないといけません。そうでなければ，ほかのお客さんを入れられるのですが」

　今月始まる中国の旧正月の休暇中には，多くの旅行者が見込まれています。

　1．正しい。第2段落と第3段落に示されている文の内容と一致する。　2．誤り。キャンセル料については述べられていないが，前払い金は返金されない。3．誤り。特定の旅行客についての記述はない。　4．誤り。「来店してから料理を作り始めるシステム」については触れられていない。　5．誤り。クレジットカードの不正利用については述べられていない。

6　5

解説　TED Talks：Pamela Meyer「嘘の見抜き方」より。（全訳）研究によると，私たちは毎日10回から200回ほど周りの人から嘘をつかれています。確かにこうした嘘の多くは罪のないものです。別の研究によると，初めて会う人同士は最初の10分で3回嘘をつくという結果もでています。

　さて，この情報を知ると最初はたじろぎます。これほどにも嘘が溢れているとは信じられないからです。私たちは本質的に嘘を嫌います。しかし，もっと詳しく見てみると，事態はいっそう込み入っています。私たちは職場の同僚より見知らぬ人により嘘をつきます。外向型の人は内向型の人よりもより嘘をつきます。男性は他人のことより，自分のことについて8倍嘘をつきます。女性は他の人を守るためにより嘘をつきます。もしあなたが平均的な夫

婦なら，10回の会話で1回は嘘をついています。これはひどいと思われるで
しょうが，独身なら3回に1回に減ります。

　嘘は複雑な行為です。嘘は私たちの日々の生活やビジネスに織り込まれてい
ます。私たちは真実に対して非常に両義的です。私たちは必要にせまられて，
もっともな理由があって，時には単に現実を受け入れられず嘘をつきます。

　1．誤り。第1段落の冒頭で，「人々は，周囲の人から毎日10回から200回
ほど嘘をつかれている」と述べられている。　2．誤り。第2段落6文目の
「Extroverts lie more than introverts.」の部分に，「外向型の人は内向型の人
よりもより嘘をつく」という内容が記述されている。　3．誤り。第2段落8文
目に，「女性は他の人を守るためにより嘘をつく」という内容が述べられてい
る。　4．誤り。第2段落5文目から，私たちは身近な人より知らない人に対し
て，より嘘をつくことがわかる。　5．正しい。第1段落3文目の「it showed
that strangers lied three times within the first 10 minutes of meeting each
other.」の部分から選択肢の内容が読み取れる。

7　3

解説 『THE BIG ISSUE VOL.293 2016 Aug.16』より。（全訳）あるジャー
ナリストは語る。「私は，この分野なら何らかの変化を起こすことができるの
ではないかと思いました。私たちは権利擁護団体ではないので，特定の法律
を排斥したりはしません。ジャーナリストとしての私たちの仕事は，その（刑
事司法）制度について報道責任を果たすということです」

　2014年11月の立ち上げ以来，マーシャル・プロジェクトは約60のニュース
配信団体と提携し，400以上の記事を発表してきた。その中には，バラク・
オバマ大統領の恩赦や減刑に反して，ニューヨーク市にあるライカーズ刑務
所の内情や，「潜在的な偏見」は公選弁護士が黒人の被告に費やす時間にいか
に影響を与えるかを明らかにした記事もある。

　1．第1段落3文目「Our job as journalists is to hold the system accountable
for doing its job," he said.」この部分から，選択肢に述べられた内容が正しい
ということを読み取ることができる。　2．第2段落に選択肢の内容が述べら
れている。　3．誤り。第1段落2文目「We're not an advocacy group, so
we're not proscribing specific solutions.」この部分から，彼らは擁護団体で
はないことと，特定の法律を排斥しないことがわかる。　4．第3段落より，

受刑者が減刑されたことがわかる。　5. 最後の文章から，選択肢で述べた内容を読み取ることができる。

8 3

解説 『天声人語 '80春の号』1980. 1. 29より。（全訳）具志堅一家は貧しかった。母は魚の行商をし，具志堅氏は高校時代，那覇のふろ屋に下宿して床みがきをした。チャンピオンになってからは，両親のために家を新築し，弟の面倒を見ているが，自分自身はつましい生活をしている。「遊んだり，ぜいたくしたりするのは引退してからでもできる。現役の時はひたすら精進しろ」と自分にいいきかせているという。

この24歳の青年の魅力は，自然児の素朴さにある。「沖縄の星」といわれるいまでも「試合の直前はオレ，怖いよ。本当に怖いね」といったりする。平気で素顔をさらす，というところが具志堅氏の強さなのかもしれない。

1. 誤り。「指導者の教え」について触れた記述はない。　2. 誤り。具志堅氏がチャンピオンになってから家を新築したのは，両親のためであった。　3. 正しい。第2段落2文目に示された発言の内容と一致する。　4. 誤り。ふろ屋の床みがきの目的が体を鍛えるためであったとする記述はない。　5. 誤り。冒頭の部分に，具志堅一家の貧しさについて述べられている。

9 3

解説 『Good service By Tan Ying Zhen』（http：//st.japantimes.co.jp/essay/?p=ey20140620）より。（全訳）日本とは違い，シンガポールは優れたサービスがある国としては知られていない。それでも最近，今まで受けた中で最高のサービスのいくつかを受けられる機会に恵まれた。

ある日，私は友人と地元の点心のお店でブランチをとろうとしていた。しゃれたレストランではなかった。私たちにとって一番の選択というわけでもなかった。そこへ行ったのは，行きたかったレストランが予約でいっぱいだったからだった。

私たちはそのレストランに，隣接したパン屋から入り，応対してくれる人を待っていた。みんな忙しそうに見えた。私たちはやっと通りかかったウェイトレスの目に留まった。私は「4人がけの席をお願いします」と，彼女の質問を先取りして言った。

　「ついてきてください」と彼女は足早に私たちをテーブルに連れて行った。席に着くと，彼女は「実はお客様がお入りになったのは裏口です。次からは正面入口をお使いください」と言った。レストランの反対側の端をジェスチャーで指した。

　社交辞令はなかったが，それでも失礼な感じがしなかった。

　シンガポール人特有の効率の良さで，彼女は私たちを席まで案内し，的確なアドバイスをくれた。

　1．誤り。冒頭の文において，シンガポールに良質のサービスがあるとは知られていない旨が述べられている。　2．誤り。第5段落において，失礼な感じを受けていないとの記述がある。　3．正しい。第3段落1文目と第4段落4文目から，選択肢の内容と一致していることがわかる。　4．誤り。文化圏とジェスチャーの関係について述べた箇所はない。　5．誤り。第2段落4文目によれば，行きたかったレストランは，予約でいっぱいであった。

第5部

数的処理

- 判断推理
- 数的推理
- 資料解釈

数的処理　判断推理

　数的処理では，小学校の算数，中学高校の数学で習得した知識・能力をもとに，問題を解いていく力が試される。また，公務員採用試験の中では最も出題数が多く，合格を勝ち取るためには避けては通れない。

　判断推理では，様々なパターンの問題が出題され，大学入試など他の試験ではほとんど見かけない問題も出てくる。すべての問題を解けるようにするのは困難なので，本書を参考に，できるだけ多くの問題を解き，本番までに得意な分野を増やしていこう。

　算数や数学の学習経験が生かせる分野としては，まずは「論理と集合」が挙げられ，命題の記号化，対偶のとり方，ド・モルガンの法則，三段論法，ベン図，キャロル表を使った情報の整理法などを確実に押さえよう。また，「図形」に関する問題も多く，平面図形では正三角形，二等辺三角形，直角三角形，平行四辺形，ひし形，台形，円，扇形などの性質や面積の公式，これらを回転させたときにできる立体図形などを確実に覚えよう。立体図形では，円錐，角錐，円柱，角柱，球，正多面体などの性質や体積・表面積の公式を必ず覚えよう。

　一方，あまり見慣れない問題があれば，本書の問題を参考にして必要な知識や考え方を身に付けてほしい。例えば，「リーグ戦やトーナメント戦」といった馴染みのある題材が扱われる問題でも，試合数を計算する公式を知っておかなければ解けない場合がある。また，「カレンダー」を題材にした問題では，各月の日数やうるう年になる年などを知っておく必要がある。「順序」に関する問題では，表・樹形図・線分図・ブロック図などを使って効率よく情報を整理していく必要がある。その他にも，「暗号」，「うその発言」，「油分け算」などでは，実際に問題を解いてみなければわからない独自のルールが存在する。「図形」を題材にしたものの中には，計算を必要とせず予備知識がなくとも正解が出せる場合があるので，落ち着いて問題文を読むようにしよう。

　問題の解き方のコツとしては，設問の条件を図表にして可視化していき，行き詰まったら推論や場合分けなどをしてみることである。問題によっては

図表が完成しなくとも正解が出せる場合や，いくつかの場合が考えられても
すべてで成り立つ事柄が存在するので，選択肢も定期的に見ておくとよいだろう。公務員採用試験では，限られた時間内で多くの問題を解くことになるが，ほとんどの問題では解法パターンが決まっているので，設問を読んだだけで何をすればよいか見通しが立てられるぐらいまで習熟してほしい。

演 習 問 題

1 中学生100人にアンケートを行った結果を集計し表に示した。サッカー，バスケットボールの両方ともしたことがある人が57人いるとき，サッカー，バスケットボールの両方ともしたことがない人は何人いるか。

調査項目	集計結果	
サッカーをしたことがありますか？	ある	70人
	ない	30人
バスケットボールをしたことがありますか？	ある	85人
	ない	15人

1 1人　　2 2人　　3 3人　　4 4人　　5 5人

2 長距離走で，Aは折り返し点の手前で折り返してきた先頭の5人とすれ違った。さらに，折り返し点の手前で4人を抜き，折り返してきた1人とすれ違った。折り返した後，2人に抜かれてゴールインした。このときAの順位として，最も妥当なものはどれか。ただし，同順位はなく，全員完走したものとする。

1 7位　　2 8位　　3 9位　　4 10位　　5 11位

3 A～Eの5人が，自分たちの体重について次のように発言したが，1人が嘘をついている。この時，嘘をついていないことが確実な人として最も妥当なものはどれか。

  A　「Dは私より体重が軽い」
  B　「私はCより体重が重い」
  C　「Eは私より体重が軽い」
  D　「私はBより体重が軽い」
  E　「私はAより体重が重い」
    1　A   2　B   3　C   4　D   5　E

4 A～Fの6人がゲーム大会をして，優勝者が決定された。このゲーム大会の前に6人は，それぞれ次のように予想を述べていた。予想が当たったのは2人のみで，あとの4人ははずれであった。予想が当たった2人の組み合わせとして最も妥当なものはどれか。

  A　「優勝者は，私かCのいずれかだろう」
  B　「優勝者は，Aだろう」
  C　「Eの予想は当たるだろう」
  D　「優勝者は，Fだろう」
  E　「優勝者は，私かFのいずれかだろう」
  F　「Aの予想ははずれるだろう」
    1　A，B   2　A，C   3　B，D   4　C，D   5　D，E

5 ある会合に参加した人30人について調査したところ，傘を持っている人，かばんを持っている人，筆記用具を持っている人の数はすべて1人以上29人以下であり，次の事実がわかった。

  i）傘を持っていない人で，かばんを持っていない人はいない。
  ii）筆記用具を持っていない人で，かばんを持っている人はいない。
  このとき，確実に言えるのは次のどれか。
  1　かばんを持っていない人で，筆記用具を持っている人はいない。
  2　傘を持っている人で，かばんを持っている人はいない。
  3　筆記用具を持っている人で，傘を持っている人はいない。
  4　傘を持っていない人で，筆記用具を持っていない人はいない。
  5　かばんを持っている人で，傘を持っている人はいない。

6 A〜Gの7人が横に1列に並び，同じ方向を向いている。次のア〜エの条件の時，確実にいえることはどれか。

ア　Aの右から2人目はBである。

イ　Bの右から2人目はCである。

ウ　Dの右から3人目はEである。

エ　Fの右から4人目はGである。

1　FはAの隣である。

2　DはCの隣である。

3　EはGの隣である。

4　BはEの隣である。

5　GはBの隣である。

7 「天ぷらは日本食である」の命題が正しいとすれば，次の中で必ず正しいと言えるのはどれか。

ア　天ぷらでなければ日本食ではない。

イ　日本食であれば天ぷらである。

ウ　日本食は天ぷらである。

エ　日本食でなければ，天ぷらではない。

オ　天ぷらは，和食の1つである。

1　アだけ　　2　ウだけ　　3　エだけ　　4　アとイ　　5　ウとオ

8　次のA～Eのうち，図Iの型5枚をすき間なく並べることによって作ることのできる形のみを全て挙げているのはどれか。

図I

1　A，B，C
2　A，D
3　B，C，D
4　B，D
5　B，E

A

B

C

D

E

9 次の円錐の立体の切断面の形として，正しくないものはどれか。

1

2

3

4

5

10 図の立体は，小さい立方体を縦，横に4個ずつ置き，それをさらに4段，すき間なく積み重ねたものである。ABCを通る平面で切ったとき，切れ目が入らない立方体の数として，妥当なものはどれか。

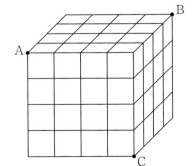

1　36個
2　38個
3　48個
4　52個
5　58個

11 「勉強しない人は公務員試験に合格できない」ことがわかっているとき，正しくいえるのはどれか。

　　1　勉強する人は公務員試験に合格できる。
　　2　公務員試験に合格できる人は勉強する。
　　3　勉強しなくても公務員になれるかもしれない。
　　4　公務員は勉強している。
　　5　公務員試験に合格できない人は勉強をしていない。

12 ある中学校の学生50人のなかで，テニスの経験がある者が23人，テニスとバレーボールの両方経験のある者が8人，どちらも経験のない者が15人であるとき，バレーボールのみ経験のある者は何人いるか。

　　1　10人　　2　11人　　3　12人　　4　13人　　5　14人

13 事務職と行政職の2つの公務員試験を受験した100人の学生のなかで，事務職に合格した者が45人，行政職に合格した者が50人，両方に合格した者が10人いたとき，学生たちの公務員試験合格率は何％か。ただし，合格者とは1つまたは2つの試験に合格した者のことである。

　　1　60%　　2　65%　　3　70%　　4　80%　　5　85%

14 A〜Gの7人の試験の成績は，Aの得点はBより高かった。BはCより得点が低く，Dの得点より高かった。DはEより得点が低く，Fの得点より高かった。Gの得点は最も低かった。以上のことから確実にいえるのは次のうちのどれか。

　　1　Aは最も得点が高かった。
　　2　FはGの次に得点が低かった。
　　3　EはBよりも得点が高かった。
　　4　CはEよりも得点が低かった。
　　5　FはBよりも得点が高かった。

15 Bの弟であるAは，Dの妹Cより年上で，Fの姉であるEはCより年下である。このことから確実にいえるのはどれか。

　　1　AはDより年上である。
　　2　AはEより年下である。

3　AはFより年上である。

4　EはAより年上である。

5　DはBより年下である。

16　以下はA～Fの6人の兄弟姉妹がお互いの関係を述べたものである。

A　「私の上には姉が3人と兄が1人いる」

B　「私の下には弟が2人と妹が1人いる」

C　「私の下には妹が3人と弟が2人いる」

D　「私の上には1人いるだけである」

E　「私の上には3人いる」

F　「私たち兄弟姉妹では，一番下は女である」

以上のことから判断して確実にいえるのは次のどれか。

1　年齢が上の順に並べるとC－D－F－B－E－Aとなる。

2　この6人兄弟姉妹は男女とも3人ずつである。

3　Bはこの兄弟姉妹の上から3番目で長男である。

4　Eには姉，妹，弟はいるが，兄はいない。

5　Dは次女で弟が1人と妹が3人いる。

17　男子3人，女子2人のA～Eの5人が10kmのマラソンに参加した。5人は1分間隔で順次到着し，到着の様子は次のア～ウの通りであった。

ア　AはBより遅く到着したが，そのタイムは5人の平均より速かった。

イ　Cは男子でDより早く到着した。

ウ　2位と3位は女子であった。

以上から確実にいえることはどれか。ただし，同順位はなく全員完走したものとする。

1　Aは女子である。

2　Bは女子である。

3　Cは3位である。

4　Dは4位である。

5　Eは男子である。

[18] 12時から始まるミーティングに，BはCより12分遅く着き，Eより5分早く着いた。AはBより7分遅く着き，Dより1分早く着いた。Eが着いたとき，ミーティング開始まで4分の時間があった。Aはミーティングの始まる何分前に着いたか。

  1 1分   2 2分   3 3分   4 4分   5 5分

[19] A〜Eの5人がそれぞれ異なる種類のコインを持って集まり，皆で交換した。もらえるのは1人1個で，自分がもらった相手には渡さないものとする。次の状況がわかっているとき，正しくいえるのはどれか。

  ① DはAにコインを渡した。
  ② Bがコインを渡したのはDでない。
  ③ CはEにコインを渡した。

  1 AはBに渡した。
  2 AはCに渡した。
  3 BはEに渡した。
  4 EはBに渡した。
  5 EはCに渡した。

[20] A〜Dの4人が八百屋に行き，帰り際にそれぞれの購入品の一部を交換した。4人が購入したのは，リンゴ，ナシ，バナナ，ミカンのいずれか1種類ずつである。A〜Dが次のように述べたとき，正しいのはどれか。

  A 私が購入したのはBの受け取ったリンゴではない。
  B 私が購入したものをCは受け取っていない。
  C 私が受け取ったのはバナナではない。
  D 私が受け取ったのはCの購入したミカンではない。

  1 リンゴを購入したのはDではない。
  2 ナシを購入したのはBである。
  3 ナシを受け取ったのはCではない。
  4 バナナを受け取ったのはDである。
  5 ミカンを受け取ったのはAではない。

21 表裏とも赤，表が赤で裏が白，表裏とも白のカードが合わせて100枚ある。これらを表裏かまわず重ね合わせ，上から1枚ずつ100枚見ると，赤が35枚あった。そのまま上下を逆にして同様に見ると，赤が49枚あった。表が赤で裏が白のカードの枚数は，表裏とも赤のカードの枚数の2倍であったとすると，表裏とも白のカードは何枚か。

   1　34枚　　2　35枚　　3　36枚　　4　37枚　　5　38枚

22 ある暗号で，「桜」は「10010-0-1010-10100-10001-0」，「富士」は「101-10100-1001-1000」，「梅」は「10100-1100-100」である。このとき，「1000-1101-10100」の表す動物として，正しいものはどれか。

   1　牛　　　2　虎　　　3　馬　　　4　猿　　　5　犬

23 図のような白黒の紙と，黒の紙を合計50枚重ねた。このとき，白黒の紙の縦横はそろえなかったので，ある隅には黒が40枚，別の隅には35枚となった。白黒の紙は全部で何枚か。

   1　22枚　　2　23枚　　3　24枚　　4　25枚　　5　26枚

24 「マコト」が「5-4・1-9・1-7」，「アイ」が「5-10・4-10」，「ユウキ」が「3-3・3-10・4-9」を表すとすると，「ソラトクモ」に対応する記号の組み合わせとして妥当なものはどれか。

   1　1-6・5-5・1-7・3-7・1-2
   2　1-7・5-1・1-7・3-8・1-3
   3　1-8・5-2・1-7・3-9・1-4
   4　2-9・6-3・1-7・4-10・2-5
   5　3-10・7-4・1-7・5-1・3-6

25 図のように1～6の数字を書いた，同じ大きさのカードが10枚ある。このカードの向きを揃えずに10枚重ね，上のAのところの数（1，2，3，4，5，6のいずれかになる）を合計したところ15になった。このとき，下のBのところの数の合計は，次のうちどれか。

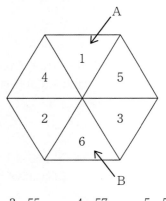

1　51　　2　53　　　3　55　　　4　57　　　5　59

26 ブドウ狩りに行ったA～Eの5人が狩ったブドウの数について，次のア～エのことがわかった。

　ア　Bの数は，Cの数とEの数との和からAの数を引いた数より2房少なかった。

　イ　Dの数は，Aの数より2房多く，Cの数より7房少なかった。

　ウ　Eの数は，Aの数より多く，Dの数より少なかった。

　エ　狩ったブドウの数が同じ者はいなかった。

以上から判断して，狩ったブドウの数が2番目に多い者の数と4番目に多い者の数との差として，正しいものはどれか。

　1　4　　　2　5　　　3　6　　　4　7　　　5　8

27 次の図は暗号で数を表している。

1

5

12

18

36

このとき，以下の図の暗号が表す数として，最も妥当なものはどれか。

1　43　　　2　45　　　3　47　　　4　49　　　5　51

28 大きい円と小さい円が接している。まず，図1のように，小さい円を，大きい円の外側を滑らないように，同じ位置に来るまで回転させた。次に，図2のように，小さい円を移動させて，大きい円の内側を滑らないように回転させた。大きい円と小さい円の半径の比が4：1であるとき，これらの操作による小さい円の回転数の合計として，最も妥当なものはどれか。

図1　　　　　　　　　　　　図2

1　5回転　　2　6回転　　3　7回転　　4　8回転　　5　9回転

29 図は，各辺が1cmの正三角形を組み合せて作った正六角形である。図中にある一辺が1cmの正六角形の個数として，妥当なものはどれか。

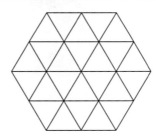

1　6個　　2　7個　　3　8個　　4　9個　　5　10個

30 図1のように一辺の長さがともに等しい正方形の左側に接した正三角形を滑らないように右側に回転させたとき，点Pが次の図2のような軌跡を描いた。このときの図形と点Pの関係として，最も妥当なものはどれか。ただし，選択肢中と図1，2中の点Xは同一のものとする。

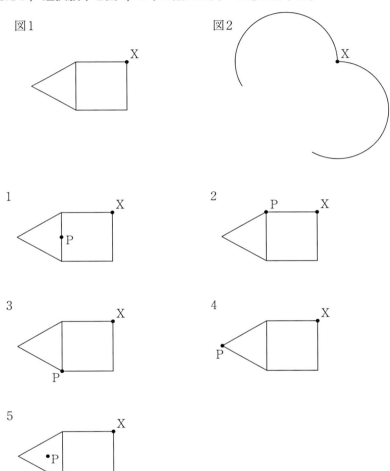

図1

図2

1

2

3

4

5

31 正方形の紙を折り，面積が半分になるような三角形を作った後，さらに折り重ねて面積が半分になる三角形を作る作業を2回繰り返した。それに切り込みを入れ，広げたところ，図のような図形ができた。切り込みを入れた図として，最も妥当なものはどれか。

図

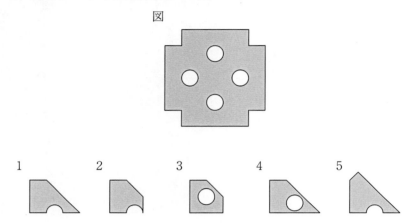

1   2   3   4   5

32 図のような立方体ABCD－EFGHがあり，それぞれの辺の長さは10cmである。また，頂点Eを出発して，右方の水平方向に5cm進んだ後，上方の垂直方向に1cmずつ動く動点がある。辺をまたがる際にも同じ動きをするとき，この点がはじめに到達する頂点として，最も妥当なものはどれか。

1　A
2　B
3　C
4　D
5　F

33 いくつかの立方体をすき間のないように積み重ねて立体をつくった。この立体を正面から見ると図1，真上から見ると図2の通りであった。これらから，立方体の数が最も多い場合の個数と，最も少ない場合の個数の差として，最も妥当なものはどれか。

図1　　　　　　図2

1　8個　　　2　9個　　　3　10個　　　4　11個　　　5　12個

34 図は，正十二面体の展開図であるが，これを組み立てたときの頂点の数として，最も妥当なものはどれか。

図

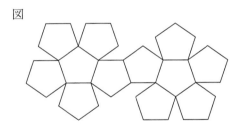

1　16個　　　2　17個　　　3　18個　　　4　19個　　　5　20個

35 それぞれの面に1～6を記したあるサイコロは，通常のものと異なり，向かい合う面の合計が3，7，11のいずれかであるという。この条件に合致する展開図として，最も妥当なものはどれか。

1

2

3

4

5
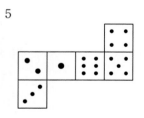

《 解 答 ・ 解 説 》

1 2

解説 設問の条件を，次のベン図にまとめる。

①は「サッカーをしたことがあるが，バスケットボールをしたことがない人数」
であり，

70 − 57 = 13〔人〕

②は「サッカーをしたことはないが，バスケットボールをしたことがある人数」
であり，

85 − 57 = 28〔人〕

③は「サッカーをしたことがなく，バスケットボールをしたことがない人数」
であり，

100 − 13 − 57 − 28 = 2〔人〕

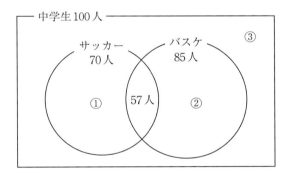

以上より，正解は2。

2 3

解説 Aは折り返し点までに合計6人とすれ違ったので，7位で折り返した
ことになる。その後，折り返してからゴールするまでに2人に抜かれたことか
ら，最終的には9位でゴールインしたことになる。

なお，「折り返し点の手前で4人を抜いた」という情報は，結果的に解答を
導くうえで必要のない情報である。

以上より，正解は3。

3　4

解説　まず，全員の発言を正しいと仮定して条件を整理する。（体重が重い）＞（体重が軽い）と順序関係を整理すると，5人の発言が正しいとき

Aの発言より，A＞D

Bの発言より，B＞C

Cの発言より，C＞E

Dの発言より，B＞D

Eの発言より，E＞A

これらをまとめると，B＞C＞E＞A＞D

となり，矛盾はない。

　次に，嘘をついている場合，不等号の向きが逆になることに注目する。すると，条件より「1人だけ嘘をついている」ので，上記の1つの不等号の向きを変えても，他の不等号の向きや順序に影響がないことになる。反対に，不等号の向きを変えることで，他の不等号の向きや順序に影響が出てしまう発言が「嘘をついていない」ことになる。

　例えば，Aの発言が嘘の場合，正しくは「D＞A」となり，全体としてはB＞C＞E＞D＞Aのままで矛盾はない。よって，Aは嘘をついている可能性がある。

　同様に考えると，隣り合った2人の順序関係について発言しているB，C，Eについては，嘘をついている可能性がある。

　一方，Dの発言が嘘の場合，正しくは「D＞B」となり，

　B＞C＞E＞A＞D

　D＞B

となるので，「A＞D」と発言したAも嘘をついたことになる。

　したがって，嘘をついていないことが確実なのはDである。

以上より，正解は4。

4　1

解説　A〜Fの発言をもとに，次の表を作成する。ただし，優勝すると予想した場合を〇，それ以外を×とする。

　まず，A，B，D，Eの発言をもとに，それぞれの行に〇か×を入れる。次に，Cの発言より，Cの行とEの行は等しくなる。一方，Fの発言より，Fの

行はAと真逆になる。

ここで，Aが優勝した場合，予想が当たったのはAの列に○をつけたAとBの2人であり，その他の4人は予想がはずれたことになる。同様に考えると，表は次のようになる。

よって，予想が当たるのが2人となるのは，Aが優勝した場合のみであり，このとき予想が当たったのはAとBである。

以上より，正解は1。

		優勝者					
		A	B	C	D	E	F
発言者	A	○	×	○	×	×	×
	B	○	×	×	×	×	×
	C	×	×	×	×	○	○
	D	×	×	×	×	○	○
	E	×	×	×	×	○	○
	F	×	○	×	○	○	○
当たった		2	1	1	1	3	4
はずれた		4	5	5	5	3	2

5 4

解説 「傘」，「かばん」，「筆記用具」という3つの集合を考える場合，次のベン図のように全体を8つの領域に分けることができる。

①は「傘だけを持っている」，②は「かばんだけを持っている」，③は「筆記用具だけを持っている」，④は「傘とかばんだけを持っている」，⑤は「傘と筆記用具だけを持っている」，⑥は「かばんと筆記用具だけを持っている」，⑦は「3つとも持っている」，⑧は「3つとも持っていない」人が存在する領域である。

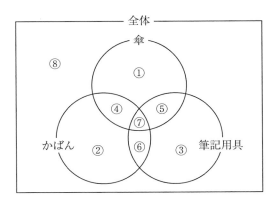

i) より，「傘を持っていない人は，全員かばんを持っている」ので，③と⑧の人はいない。

ii) より，「筆記用具を持っていない人は，全員かばんを持っていない」ので，②と④の人はいない。

よって，②③④⑧の人はおらず，①⑤⑥⑦の人はいる可能性がある。

1. 誤り。⑤の「傘と筆記用具だけ持っている人」がいる可能性がある。
2. 誤り。⑦の「3つとも持っている人」がいる可能性がある。　3. 誤り。⑤と⑦の人がいる可能性がある。　4. 正しい。②と⑧の人がいないので確実にいうことができる。　5. 誤り。⑦の人がいる可能性がある。

6　1

解説　向きに関しては，全員が同じ方向を向いているので，全員が前方を向いていると仮定して条件をまとめると，次のようになる。

アの条件	イの条件	ウの条件	エの条件
A○B	B○C	D○○E	F○○○G

アとイの条件はBが共通しているのでまとめると，

　　A○B○C

　また，この問題は条件に右○人目とあるので入れ替わりは生じず，問題では7人が一列に並ぶので，

　　○○A○B○C　　○A○B○C○　A○B○C○○

の3パターンが考えられる。

　これらにウの条件を入れると，真ん中のパターンは当てはまらないので，

　　D○AEB○C　　A○BDC○E

残ったエの条件を入れると次の通りとなる。

　　DFAEBGC　　AFBDCGE

よって，いずれの場合でもFがAの隣であるということは確実にいえる。
以上より，正解は1。

7　3

解説　ある命題が正しいとき，その対偶も正しい。「AならばBである」の対偶をとると「BでなければAではない」となる。

　よって，「天ぷらは日本食である」の対偶をとると「日本食でなければ，天ぷらではない」となる。
以上より，正解は3。

8 5

解説 図Ⅰの型を5枚すき間なく並べるので，最終的にできる図は3×5＝15〔マス〕となるはずである。この時点で，13マスからなるAは不適となる。

次に，図Ⅰの型を2つ組み合わせた2×3の図形を用いて，B〜Eの図ができるかそれぞれ検討する。すると，BとEの図形しかできないことがわかる。

   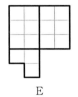

B   C   D   E

以上より，正解は5。

9 4

解説 切断面として考えられるのは，次のものである。

以上より，正解は4。

10 3

解説 与えられた図を，ABCを通るように切ると，右の図のようになる。

切断面は小さい立方体を構成する正方形の対
角線を1辺とする正三角形の組み合わせとな
り，右の図のようになる。

この図より，小さい立方体のうち，切れ目が
入る立方体の数は，正三角形の数に等しいか
ら，16個である。

また，小さい立方体の総数は，$4 \times 4 \times 4 = 64$〔個〕。

よって，切れ目が入らない立方体の数は，$64 - 16 = 48$〔個〕。

以上より，正解は3。

11 2

解説 「勉強しない人は公務員試験に合格できない」の対偶は「公務員試験
に合格できるならば勉強する人である」となる。

以上より，正解は2。

12 3

解説 設問の条件をもとにベン図を作成すると，次のようになる。

①は「テニスのみ経験のある者」が
存在する領域であり，① + 8 = 23が
成り立つので，

　① = 23 - 8 = 15〔人〕

②は「バレーボールのみ経験のある
者が存在する領域である。

ここで，① + ② + 8 = 50 - 15が成
り立つので，

　② = 50 - 15 - (① + 8)

　　= 35 - (15 + 8)

　　= 12〔人〕

以上より，正解は3。

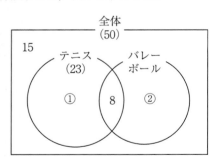

13 5

解説 設問の条件をもとにベン図を作成すると，次のようになる。

①は「事務職のみ合格した者」，②は「行政職のみ合格した者」，③は「どちらも合格しなかった者」が存在する領域である。

ここで，（合格者の人数）＝①＋②＋10＝45＋50－10が成り立つので，

（合格者の人数）＝85〔人〕

さらに，

$$（合格率）＝\frac{合格者の人数}{全体の人数}×100 より，$$

$$（合格率）＝\frac{85}{100}×100＝85〔％〕$$

以上より，正解は5。

14 2

解説 設問の条件をもとに，左から点数の高い順に並べる。

①「Aの得点はBより高かった。」より，

A　　B

②「BはCより得点が低く，Dの得点より高かった。」より，

C　　B　　D

③「DはEより得点が低く，Fの得点より高かった。」より，

E　　　　D　　F

④「Gの得点は最も低かった。」より，

G

①，②，③，④より

				D	F	G

A・B・C・E

ただし，A＞B，C＞B

よって，確実に順序がわかるのはD，F，Gだけである。

以上より，正解は2。

15 3

解説 設問の条件をもとに，左から年齢の高い順に並べる。

①「Bの弟であるA」より，

B　A

②「AはDの妹Cより年上」より，

　A　C

③「Dの妹C」より，

D　　　C

④「Fの姉であるE」より，

　　　　E　F

⑤「EはCより年下」より，

　　　C　　E

①，②，③，④，⑤をまとめると，

			C	E	F

B・D・A

ただし，B＞A

よって，AとD，BとDの順序は決まらない。

以上より，正解は3。

16 4

解説 設問の条件をもとに，左から年齢が高い順に並べる。ただし，上の行は人物，下の行は性別を表す。

①A　「私の上には姉が3人と兄が1人いる」より，

				A	
女3，男1					

②B　「私の下には弟が2人と妹が1人いる」より，

		B			
			男2，女1		

③C「私の下には妹が3人と弟が2人いる」より，

C					
			女3，男2		

④D 「私の上には1人いるだけである」より，

	D				

⑤E 「私の上には3人いる」より，

				E		

⑥F 「私たちの兄弟姉妹では一番下は女である」より，

					女

①～⑥より，人物については左から順にC，D，B，E，A，Fとなる。
また，⑥よりFは女，②よりEとAは男，③よりDとBは女，①よりCは女
となる。
ここまでをまとめると，次のようになる。

C	D	B	E	A	F
長女	次女	三女	長男	次男	四女

以上より，正解は4。

17 1

解説 条件ア〜ウをもとに，左から速く到着した者を並べる。ただし，上
の行を人物，下の行を性別で表す。
①ア「AはBより遅く到着したが，そのタイムは5人の平均より速かった。」よ
り，

B	A			

②イ「Cは男子でDより早く到着した」より，

C	D
男	

③ウ「2位と3位は女子であった。」より，

男	女	女	男	男

①～③より，次のようになる。

B	A	E	C	D
男	女	女	男	男

以上より，正解は1。

18 2

解説 問題文の条件をまとめると次のようになる。
①BはCより12分遅く着き，Eより5分早く着いた。
②AはBより7分遅く着き，Dより1分早く着いた。
③Eが着いたとき，ミーティング開始まで4分の時間があった。
これら3つの条件を数直線で表すと，次のようになる（ミ…ミーティング）。
ただし，左から早く着いた者を並べる。

3つの数直線をまとめると，次のようになる。

よって，Aはミーティングの2分前に着いたことがわかる。
以上より，正解は2。

19 1

解説 条件①～③をもとに，次の表を作成する。ただし，渡した（または もらった）場合は○，渡していない（またはもらっていない）場合は×とする。
①より，「DがAに渡した」ことが確定し，自分がもらった相手には渡さない ので「AがDに渡していない」ことが確定する。
②より，「BがDに渡していない」ことが確定する。
③より，「CがEに渡した」こと，および「EがCに渡していない」ことが確定 する。
ここまでをまとめると，次のようになる。

		もらう人				
		A	B	C	D	E
渡す人	A				×	×
	B	×			×	×
	C	×	×		×	○
	D	○	×	×		×
	E	×		×		

すると，Bが渡す相手はCしかおらず，Aが渡す相手はBしかおらず，Eが渡 す相手はDしかいない。よって，表は次のようになる。

		もらう人				
		A	B	C	D	E
渡す人	A		○	×	×	×
	B	×		○	×	×
	C	×	×		×	○
	D	○	×	×		×
	E	×	×	×	○	

以上より，正解は1。

20 4

解説 A〜Dの発言をもとに、次の表を作成する。ただし、購入した、または受け取った場合は○、そうではない場合は×とする。

Aより、「Aはリンゴを購入していない、AはBに渡していない、Bはリンゴを受け取った」ことが確定する。

Bより、「BはCに渡していない」ことが確定する。

Cより、「Cはバナナを受け取っていない」ことが確定する。

Dより、「Dはミカンを受け取っていない、Cはミカンを購入した、CはDに渡していない」ことが確定する。

ここまでで、表は次のようになる。

	購入した				受け取った			
	A	B	C	D	A	B	C	D
リンゴ	×		×		×	○	×	×
ナシ			×			×		
バナナ			×			×	×	
ミカン	×	×	○	×		×		×

渡した　B× C× D×

ここで、Cがミカンを渡した相手はAしか残っていない。すると、バナナを受け取ったのはDしかおらず、Cはナシを受け取ったことになる。

また、Bが受け取ったリンゴを購入したのはDしかおらず、BはCに送っていないのでDが受け取ったバナナを購入していることになり、Aは残ったナシを購入したことになる。よって、表は次のようになる。

	購入した				受け取った			
	A	B	C	D	A	B	C	D
リンゴ	×	×	×	○	×	○	×	×
ナシ	○	×	×	×	×	×	○	×
バナナ	×	○	×	×	×	×	×	○
ミカン	×	×	○	×	○	×	×	×

渡した　B× C× D×

以上より、正解は4。

21 4

解説 表裏とも赤のカードをx枚とすると，表赤・裏白のカードは$2x$枚と表せる。

ここで，表を1枚，裏を1枚と考えると，赤のカードは全部で$x \times 2 + 2x = 4x$〔枚〕ある。

すると，実際の赤のカードの枚数は$35 + 49 = 84$〔枚〕なので，

$4x = 84$

$x = 21$

よって，表裏とも赤のカードは21枚になる。

表赤・裏白のカードは$2 \times 21 = 42$〔枚〕なので，

表裏とも白のカードは$100 - 21 - 42 = 37$〔枚〕となる。

以上より，正解は4。

22 5

解説 文字数を見ると，「桜」は，平仮名では「さくら」の3文字であり，ローマ字では「SAKURA」の6文字である。「富士」は，平仮名では「ふじ」の2文字であり，ローマ字では「FUJI」の4文字である。「梅」は，平仮名では「うめ」の2文字であり，ローマ字では「UME」の3文字である。

暗号の数字のかたまりと対比させると，「桜」が6個，「富士」が4個，「梅」が3個だから，数字のかたまり1個はローマ字におけるアルファベット1文字に対応していると考えられる。

このとき，数字のかたまりの順番とアルファベットの順番が同じであるとして対応させてみると，「SAKURA」が「10010-0-1010-10100-10001-0」，「FUJI」が「101-10100-1001-1000」，「UME」が「10100-1100-100」となり，複数回出てくる「A」が「0」，「U」が「10100」に矛盾が生じない。

よって，数字のかたまりの順番とアルファベットの順番は同じであると考えられる。

次に，数字のかたまりの意味を考えると，0と1しか使用されていないことから2進数であると推測され，「A」が「0」，「E」が「100」，「F」が「101」であることから，アルファベット順に2進数を0から小さい順に対応させていると考えられる。

すると，対応表は以下の通りとなる。

A	B	C	D	E	F	G	H	I
0	1	10	11	100	101	110	111	1000

J	K	L	M	N	O	P	Q	R
1001	1010	1011	1100	1101	1110	1111	10000	10001

S	T	U	V	W	X	Y	Z
10010	10011	10100	10101	10110	10111	11000	11001

よって，「1000-1101-10100」は「INU」すなわち「犬」であり，正解は5。

23 4

解説 白黒の紙では，白は対角線どうし，黒も対角線どうしに配置されている。よって，ある隅で黒が40枚ならばその対角線の隅でも黒は40枚である。

白	黒
黒	白

今，白の枚数を数えると，黒が40枚の隅では50 − 40 = 10〔枚〕，

黒が35枚の隅では50 − 35 = 15〔枚〕ある。

よって，白黒の紙の合計は，10 + 15 = 25〔枚〕である。

以上より，正解は4。

24 3

解説 「ひらがな」または「かたかな」に関する「暗号」については，「対応する文字の数」と「数字の組み合わせなどで表される記号の数」をみる。それらが一致する場合には，「ひらがな」または「かたかな」1文字と，「記号」1組が対応する。その場合，「50音表」や「イロハ順」との対応を調べることになる。この問題では，それぞれの「文字」と，「2組の数字」が対応するので，50音表における「ア〜オ段」と「ア〜ワ行」を調べる。

まず，段が共通する「ア」は「5-10」，「マ」は「5-4」に対応し，「コ」は

「1-9」,「ト」は「1-7」に対応するなど,それぞれ前半の数字が共通するので,前半の数字が段を表すことがわかる。また,前半の数字に着目すると,アとマが5,イとキが4,ユとウが3,コとトが1であるから,ア段は5,イ段は4,ウ段は3,エ段は2,オ段は1であると考えられる。

次に,行が共通する「ア」は「5-10」,「イ」は「4-10」に対応し,「コ」は「1-9」,「キ」は「4-9」に対応するなど,それぞれ後半の数字が共通するので,後半の数字が行を表すことがわかる。また,後半の数字に着目すると,アとイとウが10,コとキが9,トが7,マが4,ユが3であるから,ア行から順に,10,9,8,7…となる。

これらから,以下の表を導くことができる。

	ア行	カ行	サ行	タ行	ナ行	ハ行	マ行	ヤ行	ラ行	ワ行
ア段	5-10 ア	5-9 カ	5-8 サ	5-7 タ	5-6 ナ	5-5 ハ	5-4 マ	5-3 ヤ	5-2 ラ	5-1 ワ
イ段	4-10 イ	4-9 キ	4-8 シ	4-7 チ	4-6 ニ	4-5 ヒ	4-4 ミ	(4-3)	4-2 リ	(4-1)
ウ段	3-10 ウ	3-9 ク	3-8 ス	3-7 ツ	3-6 ヌ	3-5 フ	3-4 ム	3-3 ユ	3-2 ル	(3-1)
エ段	2-10 エ	2-9 ケ	2-8 セ	2-7 テ	2-6 ネ	2-5 ヘ	2-4 メ	(2-3)	2-2 レ	(2-1)
オ段	1-10 オ	1-9 コ	1-8 ソ	1-7 ト	1-6 ノ	1-5 ホ	1-4 モ	1-3 ヨ	1-2 ロ	1-1 ヲ

なお,「ン」については不明であるが,この場合は,例や記号化する対象には含まれないので,問題を解くにあたり,支障はない。

この表と対応させると,「ソラトクモ」は,「1-8・5-2・1-7・3-9・1-4」となる。

以上より,正解は3。

25 3

解説 このカードはどの向きにおいても,1枚のAとBの和は7となる。

AとBの合計数は,これを10枚重ねたものなので,7 × 10 = 70

ここで,Aの合計が15より,

Bの合計は70 − 15 = 55。

以上より,正解は3。

26 4

解 説　Aが狩ったブドウの数をx房とする。

条件イより，Dが狩ったブドウの数は$x + 2$〔房〕，Cが狩ったブドウの数は$x + 9$と表せる。

条件ウより，$x + 2 >$（Eが狩ったブドウの数）$> x$であり，条件エより狩ったブドウの数は5人とも異なるので，Eが狩ったブドウの数は$x + 1$〔房〕となる。

条件アより，Bが狩ったブドウの数は，$(x + 9) + (x + 1) - (x + 2) = x + 8$〔房〕となる。

　ここまでをまとめると，狩ったブドウの数が多い順にC，B，D，E，Aとなる。よって，狩ったブドウの数が2番目に多いBと4番目に多いEの差は，

$(x + 8) - (x + 1) = 7$〔房〕

以上より，正解は4。

27 4

解 説　図の1行目が1，2行目が4，3行目が8，4行目が16を表しており，黒いマスの分だけ数を足していけばよい。

すると，

よって，$1 + (4 + 4) + 8 + (16 + 16) = 49$。

以上より，正解は4。

28 4

解説 大きい円の半径を m，小さい円の半径を n とすると，大きい円の外側を小さい円が1周するときの回転数は，$\dfrac{m}{n}+1$〔回転〕と表せ，$m=4$，$n=1$ とすると，$\dfrac{4}{1}+1=5$〔回転〕。また，大きい円の内側を小さい円が1周するときの回転数は，$\dfrac{m}{n}-1$〔回転〕より，$\dfrac{4}{1}-1=3$〔回転〕。よって，回転数の合計は，$5+3=8$〔回転〕。

以上より，正解は4。

29 2

解説 まず，次のように番号を付し順に数える。

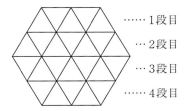

…… 1段目
… 2段目
… 3段目
…… 4段目

一辺が1cmの六角形の数は，1〜2段目に2個，2〜3段目に3個，3〜4段目に2個ある。よって，$2+3+2=7$〔個〕。

以上より，正解は2。

30 4

解説 点Pの描く軌跡が点Xと一致することから，次図のようになる。

なお，点PはP′，P″と移動する。

以上より，正解は4。

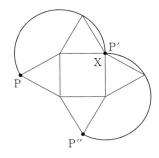

31 1

解説 折りたたんだ紙に切り込みを入れて広げると，切り取られた部分が折り目に対して線対称になることを利用する。次のように順番に考えるとよい。
①切り込みを入れて広げた図について，線対称となるような折り目を見つけ，1回だけ折りたたんだ図を作る。
②①と同様に考えて2回目の折り目を探し，もう1回折りたたんだ図をつくる
③①と同様に考えて3回目の折り目を探し，もう1回折りたたんだ図をつくる

| 広げた図 | 1回だけ
折りたたんだ図 | 2回
折りたたんだ図 | 3回
折りたたんだ図 |

以上より，正解は1。

32 2

解説 題意より，移動する割合は，図1のように，右の水平方向に5cm，上の水平方向に1cmずつであるから，この動きの中ではじめに達する頂点は，図2より，Bとなる。

図1

図2

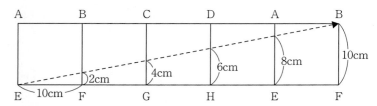

以上より，正解は2。

33 3

解説 真上から見た場合，設問の図2のように見えたことから，縦3マス，横3マスには少なくとも1個の立方体が積まれていることになる。よって，これらの合計9マスに積まれた立方体の数を考える。それぞれのマスを①～⑨とする。

①	②	③
④	⑤	⑥
⑦	⑧	⑨

(1) 立方体の数が最小の場合

正面から見た場合に設問の図1のように見えたことから，左から4，1，3段積まれているように見えたことになる。最小の数を考える場合，見えるところはその数とし，見えないところはできるだけ小さい数とする。よって，正面から見て手前の⑦，⑧，⑨にそれぞれ4，1，3段積め

1	1	1
1	1	1
4	1	3

4　　1　　3

ば，①～⑥は正面から見えないので最小の数である1段とすることができる。よって，このときの立方体の数は14個となる。

(2) 立方体の数が最大の場合

最大の数を考える場合，見えるところはその数とし，見えないところはできるだけ大きい数とする。よって，①④⑦は4段，②⑤は1段，③⑥は3段まで積むことになる。よって，このときの立方体の数は24個となる。

4	1	3
4	1	3
4	1	3

4　　1　　3

したがって，最も多い場合の個数と最も少ない場合の個数の差は，24 − 14 = 10〔個〕。

以上より，正解は3。

34 5

解説 正十二面体を組み立てると，次の見取図
のようになる。
正十二面体は，正五角形の集合体であるから，重
複する分を含めた展開図上の頂点の数は $12 \times 5 =$
60〔個〕。また，見取図より，正十二面体上の各
頂点には，それぞれ3つの面が接しているので，展
開図上の3つの頂点が重なる。よって，求める頂
点の数は，$60 \div 3 = 20$〔個〕。
以上より，正解は5。

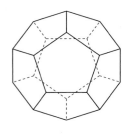

35 4

解説 それぞれの面に1〜6の数が記されたサイコロにおいて，向かい合う
数の合計が3となるのは (1，2) の組だけであり，11になるのは (5，6) の組
だけなので，7になるのは (3，4) の組である。
また，展開図において，組み立てたとき
に向かい合う面は，①と④，②と⑥，③
と⑤である。
これらがそれぞれ，(1，2) (3，4) (5，
6) のいずれかに当てはまるものが条件に
合致する。本問では，選択肢4の図が該
当する。
以上より，正解は4。

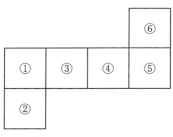

数的処理　　　　　　　数的推理

　数的推理は，数的処理の中では最も算数・数学の知識や能力が役に立つ分野といえる。出題形式はほとんどが文章題であり，必要な情報を読み取り，自身で方程式を立てて解いていく能力が求められる。本書の数学の内容を参考にしつつ，以下の重要事項を知っておいてほしい。

　まず知っておいてほしいのは，「速さ，距離，時間」の関係である。（速さ）$=\left(\dfrac{距離}{時間}\right)$ という基本公式をもとに，式変形をして距離や時間を求める，秒から分（または時間），kmからm（またはcm）などに単位変換する，といった操作を速く正確に行えるようになってほしい。このような力を身に付けることで，「通過算」，「旅人算」，「流水算」などの理解にもつながり，「仕事算」や「ニュートン算」といった応用問題にも対応できる。

　次に，「比と割合」といった指標の活用法を覚えよう。問題によっては具体的な数量ではなく比や割合だけが与えられる場合もある。例えば，「AとBの比が$a:b$」と出てきたら，Aはa個，Bはb個のように比の値をそのまま数量とする，あるいはAはax個，Bはbx個といった表し方をすると考えやすくなる。また，比例配分の考え方「X個をAとBに$a:b$に配分すると，Aには$\dfrac{a}{a+b}\times X$〔個〕，Bには$\dfrac{b}{a+b}\times X$〔個〕配分される」もよく利用される。割合では，「百分率％で表されていたら全体を100とする」と考えやすくなる。「割引き」や「割り増し」といった言葉が出てきた場合の計算にも慣れておこう。

　学習のコツとしては，判断推理と同様に「設問を読んだだけで何をすればよいか見通しが立てられるぐらいまで取り組む」ことである。もし学習時間の確保が困難であれば，「設問から必要な情報を読み取り方程式を立てる」ステップだけでも反復練習しよう。

演 習 問 題

1 4人の姉妹がコインを持っていて，長女，二女，三女，四女のコインの枚数の比は7：5：2：1である。長女は三女と四女に同じ枚数のコインを与え，二女は三女に10枚，四女にもある枚数のコインを与えたために，4人の枚数の比は11：9：8：7になった。二女が四女に与えたコインは何枚か。

   1　10枚　　2　15枚　　3　20枚　　4　30枚　　5　45枚

2 電卓を用いて2つの数の積を求めようとしたとき，「×」を押すべきところを「＋」を押してしまったために，45が表示された。同様に，「×」ではなく「÷」を押して計算すると2が表示された。本来求めようとした積として正しいものはどれか。

   1　285　　2　360　　3　415　　4　450　　5　475

3 次の計算式が成り立つとき，ア＋イはいくらになるか。

```
    2 5 ア 7 2
 −    8 イ □ ア
 ─────────────
    1 イ イ 7 9
```

   1　7　　　2　8　　　3　9　　　4　10　　　5　11

4 1から999までの整数のうちで，0を少なくとも1個含むものはいくつあるか。

   1　177個　　2　178個　　3　179個　　4　180個　　5　181個

5 4%の食塩水 x g と10%の食塩水 y g を加えると，8%の食塩水ができた。この8%の食塩水にさらに4%の食塩水 x g を加えるとできる食塩水の濃度として，正しいものはどれか。

   1　4%　　　2　5%　　　3　6%　　　4　7%　　　5　8%

6 72を28乗した数の一の位の数として，正しいものはどれか。

   1　0　　　2　2　　　3　4　　　4　6　　　5　8

7 3ケタの整数のうち5で割ると2余り，7で割ると3余る数は全部でいくつあるか。
1　25個　　　2　26個　　　3　27個　　　4　28個　　　5　29個

8 ある果物を箱に詰めるとき，1箱に8個ずつ入れると10個が入らないので，9個ずつ入れたところ，使わない箱が5箱できた。このとき，箱の数の最小値として正しいものはどれか。
1　54　　　　2　55　　　　3　56　　　　4　63　　　　5　64

9 黄色が1個，赤色が4個，白色が4個の合計9個のビーズを環状につなげて，ブレスレットを作る。この時，作り方は何通りあるか。
1　16通り　　　2　38通り　　　3　48通り　　　4　64通り　　　5　68通り

10 次の2式を満たす自然数 x, y, z の組み合わせとして正しいものはどれか。

$2x + y - z = 2 \cdots$ ①
$3x - 2y + 4z = 28 \cdots$ ②

	x	y	z
1	1	6	8
2	1	6	9
3	2	7	8
4	2	7	9
5	2	8	9

11 次の図のように1辺が4cmの正方形が6個並んでいる。このとき，三角形ECFの面積として正しいものはどれか。

1　24cm²
2　28cm²
3　34cm²
4　38cm²
5　40cm²

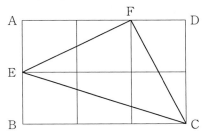

12 右図において，2直線 l, m は平行であり，A，B，C，Dは直線 l 上の異なる4点。またE，F，G，H，Iは m 上の異なる5点である。この9点A，B，C，D，E，F，G，H，Iから3点を選び，それを3頂点とする三角形をつくる。このときできる三角形の個数として正しいものは次のどれか。

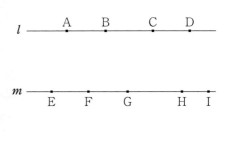

1　68個　　2　70個　　3　75個　　4　80個　　5　84個

13 正の整数 a, b がある。この整数が $a<b$ であるとき，次の式を満たす a, b の組み合わせの数として，正しいものはどれか。

$$\frac{1}{a}+\frac{1}{b}=\frac{1}{10}$$

1　3組　　　2　4組　　　3　5組　　　4　6組　　　5　7組

14 あるデパートで特売品を売り始めたとき，すでに行列ができており，発売開始後も毎分10人ずつ新たに行列に加わるものとする。レジが1つのときは1時間で行列がなくなり，レジが3つのときは15分で行列がなくなる。特売品を売り始めたときに並んでいた人数はどれか。ただし，どのレジも1分間に同じ人数に対応できるものとする。

1　1200人　　2　1300人　　3　1400人　　4　1500人　　5　1600人

15 2つの高校A校とB校で入学試験を行った。A校の合格者と不合格者の比は12：7であった。A校での不合格者全員がB校を受験し，その合格者と不合格者の比は10：1であった。また，A校とB校の両校とも不合格だった者は14人であった。このとき，A校に合格した人数は何人か。ただし，B校を受験したのはA校の不合格者だけだったとする。

1　262人　　2　264人　　3　266人　　4　268人　　5　270人

16 下図のように，半径6cmの円に正六角形が内接しているとき，斜線部分の面積として正しいものはどれか。

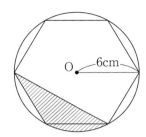

1　6π〔cm²〕
2　$6\sqrt{3}\pi$〔cm²〕
3　9π〔cm²〕
4　$9\sqrt{3}\pi$〔cm²〕
5　$(9-\sqrt{3})\pi$〔cm²〕

17 大・中・小3個のサイコロを同時に投げるとき，2個だけ同じ目になる確率として正しいものはどれか。

1　$\dfrac{1}{12}$　　2　$\dfrac{2}{12}$　　3　$\dfrac{3}{12}$　　4　$\dfrac{4}{12}$　　5　$\dfrac{5}{12}$

18 αとβの2つの文字を最大n個組み合わせることによって，80通りの暗号を作りたい。このとき，nの最低限の値として正しいものはどれか。

1　4　　　2　5　　　3　6　　　4　7　　　5　8

19 長さ420mの道の両側に，それぞれ30mおきに街路樹を植える際，必要な本数として正しいものはどれか。

1　14本　　2　15本　　3　28本　　4　30本　　5　32本

20 下図のように棒を規則的に並べて正六角形をつくっていく。このとき，21番目まで並べる際に必要な棒の総数として，正しいものはどれか。

1番目　　　2番目　　　　3番目

1　170　　2　171　　3　172　　4　173　　5　174

[21] Aさんはある本を3日間で読み切ろうとして，1日目の全体の$\frac{1}{3}$のページを読み，2日目に残りの半分のページを読んだが，3日目に残りの$\frac{1}{3}$のページしか読めなかったので，18ページ残ってしまった。この本のページ数として正しいものはどれか。

　1　54ページ　　　2　63ページ　　　3　72ページ　　　4　81ページ
　5　90ページ

[22] ミシシッピ川上流のA地点から240km川下にB地点があり，B地点を出発して両地点間を経由地無しで往復する蒸気船が就航している。ある運航で，往路は予定通り20時間でA地点へ到着したが，復路は途中でエンジンが故障して8時間川の流れのみで運航したため，B地点への到着は往路よりも2時間余計にかかってしまった。このとき，復路の予定所要時間として正しいものはどれか。ただし，川の流れの速さと静水時の蒸気船の速さはともに一定であるとする。

　1　14時間　　　2　14時間30分　　　3　15時間　　　4　15時間30分
　5　16時間

解 答 ・ 解 説

1 4

解説 4人の姉妹のコインの総数は，15（7：5：2：1の数値の和）と35（11：9：8：7の数値の和）の最小公倍数である105の倍数なので，$105x$〔枚〕とする。

はじめに持っていたコインの数は，長女は$105x \times \dfrac{7}{7+5+2+1} = 105x \times \dfrac{7}{15}$ $= 49x$〔枚〕，二女は$105x \times \dfrac{5}{15} = 35x$〔枚〕，三女は$105x \times \dfrac{2}{15} = 14x$〔枚〕，四女は$105x \times \dfrac{1}{15} = 7x$〔枚〕となる。

コインの受け渡し後に持っていたコインの数は，長女は$105x \times \dfrac{11}{11+9+8+7}$ $= 105x \times \dfrac{11}{35} = 33x$〔枚〕，二女は$105 \times \dfrac{9}{35} = 27x$〔枚〕，三女は$105x \times \dfrac{8}{35} = 24x$〔枚〕，四女は$105x \times \dfrac{7}{35} = 21x$〔枚〕となる。

よって，長女が三女と四女に与えたコインの枚数の合計は$49x - 33x = 16x$〔枚〕，それぞれに与えたコインの枚数は$16x \div 2 = 8x$〔枚〕となる。

また，二女はコインの受け渡しの前後で$35x - 27x = 8x$〔枚〕減っているので，三女に10枚，四女に$8x - 10$〔枚〕与えたことになる。

すると，受け渡し後の四女が持っているコインの枚数について，
$$21x = 7x + 8x + (8x - 10)$$
$$x = 5$$

したがって，二女が四女に与えたコインの枚数は，$8 \times 5 - 10 = 30$〔枚〕。
以上より，正解は4。

2 4

解説 はじめに電卓に入力した数をx，次に入力した数をyとする。
これらを加えると45になるから，$x + y = 45$……①

割り算の結果が2なので，$\dfrac{x}{y} = 2$……②

①，②より $x = 30$，$y = 15$
したがって，本来求めようとした積は，$30 \times 15 = 450$
以上より，正解は4。

[3] 3

解説 まず，一の位に注目すると，「72 - □ア」より，この計算結果の位置の位の数が9になるのは，アが3の場合だけである。よって，設問の図は次のようになる。

$$
\begin{array}{r}
2\ 5\ 3\ 7\ 2 \\
-\quad 8\ \text{イ}\ □\ 3 \\
\hline
1\ \text{イ}\ \text{イ}\ 7\ 9
\end{array}
$$

次に，繰り下がりがあるので，「36 - イ□ = イ7」となり，この計算結果の一の位の数が7になるのは□に9が入る場合だけである。ここまでで，次のようになる。

さらに，繰り下がりがあるので，「252 - 8イ = 1イイ」となり，この計算が成り立つのはイが6の場合だけである。

$$
\begin{array}{r}
2\ 5\ 3\ 7\ 2 \\
-\quad 8\ \text{イ}\ 9\ 3 \\
\hline
1\ \text{イ}\ \text{イ}\ 7\ 9
\end{array}
$$

よって，ア + イ = 3 + 6 = 9となる。

以上より，正解は3。

[4] 4

解説 0を1個も含まないものは，

$$
\begin{cases}
1\text{ケタの整数では}\cdots\cdots 9 \text{〔個〕} \\
2\text{ケタの整数では}\cdots\cdots 9^2 = 81 \text{〔個〕} \\
3\text{ケタの整数では}\cdots\cdots 9^3 = 729 \text{〔個〕}
\end{cases}
$$

合計すると，$9 + 81 + 729 = 819$〔個〕である。

したがって，少なくとも0が1個あるものは，(全体) - (1個も0がないもの) = 999 - 819 = 180〔個〕。

以上より，正解は4。

[5] 4

解説 （食塩水の濃度）= $\dfrac{\text{食塩の量}}{\text{食塩水の量}} \times 100$ より，

（食塩の量）= $\dfrac{\text{（食塩水の量）}\times\text{（食塩水の濃度）}}{100}$ と表せる。

4%の食塩水 x 〔g〕に含まれる食塩の量は，$\dfrac{x \times 4}{100} = \dfrac{4x}{100}$〔g〕

10%の食塩水 y 〔g〕に含まれる食塩の量は，$\dfrac{y \times 10}{100} = \dfrac{10y}{100}$〔g〕

これらを加えたところ8%の食塩水ができたので，

$$\frac{\frac{4x}{100} + \frac{10y}{100}}{x + y} \times 100 = 8$$

これを整理すると，$y = 2x \cdots ①$

さらに，4％の食塩水 x〔g〕を加えたときの濃度は，$\dfrac{\frac{4x}{100} + \frac{10y}{100} + \frac{4x}{100}}{x + y + x} \times$

100〔％〕と表せ，①を代入すると，

$$\frac{\frac{4x}{100} + \frac{10y}{100} + \frac{4x}{100}}{x + y + x} \times 100 = \frac{\frac{4x}{100} + \frac{10 \times 2x}{100} + \frac{4x}{100}}{x + 2x + x} \times 100 = \frac{28x}{4x} = 7 〔\%〕$$

以上より，正解は4。

---

⑥ 4

解説 一の位の数だけに着目すればよい。

次の数の一の位の数は，

$72^1 \rightarrow 2$，$72^2 \rightarrow 4$，$72^3 \rightarrow 8$，$72^4 \rightarrow 6$，$72^5 \rightarrow 2$，$72^6 \rightarrow 4 \cdots$

より，一の位は，「2，4，8，6」の規則のくり返しである。

よって，72^{28} の一の位の数は $28 \div 4 = 7$ 余り 0 より，規則の最後の数の6であることが分かる。

以上より，正解は4。

---

⑦ 2

解説 求める数を N とすると，「5で割ると2余り」，「7で割ると3余る」ので，

$N = 5a + 2 = 7b + 3$ と表せる。（a，b は整数）

$5a = 7b + 1$ より

$$a = \frac{7b + 1}{5} = b + \frac{2b + 1}{5} = b + 1 + \frac{2(b - 2)}{5}$$

よって，$b - 2$ は5の倍数となり，$b - 2 = 5t$（t は整数）とおくと，

$b = 5t + 2$ これを $N = 7b + 3$ へ代入すると，

$\quad N = 7(5t + 2) + 3 = 35t + 17$

$100 \leqq 35t + 17 \leqq 999$ より，$83 \leqq 35t \leqq 982$

$\therefore \ 3 \leqq t \leqq 28$ よって，条件を満たす t は $28 - 3 + 1 = 26$〔個〕より，N も26個となる。

以上より，正解は2。

8 2

解説 果物をx個の箱に詰めるとき，1箱に8個ずつ入れると10個が入らないので，果物の数は，$8x + 10$〔個〕

また，1箱に9個ずつ入れると，使わない箱が5箱になるので，

$9(x - 6) < 8x + 10 \leqq 9(x - 5)$

$9(x - 6) < 8x + 10$より，

$x < 64$

$8x + 10 \leqq 9(x - 5)$より，

$x \geqq 55$

∴　$55 \leqq x < 64$

よって，箱の数の最小値は55個である。

なお，箱の数の最大値は，自然数であることに留意すると63個である。

以上より，正解は2。

9 2

解説 同じものを含む数珠順列を考える。

まず，黄色のビーズを固定させて，残りの赤色4個，白色4個の並べ方を考えると，同じものを含む順列なので，$\dfrac{8!}{4! \times 4!} = \dfrac{8 \times 7 \times 6 \times 5}{4 \times 3 \times 2 \times 1} = 70$〔通り〕。

次に，黄色を中心に左右対称になっている場合，片側に並ぶ4つのうちどの2か所に赤色が入るか決まればいいので，${}_4\mathrm{C}_2 = \dfrac{4 \times 3}{2 \times 1} = 6$〔通り〕。

よって，黄色を中心に左右対称になっていない場合は，$70 - 6 = 64$〔通り〕。

ここで，数珠順列の場合，左右対称でない並び方であれば，これをひっくり返すと同じ並び方となるものが存在するので，実際には$64 \div 2 = 32$〔通り〕となる。

よって，並べ方は$6 + 32 = 38$〔通り〕となる。

以上より，正解は2。

10 4

解説 ①×2＋②より，yを消去すると，

$7x + 2z = 32$

これを満たす (x, z) は $(2, 9)$ と $(4, 2)$

・$(x, z) = (2, 9)$ のとき，$y = 7$

・$(x, z) = (4, 2)$ のとき，$y = -4$（自然数ではないため不適）

よって，$(x, y, z) = (2, 7, 9)$

以上より，正解は4。

11 5

解説 三角形ECFの面積は，四角形ABCDの面積から3つの直角三角形の面積を引いたものとなる。

三角形EBCの面積：$12 \times 4 \div 2 = 24$〔cm²〕

三角形FAEの面積：$4 \times 8 \div 2 = 16$〔cm²〕

三角形FDCの面積：$4 \times 8 \div 2 = 16$〔cm²〕

四角形ABCDの面積：$12 \times 8 = 96$〔cm²〕

よって，三角形ECFの面積は，

$96 - (24 + 16 + 16) = 40$〔cm²〕

以上より，正解は5。

12 2

解説 できる三角形の個数は

　i）l上から異なる2点を選び，m上から1点を選ぶとき

　　　$_4C_2 \times 5 = \dfrac{4 \times 3}{2 \times 1} \times 5 = 6 \times 5 = 30$〔個〕

　ii）m上から異なる2点を選び，l上から1点を選ぶとき

　　　$_5C_2 \times 4 = \dfrac{5 \times 4}{2 \times 1} \times 4 = 10 \times 4 = 40$〔個〕

　i）ii）より，

　　　$30 + 40 = 70$〔個〕

以上より，正解は2。

13 2

解説 ╲ 与えられた式の両辺に，$10ab$をかけて，因数分解すると，次のようになる。

$$\frac{1}{a} + \frac{1}{b} = \frac{1}{10}$$
$$10b + 10a = ab$$
$$ab - 10a - 10b + 100 = 100$$
$$(a - 10)(b - 10) = 100 \cdots ①$$

また，$a < b$より，$(a - 10) < (b - 10)$となり，a，bが正の整数なので$(a - 10)$，$(b - 10)$は整数である。
このような条件をもとに，①の式を満たす$(a - 10)$，$(b - 10)$を考えると次の4組である。

$a - 10$	$b - 10$
1	100
2	50
4	25
5	20

この4組いずれの場合でも，a，bが1組ずつ対応するので，$\frac{1}{a} + \frac{1}{b} = \frac{1}{10}$を満たす$a$，$b$も4組である。
以上より，正解は2。

14 1

解説 ╲ 特売品を売り始めたときに行列に並んでいた人数をA人，レジ1つが1分間に処理する人数をa人とする。

レジが1つのとき，60分で行列がなくなったので，新たに行列に加わった人数は$10 \times 60 = 600$〔人〕，
レジが処理した人数は$a \times 1 \times 60 = 60a$となり，次式が成り立つ。

$$A + 600 = 60a \cdots ①$$

レジが3つのとき，15分で行列がなくなったので，新たに行列に加わった人数は$10 \times 15 = 150$〔人〕，
レジが処理した人数は$a \times 3 \times 15 = 45a$となり，次式が成り立つ。

$$A + 150 = 45a \cdots ②$$

①−②より，$450 = 15a$ となり，$a = 30$〔人〕となる。

これを①に代入して A について解くと，$A = 1200$〔人〕となる。

以上より，正解は1。

---

15 2

解説 （Aの合格者）：（Aの不合格者）$= 12 : 7$ より，Aの合格者 $12x$〔人〕，不合格者 $7x$〔人〕とする。

（Bの合格者）：（Bの不合格者）$= 10 : 1$ より，Bの合格者 $10y$〔人〕，不合格者 y〔人〕とする。

これらの条件を表にまとめると，次のようになる。

	合格	不合格	合計
A校	$12x$	$7x$	$19x$
B校	$10y$	y	$11y$

A校の不合格者が全員B校を受験したので，

$7x = 11y \cdots$①

A，B校ともに不合格だった者（つまりB校に不合格だった者）は14人だから，

$y = 14 \cdots$②

①，②より，$x = 22$

したがって，A校に合格した者は，$12x = 12 \times 22 = 264$〔人〕

以上より，正解は2。

---

16 1

解説 円に正六角形が内接している図は線対称な図形なので，直線ADは点Oを通り，またAD//BCとなる。よって，（△ABCの面積）$=$（△OBCの面積）

つまり，斜線部分の面積は扇型OBCの面積と等しくなる。正六角形は合同な6つの正三角形からなるので，△OBCは正三角形である。よって，求める面積は，

$$6 \times 6 \times \pi \times \frac{60}{360} = 6\pi \text{〔cm}^2\text{〕}$$

以上より，正解は1。

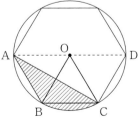

17 5

解説 起こりうるすべての場合の数は，$6 \times 6 \times 6 = 216$〔通り〕である。
この216通りの中で，2個だけ同じ目になる場合の数を考えると，
①大，中，小のうち，どのサイコロ2つで同じ目が出るか
　　$_3C_2$〔通り〕
②1〜6のうち，どの目で同じになるか
　　6通り
③1つだけ違う目は何が出るか
　　5通り
①，②，③より，
　　$_3C_2 \times 6 \times 5 = 3 \times 6 \times 5 = 90$〔通り〕
　　$\dfrac{90}{216} = \dfrac{5}{12}$
よって，求める確率は
以上より，正解は5。

18 3

解説 「2つの文字を最大n個組み合わせる」場合の数を求めるので，（1個だけ使う場合）＋（2個だけ使う場合）＋…＋（n個すべて使う場合）の合計となる。
2つの文字をn個組み合わせる場合の数は，重複順列の公式より2^n〔通り〕
2つの文字を最大n個組み合わせる場合の数は，
　　$2 + 2^2 + 2^3 + \cdots + 2^n$〔通り〕
$n = 5$のとき，$2 + 2^2 + 2^3 + 2^4 + 2^5 = 62$〔通り〕
$n = 6$のとき，$2 + 2^2 + 2^3 + 2^4 + 2^5 + 2^6 = 126$〔通り〕
よって，80通りの暗号を作るためには2つの文字を最低6個組み合わせる必要がある。
以上より，正解は3。

19 4

解説 必要な街路樹の本数は，両端を考慮すると，$\left(\dfrac{道の長さ}{木の間隔} + 1 \right)$〔本〕
となる。また，両側に植えるため，2をかける必要がある。

よって，（必要な街路樹の本数）$= \left(\dfrac{420}{30} + 1 \right) \times 2 = 30$〔本〕

以上より，正解は4。

20 2

解説 1番目から2番目，2番目から3番目と，1増えるごとに必要な棒が何本ずつ増えるかを考える。

よって，必要な棒の総数は，はじめの数が11でその後8ずつ増えていくので，初項が11，公差が8の等差数列を考えればよく，n番目の項は$11 + (n - 1) \times 8$と表せる。

したがって，21番目に必要な棒の総数は，

$11 + (21 - 1) \times 8 = 171$〔本〕

以上より，正解は2。

21 4

解説 この本のページ数をxとおくと，

1日目に読んだページ数は$\dfrac{1}{3}x$だから，1日目の残りは$x - \dfrac{1}{3}x = \dfrac{2}{3}x$ページである。

2日目に読んだページ数は$\dfrac{2}{3}x \times \dfrac{1}{2} = \dfrac{1}{3}x$だから，2日目の残りは$\dfrac{2}{3}x - \dfrac{1}{3}x = \dfrac{1}{3}x$である。

3日目に読んだページ数は$\dfrac{1}{3}x \times \dfrac{1}{3} = \dfrac{1}{9}x$だから，3日間で読んだページ数は$\dfrac{1}{3}x + \dfrac{1}{3}x + \dfrac{1}{9}x = \dfrac{7}{9}x$となる。

すると，3日目で残ったページ数が18だから，

$\dfrac{7}{9}x + 18 = x$ を解いて，

$x = 81$

すなわち81ページとなる。

以上より，正解は4。

22　3

解説 静水時の蒸気船の速さを$x$km/h，川の流れの速さを$y$km/hとおく。

A地点への往路は川を遡るから，

$(x - y) \times 20 = 240$ より，

$x - y = 12 \cdots\cdots$①

B地点への復路は，往路よりも2時間余計にかかったから，往路の所要時間 $20 + 2 = 22$ 時間のうち，8時間は川の流れのみ，$22 - 8 = 14$ 時間はエンジンを稼働させて川を下る。

よって，

$y \times 8 + (x + y) \times 14 = 240$ より，

$7x + 11y = 120 \cdots\cdots$②

ここで静水時の蒸気船の速さを求めると，（①×11＋②）÷18より，$x = 14$

すなわち，蒸気船の速さは14km/hとなり，①に代入して，$y = 2$

すなわち，川の流れの速さは2km/hとなる。

よって，復路の予定所要時間は川を下るから，求める復路の予定所要時間は，

$240 \div (x + y) = 240 \div (14 + 2) = 15$ 時間である。

以上より，正解は3。

数的処理　　資料解釈

■■■■■■■■■■■■■■■■■■■■■■■ **P O I N T** ■■■■■■■■■■■■■■■■■■■■■■■

　資料解釈では，与えられた図表をもとに，必要なデータを早く正確に読み取る能力が試される。出題形式はほとんど選択肢の記述の正誤を問うものなので，「正誤が判断できる最低限の情報を読み取る」姿勢を身に付けてほしい。高度な計算力は必要ないが，取り扱う数量の桁数が大きかったり，見慣れない単位が使われていて，コツを掴むまでに時間がかかるかもしれないので，できるだけ早く取り組もう。

　まず，問題を解く前に与えられた図表のタイトル（ない場合もある）や単位に注目すること。次に，図表に記されたデータを見る前に選択肢を確認してほしい。その際，選択肢を順番に検討するのではなく，正誤が判断しやすいものから順に検討し，判断が難しい選択肢については消去法で対応するとよい。なお，選択肢の中には「図表からは判断できない」場合があるので，注意しよう。選択肢の検討にあたっては，次の指標を用いる場合がほとんどなので，それぞれの指標の意味や公式を覚えてしまいたい。

・割合：ある数量が，全体に対して占める分量。

　　Aに対するBが占める割合〔％〕は，$\dfrac{B}{A} \times 100$

・比率：ある数量を，他の数量と比べたときの割合。

　　Aに対するBの比率（比）は，$\dfrac{B}{A}$

・指数：基準となる数量を100としたときの，他の数量の割合。

　　Aを100としたときのBの指数は，$\dfrac{B}{A} \times 100$

・増加量（減少量）：元の数量に対するある数量の増加分（減少分），増加（減少）していればプラス（マイナス）の値になる。

　　「昨年の量」に対する「今年の量」の増加量（減少量）は，「今年の量」−「昨年の量」

・増加率（減少率）：元の数量に対するある数量の増加率（減少率），増加（減少）していればプラス（マイナス）の値になる。

「昨年の量」に対する「今年の量」の増加率（減少率）〔%〕は，

$$\frac{\text{「今年の量」}-\text{「昨年の量」}}{\text{「昨年の量」}} \times 100$$

・単位量あたりの数量：「単位面積あたり」や「1人あたり」に占める数量。

全体の量のうち，1人あたりに占める量は，$\dfrac{\text{全体の量}}{\text{人数}}$

　学習の初期段階では，本書の解説を参考に自身の手で正しく計算するよう心掛けよう。そのうえで，慣れてきたら「増加している」や「2分の1になっている」といった内容であれば計算せずに判断したり，129,176を130,000と概算して判断したりするなど，できるだけ短い時間で解答できるように練習すること。

《 演 習 問 題 》

1　次のグラフは，法人による農業経営について，各年における常雇い人数と雇い入れた法人経営体数，2015年における常雇いの年齢構成を示している。これらから読み取れる内容として最も妥当なものはどれか。

（『日本国勢図会2020/2021』より作成）

1　2005年と2015年を比較すると，常雇い人数は増加しており，その数は2倍を超えている。

2　2005年と2015年を比較すると，雇い入れた法人経営体数は増加しているが，その数は2倍に満たない。

3　2015年において，65歳以上の常雇いの者は，15,000人に満たない。

4　2015年において，常雇いの年齢構成について比較すると，最も少ないの

は25～34歳の者である。

5　常雇いの年齢構成の推移をみると，65歳以上の者についての増加が進んでいる。

2　次のグラフは，日本において1年以内の間に正社員以外の雇用形態の従業員をから正社員に登用した企業の割合について，産業別と調査産業計の推移を示したものである。このグラフから読み取れる内容として，妥当なものはどれか。

（登用実績あり，%）

（『令和4年版　経済財政白書』より作成）

1　「生活関連サービス・娯楽業」は，各年および各産業を比較して最も「登用実績あり」の率が高い年があった。

2　順位の変動を年ごとに比較すると，各年を通じ，順位が同一の産業はなかった。

3　2019年には，4つの産業において「登用実績あり」の率が5割を超えていた。

4　調査産業計の増減は，日本における失業率の変化と連動していた。

5　「建設業」は，各年および各産業を比較して最も「登用実績あり」の率が低い年があった。

③ 次の表は，各国における石油製品の輸出入額（2018年）を表したものである。この表からいえることとして，最も妥当なものはどれか。

輸出　　　　　　　　　　　　　　　　　　　　　　　　（単位　万t）

アメリカ合衆国	21943	ベルギー	3013	ノルウェー	2043
ロシア	13027	イタリア	2759	フランス	1997
サウジアラビア	11104	クウェート	2754	ギリシャ	1997
オランダ	10951	イラン	2431	（台湾）	1771
シンガポール	8304	スペイン	2295	日本	1717
韓国	6819	ドイツ	2262	カタール	1591
中国	6356	イギリス	2222	スウェーデン	1590
インド	6325	カナダ	2178	世界計	146250
アラブ首長国連邦	4186	アルジェリア	2105	うちOPEC	24740

輸入

シンガポール	11228	韓国	3913	ナイジェリア	1963
オランダ	8770	イギリス	3511	マレーシア	1908
アメリカ合衆国	7359	インド	3335	スペイン	1871
中国	6782	ベルギー	3008	アラブ首長国連邦	1809
メキシコ	5526	オーストラリア	2982	（台湾）	1658
サウジアラビア	4291	トルコ	2748	イタリア	1586
日本	4231	インドネシア	2681	パキスタン	1542
フランス	4228	ブラジル	2496	イラク	1377
ドイツ	4033	（香港）	2162	世界計	13618

（『世界国勢図会2021/2022』より作成）

1　アメリカ合衆国の石油製品の輸出額は，世界の輸出額合計のうち16％以上を占めている。

2　ロシアの石油製品の輸出額は，世界の輸出額合計のうち1割以上を占めている。

3　オランダの石油製品の輸出額は，スペインの石油製品の輸出額の5倍以上である。

4　シンガポールの石油製品の輸入額は，世界の輸入額合計のうち10％以上を占めている。

5　メキシコの石油製品の輸入額は，世界の輸入額合計のうち3％以上を占めている。

4 下のグラフは，インターネット利用率およびネット接続機器の利用率を学校種別ごとに表したものである。このグラフから読み取れる内容として妥当なものはどれか。但し，ここでいう小学生は10歳以上の小学生とする。

(内閣府「令和3年度青少年のインターネット利用環境実態調査」より作成)

1　インターネット利用率を学校種別ごとに比較すると，高い順から，中学生，高校生，小学生となる。

2　スマートフォンの利用率は，いずれの学校種においても4割を超えている。

3　機器別の利用率について，中学生と高校生を比較すると，同一の順位となる機器はない。

4　機器別の利用率について，学校種別に順位を比較すると，5種類すべてが全体の順位と一致する例はない。

5　GIGA端末の利用者数は，年齢が下がるほど多くなっている。

5 次の円グラフは，各国の国際移住者の出身国 (2020年) を表したものである。この円グラフからいえることとして，最も妥当なものはどれか。

アメリカ合衆国　ドイツ　サウジアラビア

（『世界国勢図会2021/22』より作成）

1 アメリカ合衆国において，メキシコからの国際移住者は1100万人を越えている。

2 ドイツにおいて，ポーランドからの国際移住者は200万人未満である。

3 アメリカ合衆国におけるフィリピンからの国際移住者は，ドイツにおけるトルコからの国際移住者より少ない。

4 サウジアラビアにおいて，インドからの国際移住者は200万人を越えている。

5 サウジアラビアにおけるパキスタンからの国際移住者は，ドイツにおけるロシアからの国際移住者よりも少ない。

6 次の表は，各国における肉類の生産量（単位　千t）を表したものである。この表からいえることとして，最も妥当なものはどれか。

肉類計	2017	2018	肉類計	2017	2018
中国	86775	86463	ミャンマー	3154	3529
アメリカ合衆国	45799	46833	南アフリカ共和国	3131	3241
ブラジル	27694	29341	イラン	2994	3086
ロシア	10319	10629	オランダ	3007	2936
ドイツ	8281	8189	タイ	2920	2933
インド	7366	7454	コロンビア	2686	2829
メキシコ	6808	7051	韓国	2406	2498
スペイン	6662	7028	ウクライナ	2345	2383
アルゼンチン	5699	5930	エジプト	2149	2152
フランス	5563	5622	マレーシア	1973	2114
ベトナム	5072	5228	ペルー	1893	2016
カナダ	4773	4893	デンマーク	1814	1874
オーストラリア	4444	4659	ベルギー	1795	1825
ポーランド	4338	4463	（台湾）	1479	1531
イギリス	3957	4087	チリ	1418	1505
日本	3963	4016	ニュージーランド	1387	1453
パキスタン	3682	3870	ナイジェリア	1446	1451
トルコ	3584	3668	モロッコ	1272	1346
イタリア	3661	3668	ベネズエラ	1206	1295
フィリピン	3527	3642	ウズベキスタン	1010	1206
インドネシア	3337	3597	世界計	334837	342396

（『世界国勢図会2020/21』より作成）

1　中国とアメリカ合衆国における肉類の生産量は，2017年から2018年にかけて，どちらの国も増加している。

2　ミャンマーとオランダにおける肉類の生産量は，2017年から2018年にかけて，どちらの国も増加している。

3　2017年において，ロシアの肉類の生産量は，フランスの肉類の生産量の2倍以上である。

4　2017年において，ブラジルの肉類の生産量は，ベトナムの肉類の生産量の5倍以上である。

5　2018年において，インドの肉類の生産量は，ニュージーランドの肉類の生産量の5倍以下である。

7 次の表は2000年から2019年までの各国の漁業生産量（単位　千t）を表したものである。この表からいえることとして，最も妥当なものはどれか。

	2000年	2010年	2018年	2019年
日本	5192	4188	3341	3231
インドネシア	4159	5390	7262	7525
メキシコ	1350	1528	1699	1581
ノルウェー	2892	2838	2664	2472

（『世界国勢図会2021/22』より作成）

1　インドネシアとメキシコにおける漁業生産量は，いずれの国においても年々増加傾向にある。

2　いずれの年においても，インドネシアの漁業生産量が最も大きい値を示している。

3　いずれの年においても，日本の漁業生産量は2番目に大きい値を示している。

4　2019年におけるインドネシアの漁業生産量は，ノルウェーの漁業生産量の3倍未満である。

5　日本とノルウェーにおける漁業生産量は，いずれも年々減少傾向にある。

8 次のグラフは1960年から2019年における日本の製造品出荷等構成の推移を表したものである。ここからいえることとして，最も妥当なものはどれか。

（『日本国勢図会2022/23』より作成）

272

1　2000年における「食料品」の割合は「繊維」の割合の6倍以上である。
2　2019年における「機械」の割合は「化学」の割合の3.5倍以上である。
3　重化学工業に占める「機械」の割合は年々増加傾向にある。
4　軽工業に占める「繊維」の割合は年々減少傾向にある。
5　重化学工業に占める「金属」の割合は，常に「化学」の割合よりも高い。

9　次の図は，アメリカ，イギリス，カナダ，オーストラリアにおける
SNSサイト利用率を年齢別に示したものである。この図からいえることと
して，最も妥当なものはどれか。

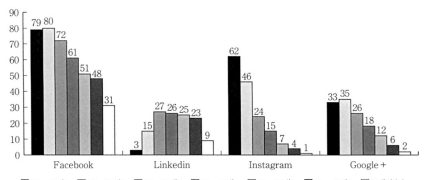

（内閣府「平成26年度アメリカ・イギリス・カナダ・オーストラリアにおける
青少年のインターネット環境整備状況等調査」より作成）

1　Linkedinの利用率が最も高いのは，12 − 17歳である。
2　いずれのSNSサイトにおいても，65歳以上の利用率が最も低い。
3　Fecebookの年齢別利用率とGoogle ＋の年齢別利用率を大きい順から並
　べると同じ順番となっている。
4　12 − 17歳，18 − 24歳，25 − 34歳におけるGoogle ＋の利用率は，いず
　れにおいても2番目に大きい値となっている。
5　いずれの年齢層においても，Linkedinの利用率はFacebookの利用率を
　上回っている。

10 次の表は，各国（地域）における原油の国内供給量（単位　万t）と自給率を表したものである。この表からいえることとして，最も妥当なものはどれか。

	国内供給量	自給率(%)		国内供給量	自給率(%)
アジア	146969	22.5	北アメリカ	89322	81.8
中国	62952	30.0	アメリカ合衆国	82334	65.8
インド	26022	13.1	カナダ	6987	269.4
韓国	15245	0.0	中東	41407	312.7
日本	14893	0.1	サウジアラビア	15214	337.9
タイ	6363	19.1	イラン	8439	208.4
シンガポール	5531	―	アラブ首長国連邦	3405	406.7
（台湾）	4644	0.0	イラク	3373	659.1
インドネシア	4557	82.4	クウェート	3682	411.3
ヨーロッパ	92619	87.5	中南アメリカ	21720	190.6
ロシア	26116	200.4	ブラジル	8609	152.7
ドイツ	8778	2.4	メキシコ	3072	309.5
スペイン	6789	0.1	アフリカ	9712	373.4
イタリア	6699	7.0	オセアニア	2518	52.6
オランダ	5494	1.6			
フランス	5395	1.4			
イギリス	5148	92.4			
ベルギー	3302	―	世界計	404267	―

（『世界国勢図会2021/22』より作成）

1　ロシアの原油の国内供給量は，ベルギーの原油の国内供給量の8倍以上である。

2　アメリカ合衆国の原油の国内供給量は，メキシコの原油の国内供給量の30倍以上である。

3　中東地域において，原油の自給率が最も高い国は，国内供給量についても最も多い。

4　アジア地域において，原油の自給率が最も高い国は，国内供給量についても最も多い。

5　インドの原油の国内供給量は，タイの原油の国内供給量の4倍以上である。

11 次の図は，食肉全体のうち，牛肉，豚肉および鶏肉の日本における輸入額合計額と，輸入元の割合を国・地域別で示したものである。この図からいえることとして妥当なものはどれか。

牛肉の輸入額　合計2995億円　100%
豚肉の輸入額　合計4146億円　100%
鶏肉の輸入額　合計1337億円　100%

（農畜産業振興機構資料より作成）

1　いずれの食肉についても，米国からの輸入が上位3位以内に入っている。

2　豚肉について，台湾からの輸入額は，デンマークからの輸入額の3倍を超えている。

3　カナダからの豚肉の輸入額は，ブラジルからの鶏肉の輸入額より多い。

4　オーストラリアからの食肉すべての輸入額の合計は，タイからの食肉すべての輸入額の5倍を超えている。

5　米国からの輸入額を牛肉，豚肉について比較すると，前者の方が大きいものの，その差は3倍に満たない。

《 解 答 ・ 解 説 》

1 3

解説 1. 誤り。常雇い人数については，$\dfrac{2015年の常雇い人数}{2005年の常雇い人数} = \dfrac{104〔千人〕}{53〔千人〕}$ ≒ 1.96〔倍〕より，2倍に満たない。 2. 誤り。雇い入れた法人経営体数については，$\dfrac{2015年の法人経営体数}{2005年の法人経営体数} = \dfrac{11.7〔千経営体数〕}{5.1〔千経営体数〕}$ ≒ 2.29〔倍〕より，2倍を超えている。 3. 正しい。65歳以上の常雇いの人数は，104,285 × 0.137 ≒ 14,287〔人〕より，15,000人未満である。 4. 誤り。年齢構成の中で最も少ないのは15〜24歳の者である。 5. 誤り。資料には常雇いの年齢構成の推移は示されていないので，判断できない。

2 5

解説 1. 誤り。「登用実績あり」の率について，「生活関連サービス・娯楽業」は2017年の約65％が最高であったが，「医療・福祉」は，2018年の約70％が最高であった。つまり，「『生活関連サービス・娯楽業』は，各年および各産業を比較して最も『登用実績あり』の率が高い年があった」との記述は誤りである。 2. 誤り。「医療・福祉」は各年とも1位であるから，「各年を通じ，順位が同一の産業はなかった」との記述は誤りである。 3. 誤り。2019年において「登用実績あり」の率が5割（50％）を超えていたのは，「医療・福祉」「製造業」「生活関連サービス・娯楽業」の3つの産業である。なお，「調査産業計」は含めないことに注意。 4. 誤り。失業率についてのデータが示されていないので，「このグラフから読み取れる内容」としては誤りである。 5. 正しい。2016年における「建設業」の「登用実績あり」の率は約25％であったが，これは，各年および各産業を比較した際，最も低い水準であった。

3 5

解説 1. 誤り。アメリカ合衆国の石油製品の輸出額は，$\dfrac{アメリカ合衆国の輸出額}{世界の輸出額合計} \times 100 = \dfrac{21943}{146280} \times 100$ ≒ 15.0〔％〕より，世界の輸出額合計のうち16％以上を占めていない。 2. 誤り。ロシアの石油製品の輸出額は，$\dfrac{ロシアの輸出額}{世界の輸出額合計} = \dfrac{13027}{146250}$ ≒ 0.089（8.9％）より，世界の輸出額

合計のうち1割以上を占めていない。　3.　誤り。オランダの石油製品の輸出額は，$\dfrac{\text{オランダの輸出額}}{\text{スペインの輸出額}} = \dfrac{10951}{2295} ≒ 4.8$〔倍〕より，スペインの石油製品の輸出額の5倍未満である。　4.　誤り。シンガポールの石油製品の輸入額は，$\dfrac{\text{シンガポールの輸入額}}{\text{世界の輸入額合計}} × 100 = \dfrac{11228}{136816} × 100 ≒ 8.2$〔％〕より，世界の輸入額合計のうち10％以上を占めていない。　5.　正しい。メキシコの石油製品の輸入額は，$\dfrac{\text{メキシコの輸入額}}{\text{世界の輸入額合計}} × 100 = \dfrac{5526}{136816} × 100 ≒ 4.0$〔％〕より，世界の輸入額合計のうち3％以上を占めている。

4　4

解説　1.　誤り。インターネット利用率を学校種別ごとに比較すると，高い順から，高校生（99.2％），中学生（98.2％），小学生（96.0％）である。
2.　誤り。小学生のスマートフォンの利用率は，38.6％であるから，4割に満たない。　3.　誤り。中学生，高校生ともにスマートフォンの利用率が1位であり，それぞれ72.6％と97.7％である。　4.　正しい。機器別の利用率について，順位は次の通りである。

全体
　・1位…スマートフォン・2位…ゲーム機・3位…テレビ・4位…自宅用PC・タブレット・5位…GIGA端末

小学生
　・1位…ゲーム機・2位…GIGA端末・3位…自宅用PC・タブレット・4位…テレビ・5位…スマートフォン

中学生
　・1位…スマートフォン・2位…ゲーム機・3位…テレビ・4位…GIGA端末・5位…自宅用PC・タブレット

高校生
　・1位…スマートフォン・2位…テレビ・3位…ゲーム機・4位…自宅用PC・タブレット・5位…GIGA端末

5.　誤り。利用率や調査人数のデータは示されているものの年齢別のデータは示されていないので，判断できない。

5 4

解説 1. 誤り。アメリカ合衆国におけるメキシコからの国際移住者は，5063 × 0.214 ≒ 1083〔万人〕であり，1100万人未満である。 2. 誤り。ドイツにおけるポーランドからの国際移住者は，1576 × 0.136 ≒ 214〔万人〕であり，200万人を越えている。 3. 誤り。アメリカ合衆国におけるフィリピンからの国際移住者は5063 × 0.041 ≒ 208〔万人〕であるのに対して，ドイツにおけるトルコからの国際移住者は1576 × 0.117 ≒ 184〔万人〕である。 4. 正しい。サウジアラビアにおけるインドからの国際移住者は，1345 × 0.186 ≒ 250〔万人〕なので，200万人を超えている。 5. 誤り。サウジアラビアにおけるパキスタンからの国際移住者は1345 × 0.110 ≒ 147〔万人〕であるのに対して，ドイツにおけるロシアからの国際移住者は1576 × 0.076 ≒ 120〔万人〕である。

6 4

解説 1. 誤り。アメリカ合衆国における肉類の生産量は，2017年から2018年にかけて増加しているが，中国においては減少している。 2. 誤り。ミャンマーにおける肉類の生産量は，2017年から2018年にかけて増加しているが，オランダにおいては減少している。 3. 誤り。2017年において，ロシアの肉類の生産量は，$\frac{ロシアの肉類の生産量}{フランスの肉類の生産量} = \frac{10319}{5563} ≒ 1.85$〔倍〕より，フランスの肉類の生産量の2倍未満である。 4. 正しい。2017年において，ブラジルの肉類の生産量は，$\frac{ブラジルの肉類の生産量}{ベトナムの肉類の生産量} = \frac{27694}{5072} ≒ 5.46$〔倍〕より，ベトナムの肉類の生産量の5倍以上である。 5. 誤り。2018年において，インドの肉類の生産量は，$\frac{インドの肉類の生産量}{ニュージーランドの肉類の生産量} = \frac{7454}{1453} ≒ 5.13$〔倍〕より，ニュージーランドの肉類の生産量の5倍を超えている。

7 5

解説 1. 誤り。インドネシアにおける漁業生産量は年々増加傾向にあるものの，メキシコの漁業生産量は2018年から2019年にかけて減少している。 2. 誤り。2000年において最も漁業生産量が多い国は，日本である。 3. 誤り。2000年においては最も大きい値を示し，2010年から2019年にかけては2番目に大きい値を示している。 4. 誤り。2019年におけるインドネシアの

漁業生産量は，$\dfrac{インドネシアの漁業生産量}{ノルウェーの漁業生産量} = \dfrac{7525}{2472} \fallingdotseq 3.0$〔倍〕より，ノルウェーの漁業生産量の3倍以上である。　5．正しい。日本とノルウェーにおける漁業生産量は，年々減少している。

8 4

解説　1．誤り。2000年における「食料品」の割合は，$\dfrac{「食料品」の割合}{「繊維」の割合}=$
$\dfrac{11.6}{2.3} \fallingdotseq 5.0$〔倍〕より，「繊維」の割合の6倍未満である。　2．誤り。2019年における「機械」の割合は，$\dfrac{「機械」の割合}{「化学」の割合}=\dfrac{45.3}{13.3} \fallingdotseq 3.4$〔倍〕より，「化学」の割合の3.5倍未満である。　3．誤り。重化学工業に占める「機械」の割合は，1960年では$\dfrac{25.8}{18.8+25.8+11.1}=\dfrac{25.8}{55.7} \fallingdotseq 0.463$，1980年では$\dfrac{31.8}{17.1+31.8+15.5}$ $=\dfrac{31.8}{64.4} \fallingdotseq 0.494$，2000年では$\dfrac{45.8}{11.1+45.8+11.0}=\dfrac{45.8}{67.9} \fallingdotseq 0.675$，2010年では $\dfrac{44.6}{13.6+44.6+14.2}=\dfrac{44.6}{72.4} \fallingdotseq 0.616$，2019年では$\dfrac{45.3}{13.5+45.3+13.3}=\dfrac{45.3}{72.1} \fallingdotseq$ 0.628より，年々増加しているわけではない。　4．正しい。軽工業に占める「繊維」の割合は，1960年では$\dfrac{12.3}{100-55.7}=\dfrac{12.3}{44.3} \fallingdotseq 0.278$，1980年では$\dfrac{5.2}{100-64.4}$ $=\dfrac{5.2}{35.6} \fallingdotseq 0146$，2000年では$\dfrac{2.3}{100-67.9}=\dfrac{2.3}{32.1} \fallingdotseq 0.072$，2010年では$\dfrac{1.4}{100-72.4}$ $=\dfrac{1.4}{27.6} \fallingdotseq 0.051$，2019年では$\dfrac{1.2}{100-72.1}=\dfrac{1.2}{27.9} \fallingdotseq 0.043$より，年々増加している。　5．重化学工業に占める「金属」の割合は，1960年から2000年および2019年においては「化学」の割合より高いものの，2010年においては「化学」の割合よりも低い。

9 3

解説　1．誤り。Linkedinの利用率が最も高いのは，$25-34$歳である。2．誤り。Linkedinに関しては，$12-17$歳の利用率が最も低い。　3．正しい。いずれも$18-24$歳，$12-17$歳，$25-34$歳，$35-44$歳，$45-54$歳，$55-64$歳，65歳以上の順に利用率が高い。　4．誤り。$12-17$歳，$18-24$歳，$25-34$歳におけるGoogle＋の利用率は，3番目に大きい値となっている。　5．誤り。いずれの年齢層においても，Facebookの利用率はLinkedin

の利用率を上回り，最も大きい割合を占めている。

10 5

解説 1. 誤り。ロシアの原油の国内供給量は，$\dfrac{\text{ロシアの国内供給量}}{\text{ベルギーの国内供給量}} =$

$\dfrac{26116}{3302} \fallingdotseq 7.9$〔倍〕より，ベルギーの原油の国内供給量の8倍に満たない。

2. 誤り。アメリカ合衆国の原油の国内供給量は，$\dfrac{\text{アメリカ合衆国の国内供給量}}{\text{メキシコの国内供給量}}$

$= \dfrac{82334}{3072} \fallingdotseq 26.8$〔倍〕より，メキシコの原油の国内供給量の30倍に満たない。

3. 誤り。中東地域において，原油の自給率が最も高い国はイラクであるが，国内供給量が最も多い国はサウジアラビアである。　4. 誤り。アジア地域において，原油の自給率が最も高い国はインドネシアであるが，国内供給量が最も多い国は中国である。　5. 正しい。インドの原油の国内供給量は，$\dfrac{\text{インドの国内供給量}}{\text{タイの国内供給量}} = \dfrac{26022}{6363} \fallingdotseq 4.08$〔倍〕より，タイの原油の国内供給量の4倍以上である。

11 5

解説 1. 誤り。図表からデータを読み取り，比較する問題である。米国からの輸入は，牛肉については1位，豚肉については2位であるが，鶏肉については4位である。　2. 誤り。選択肢は，輸入額についての記述であるが，同一の品目なので，割合を比較してもよい。豚肉について，台湾からの輸入割合をデンマークからの輸入割合と比較すると，$41.8 \div 16.5 = 2.53 \cdots \fallingdotseq 2.5$〔倍〕であるから，3倍を超えていない。　3. 誤り。カナダからの豚肉の輸入額 $= 4146 \times 0.059 = 244.614$〔億円〕，ブラジルからの鶏肉の輸入額 $= 1337 \times 0.209 = 279.433$〔億円〕であるから，カナダからの豚肉の輸入額の方が少ない。　4. 誤り。グラフに示されているのは，牛肉，豚肉，鶏肉に限られており，食肉全体は示されていないので，判断できない。　5. 正しい。米国からの牛肉の輸入額 $= 2,995 \times 0.611 = 1829.945$〔億円〕であり，米国からの豚肉の輸入額 $= 4,146 \times 0.226 = 936.996$〔億円〕，また，$1829.945 \div 936.996 = 1.952 \cdots \fallingdotseq 2.0$〔倍〕であるから，その差は3倍には満たない。

第6部

論作文試験対策

- 論作文対策
- 実施課題例の分析

人物試験 　論作文対策

■■■■■■■■■■■■■■■■■■■■ **P O I N T** ■■■■■■■■■■■■■■■■■■■■

● Ⅰ. 「論作文試験」とはなにか ●

(1) 「論作文試験」を実施する目的

　かつて18世紀フランスの博物学者，ビュフォンは「文は人なり」と言った。その人の知識・教養・思考力・思考方法・人間性などを知るには，その人が書いた文章を見るのが最良の方法であるという意味だ。

　知識の質・量を調べる筆記試験の教養試験だけでは，判定しがたい受験生の資質をより正確にとらえるため，あるいは受験生の公務員としての適性を判断するため，多角的な観点から考査・評価を行う必要がある。

　そのため論作文試験は，公務員試験のみならず，一般企業でも重視されているわけだが，とりわけ公務員の場合は，行政の中核にあって多様な諸事務を処理して国民に奉仕するという職務柄，人物試験とともに近年は一層重視されているのが現状だ。しかも，この傾向は，今後もさらに強くなると予想される。

　同じ国語を使って，同じように制限された字数，時間の中で同じテーマの論作文を書いても，その論作文はまったく違ったものになる。おそらく学校で，同じ先生に同じように文章指導を受けたとしても，そうなるだろう。その違いのなかにおのずと受験生の姿が浮かび上がってくることになる。

　採用側からみた論作文試験の意義をまとめると，次のようになる。

---

① **公務員としての資質を探る**

　公務員というのは，文字どおり公に従事するもの。地域住民に直接に接する機会も多い。民間企業の場合は，新入社員研修が何ヶ月もかけて行われることもあるが，公務員の場合は，ほとんどが短期間のうちに現場の真っ只中に入ることになる。したがって自立性や創造力などの資質を備えた人物が求められるわけで，論作文試験を通じて，そのような資質を判定することができる。

---

② 総合的な知識・理解力を知る

　論作文試験によって，公務員として必要な言語能力・文章表現能力を判定することや，公務員として職務を遂行するのにふさわしい基礎的な知識の理解度や実践への応用力を試すことができる。

　換言すれば，日本語を文章として正しく表現するための常識や，これまでの学校教育などで得た政治や経済などの一般常識を今後の実践の中でどれほど生かすことができるか，などの総合的な知識・理解力の判定をもしようということである。

③ 思考過程・論理の構成力を知る

　教養試験は，一般知識分野であれ一般知能分野であれ，その出題の質が総括的・分散的になりがちである。いわば「広く浅く」が出題の基本となりやすいわけだ。これでは受験生の思考過程や論理の構成力を判定することは不可能だ。その点，論作文試験ではひとつの重要な課題に対する奥深さを判定しやすい。

④ 受験生の人柄・人間性の判定

　人物試験（面接）と同様に，受験生の人格・人柄を判定しやすい。これは，文章の内容からばかりではなく，文章の書き方，誤字・脱字の有無，制限字数への配慮，文字の丁寧さなどからも判断される。

(2)「論作文試験」の実施状況

　公務員試験全体における人物重視の傾向とあいまって，論作文試験も重視される傾向にある。地方公務員の場合，試験を実施する都道府県・市町村などによって異なるが，行政事務関係はほぼ実施している。

(3) 字数制限と時間制限

　最も一般的な字数は1,000〜1,200字程度である。最も少ないところが600字，最大が2,000字と大きく開きがある。

　時間制限は，60〜90分，あるいは120分というのが一般的だ。この時間は，けっして充分なものではない。試しにストップウォッチで計ってみるといいが，他人の論作文を清書するだけでも，600字の場合なら約15分程度かかる。

テーマに即して、しかも用字・用語に気を配ってということになると、かなりのスピードが要求されるわけである。情報を整理し、簡潔に説明できる力を養う必要があるだろう。

(4)「論作文試験」の評価の基準

　採用試験の答案として書く論作文なので、その評価基準を意識して書くことも大切といえる。しかし、公務員試験における論作文の評価の基準は、いずれの都道府県などでも公表していないし、今後もそれを期待することはなかなか難しいだろう。

　ただ、過去のデータなどから手掛りとなるものはあるので、ここではそれらを参考に、一般的な評価基準を考えてみよう。

形式的な面からの評価	① 表記法に問題はないか。
	② 文脈に応じて適切な語句が使われているか。
	③ 文（センテンス）の構造、語句の照応などに問題はないか。
内容的な面からの評価	① テーマを的確に把握しているか。
	② 自分の考え方やものの見方をまとめ、テーマや論旨が明確に表現されているか。
	③ 内容がよく整理され、段落の設定や論作文の構成に問題はないか。
総合的な面からの評価	① 公務員に必要な洞察力や創造力、あるいは常識や基礎学力は十分であるか。
	② ものの見方や考え方が、公務員として望ましい方向にあるか。

　おおよそ以上のような評価の視点が考えられるが、これらはあらゆるテーマに対して共通しているということではない。それぞれのテーマによってそのポイントの移動があり、また、実施する自治体などによっても、このうちのどれに重点を置くかが異なってくる。

　ただ、一般的に言えることは、企業の採用試験などの場合、その多くは総合的な評価が重視され形式的な面はあまり重視されないが、公務員採用試験における論作文は、形式的な面も軽んじてはならないということである。なぜなら、公務員は採用後に公の文書を取り扱うわけで、それらには一定の

フォーマットがあるものが多いからだ。これへの適応能力が試されるのは当然である。

(5)「論作文試験」の出題傾向

　公務員試験の場合，出題の傾向をこれまでのテーマから見るのは難しい。一定の傾向がないからだ。

　ここ数年の例を見ると，「公務員となるにあたって」「公務員に求められる倫理観について」など，将来への抱負や心構え，公務員観に関するものから，「私が目指す●●県のまちづくり」「▲▲の魅力を挙げ，他地域の人々に▲▲を発信・セールスせよ」など，具体的なプランとアクションを挙げさせるところもあり，その種類まさに千差万別といえる。

　いずれにせよ，今までの自己体験，あるいは身近な事件を通して得た信条や生活観，自然観などを語らせ，その観点や感性から，公務員としての適性を知ろうとするものであることに変わりはないようだ。

● Ⅱ.「論作文試験」の事前準備 ●

(1) 試験の目的を理解する

　論作文試験の意義や評価の目的については前に述べたが，試験の準備を進めるためには，まずそれについてよく考え，理解を深めておく必要がある。その理解が，自分なりの準備方法を導きだしてくれるはずだ。

　例えば，あなたに好きなひとがいたとする。ラブレター（あるいはメール）を書きたいのだが，あいにく文章は苦手だ。文章の上手い友人に代筆を頼む手もあるが，これでは真心は通じないだろう。そこで，便せんいっぱいに「好きだ，好きだ，好きだ，好きだ，好きだ，好きだ」とだけ書いたとする。それで十分に情熱を伝えることができるし，場合によっては，どんな名文を書き連ねるよりも最高のラブレターになることだってある。あるいはサインペンで用紙いっぱいに一言「好き」と大書して送ってもいい。個人対個人間のラブレターなら，それでもいいのである。つまり，その目的が，「好き」という恋心を相手にだけわかってもらうことにあるからだ。

　文章の長さにしてもそうで，例えばこんな文がある。

> 「一筆啓上　火の用心　おせん泣かすな　馬肥やせ」

　これは徳川家康の家臣である本多作左衛門重次が，妻に宛てた短い手紙である。「一筆啓上」は「拝啓」に当たる意味で，「おせん泣かすな」は重次の唯一の子どもであるお仙（仙千代）を「泣かしたりせず，しっかりと育てなさい」と我が子をとても大事にしていたことが伺える。さらに，「馬肥やせ」は武将の家には欠くことのできない馬について「いざという時のために餌をしっかり与えて大事にしてくれ」と妻へアドバイスしている。短いながらもこの文面全体には，家族への愛情や心配，家の主としての責任感などがにじみ出ているかのようだ。

　世の中にはもっと短い手紙もある。フランスの文豪ヴィクトル・ユーゴーは『レ・ミゼラブル』を出版した際にその売れ行きが心配になり，出版社に対して「？」と書いただけの手紙を送った。すると出版社からは「！」という返事が届いたという。意味がおわかりだろうか。これは，「売れ行きはどうか？」「すごく売れていますよ！」というやりとりである。前提になる状況と目的によっては，「？」や「！」ひとつが，千万の言葉よりも，意思と感情を的確に相手に伝達することもあるのだ。

　しかし，論作文試験の場合はどうだろうか。「公務員を志望した動機」というテーマを出されて，「私は公務員になりたい，私は公務員になりたい，私は公務員になりたい，……」と600字分書いても，評価されることはないだろう。

　つまり論作文というのは，何度もいうように，人物試験を兼ねあわせて実施されるものである。この意義や目的を忘れてはいけない。しかも公務員採用試験の場合と民間企業の場合では，求められているものに違いもある。

　民間企業の場合でも業種によって違いがある。ということは，それぞれの意義や目的によって，対策や準備方法も違ってくるということである。これを理解した上で，自分なりの準備方法を見つけることが大切なのだ。

(2) 文章を書く習慣を身につける

　多くの人は「かしこまった文章を書くのが苦手」だという。携帯電話やパソコンで気楽なメールを頻繁にしている現在では，特にそうだという。論作文試験の準備としては，まずこの苦手意識を取り除くことが必要だろう。

　文章を書くということは，習慣がついてしまえばそれほど辛いものではな

い。習慣をつけるという意味では，第一に日記を書くこと，第二に手紙を書くのがよい。

① 「日記」を書いて筆力をつける

　実際にやってみればわかることだが，日記を半年間書き続けると，自分でも驚くほど筆力が身に付く。筆力というのは「文章を書く力」で，豊かな表現力・構成力，あるいはスピードを意味している。日記は他人に見せるものではないので，自由に書ける。材料は身辺雑事・雑感が主なので，いくらでもあるはず。この「自由に書ける」「材料がある」ということが，文章に慣れるためには大切なことなのだ。パソコンを使ってブログで長い文章を書くのも悪くはないが，本番試験はキーボードが使えるわけではないので，リズムが変わると書けない可能性もある。やはり紙にペンで書くべきだろう。

② 「手紙」を書いてみる

　手紙は，他人に用件や意思や感情を伝えるものである。最初から他人に読んでもらうことを目的にしている。ここが日記とは根本的に違う。つまり，読み手を意識して書かなければならないわけだ。そのために，一定の形式を踏まなければならないこともあるし，逆に，相手や時と場合によって形式をはずすこともある。感情を全面的に表わすこともあるし，抑えることもある。文章を書く場合，この読み手を想定して形式や感情を制御していくということは大切な要件である。手紙を書くことによって，このコツに慣れてくるわけだ。

「おっはよー，元気い（^_^）？　今日もめっちゃ寒いけど……」

「拝啓，朝夕はめっきり肌寒さを覚える今日このごろですが，皆々様におかれましては，いかがお過ごしかと……」

　手紙は，具体的に相手（読み手）を想定できるので，書く習慣がつけば，このような「書き分ける」能力も自然と身についてくる。つまり，文章のTPOといったものがわかってくるのである。

③ 新聞や雑誌のコラムを写してみる

　新聞や雑誌のコラムなどを写したりするのも，文章に慣れる王道の手段。最初は，とにかく書き写すだけでいい。ひたすら，書き写すのだ。

ペン習字などもお手本を書き写すが，それと同じだと思えばいい。ペン
習字と違うのは，文字面をなぞるのではなく，別の原稿用紙などに書き
写す点だ。

とにかく，こうして書き写すことをしていると，まず文章のリズムが
わかってくる。ことばづかいや送り仮名の要領も身につく。文の構成法
も，なんとなく理解できてくる。実際，かつての作家の文章修業は，こ
うして模写をすることから始めたという。

私たちが日本語を話す場合，文法をいちいち考えているわけではない
だろう。接続詞や助詞も自然に口をついて出ている。文章も本来，こう
ならなければならないのである。そのためには書き写す作業が一番いい
わけで，これも実際にやってみると，効果がよくわかる。

なぜ，新聞や雑誌のコラムがよいかといえば，これらはマスメディア
用の文章だからである。不特定多数の読み手を想定して書かれているた
めに，一般的なルールに即して書かれていて，無難な表現であり，クセ
がない。公務員試験の論作文では，この点も大切なことなのだ。

たとえば雨の音は，一般的に「ポツリ，ポツリ」「パラ，パラ」「ザァ，
ザァ」などと書く。ありふれた表現だが，裏を返せばありふれているだけ
に，だれにでも雨の音だとわかるはず。「朝から，あぶないな，と思って
いたら，峠への途中でパラ，パラとやってきた……」という文章があれ
ば，この「パラ，パラ」は雨だと想像しやすいだろう。

一方，「シイ，シイ」「ピチ，ピチ」「トン，トン」「バタ，バタ」，雨
の音をこう表現しても決して悪いということはない。実際，聞き方によっ
ては，こう聞こえるときもある。しかし「朝から，あぶないな，と思っ
ていたら，峠への途中でシイ，シイとやってきた……」では，一般的に
は「シイ，シイ」が雨だとはわからない。

論作文は，作家になるための素質を見るためのものではないから，や
はり後者ではマズイのである。受験論作文の練習に書き写す場合は，マ
スコミのコラムなどがよいというのは，そういうわけだ。

④　考えを正確に文章化する

頭の中では論理的に構成されていても，それを文章に表現するのは意
外に難しい。主語が落ちているために内容がつかめなかったり，語彙が
貧弱で，述べたいことがうまく表現できなかったり，思いあまって言葉

足らずという文章を書く人は非常に多い。文章は，記録であると同時に伝達手段である。メモをとるのとは違うのだ。

　論理的にわかりやすい文章を書くには，言葉を選び，文法を考え，文脈を整え，結論と課題を比較してみる……，という訓練を続けることが大切だ。しかし，この場合，一人でやっていたのでは評価が甘く，また自分では気づかないこともあるので，友人や先輩，国語に詳しいかつての恩師など，第三者の客観的な意見を聞くと，正確な文章になっているかどうかの判断がつけやすい。

⑤　文章の構成力を高める

　正確な文章を書こうとすれば，必ず文章の構成をどうしたらよいかという問題につきあたる。文章の構成法については後述するが，そこに示した基本的な構成パターンをしっかり身につけておくこと。一つのテーマについて，何通りかの構成法で書き，これをいくつものテーマについて繰り返してみる。そうしているうちに，特に意識しなくてもしっかりした構成の文章が書けるようになるはずだ。

⑥　制限内に書く感覚を養う

　だれでも時間をかけてじっくり考えれば，それなりの文章が書けるだろう。しかし，実際の試験では字数制限や時間制限がある。練習の際には，ただ漫然と文章を書くのではなくて，字数や時間も実際の試験のように設定したうえで書いてみること。

　例えば800字以内という制限なら，その全体量はどれくらいなのかを実際に書いてみる。また，全体の構想に従って字数（行数）を配分すること。時間制限についても同様で，60分ならその時間内にどれだけのことが書けるのかを確認し，構想，執筆，推敲などの時間配分を考えてみる。この具体的な方法は後に述べる。

　こうして何度も文章を書いているうちに，さまざまな制限を無駄なく十分に使う感覚が身についてくる。この感覚は，練習を重ね，文章に親しまない限り，身に付かない。逆に言えば実際の試験ではそれが極めて有効な力を発揮するのが明らかなのだ。

● ● Ⅲ.「合格答案」作成上の留意点 ● ●

(1) テーマ把握上の注意

　さて，いよいよ試験が始まったとしよう。論作文試験でまず最初の関門になるのが，テーマを的確に把握できるか否かということ。どんなに立派な文章を書いても，それが課題テーマに合致していない限り，試験結果は絶望的である。不幸なことにそのような例は枚挙にいとまがにないと言われる。ここでは犯しやすいミスを2，3例挙げてみよう。

---

① 似たテーマと間違える

　例えば「私の生きかた」や「私の生きがい」などは，その典型的なもの。前者が生活スタイルや生活信条などが問われているのに対して，後者はどのようなことをし，どのように生きていくことが，自分の最も喜びとするところかが問われている。このようなニュアンスの違いも正確に把握することだ。

② テーマ全体を正確に読まない

　特に，課題そのものが長い文章になっている場合，どのような条件を踏まえて何を述べなければならないかを，正確にとらえないまま書き始めてしまうことがある。例えば，下記のようなテーマがあったとする。

> 「あなたが公務員になったとき，職場の上司や先輩，地域の人々との人間
> 関係において，何を大切にしたいと思いますか。自分の生活体験をもとに
> 書きなさい」

　①公務員になったとき，②生活体験をもとに，というのがこのテーマの条件であり，「上司・先輩，地域の人々との人間関係において大切にしたいこと」というのが必答すべきことになる。このような点を一つひとつ把握しておかないと，内容に抜け落ちがあったり，構成上のバランスが崩れたりする原因になる。テーマを示されたらまず2回はゆっくりと読み，与えられているテーマの意味・内容を確認してから何をどう書くかという考察に移ることが必要だ。

③ テーマの真意を正確につかまない

　「今，公務員に求められるもの」というテーマと「公務員に求められるもの」というテーマを比べた場合，"今"というたった1字があるか否か

で，出題者の求める答えは違ってくることに注意したい。言うまでもなく，後者がいわゆる「公務員の資質」を問うているのに対して，前者は「現況をふまえたうえで，できるだけ具体的に公務員の資質について述べること」が求められているのだ。

以上3点について述べた。こうやって示せば誰でも分かる当たり前のことのようだが，試験本番には受け取る側の状況もまた違ってくるはず。くれぐれも慎重に取り組みたいところだ。

(2) 内容・構成上の注意点

①　素材選びに時間をかけろ

　テーマを正確に把握したら，次は結論を導きだすための素材が重要なポイントになる。公務員試験での論作文では，できるだけ実践的・経験的なものが望ましい。現実性のある具体的な素材を見つけだすよう，書き始める前に十分考慮したい。

②　全体の構想を練る

　さて，次に考えなくてはならないのが文章の構成である。相手を納得させるためにも，また字数や時間配分の目安をつけるためにも，全体のアウトラインを構想しておくことが必要だ。ただやみくもに書き始めると，文章があらぬ方向に行ってしまったり，広げた風呂敷をたたむのに苦労しかねない。

③文体を決める

　文体は終始一貫させなければならない。文体によって論作文の印象もかなり違ってくる。〈です・ます〉体は丁寧な印象を与えるが，使い慣れないと文章がくどくなり，文末のリズムも単調になりやすい。〈である〉体は文章が重々しいが，断定するつもりのない場合でも断定しているかのような印象を与えやすい。

それぞれ一長一短がある。書きなれている人なら，テーマによって文体を使いわけるのが望ましいだろう。しかし，大概は文章のプロではないのだから，自分の最も書きやすい文体を一つ決めておくことが最良の策だ。

（3）文章作成上の注意点

① ワン・センテンスを簡潔に

　一つの文（センテンス）にさまざまな要素を盛り込もうとする人がいるが，内容がわかりにくくなるだけでなく，時には主語・述語の関係が絡まり合い，文章としてすら成立しなくなることもある。このような文章は論旨が不明確になるだけでなく，読み手の心証もそこねてしまう。文章はできるだけ無駄を省き，わかりやすい文章を心掛けること。「一文はできるだけ簡潔に」が鉄則だ。

② 論点を整理する

　論作文試験の字数制限は多くても2,000字，少ない場合は600字程度ということもあり，決して多くはない。このように文字数が限られているのだから，文章を簡潔にすると同時に，論点をできるだけ整理し，特に必要のない要素は削ぎ落とすことだ。これはテーマが抽象的な場合や，逆に具体的に多くの条件を設定してる場合は，特に注意したい。

③ 段落を適切に設定する

　段落とは，文章全体の中で一つのまとまりをもった部分で，段落の終わりで改行し，書き始めは1字下げるのが決まりである。いくつかの小主題をもつ文章の場合，小主題に従って段落を設けないと，筆者の意図がわかりにくい文章になってしまう。逆に，段落が多すぎる文章もまた意図が伝わりにくく，まとまりのない印象の文章となる場合が多い。段落を設ける基準として，次のような場合があげられる。

① 場所や場面が変わるとき。	④ 思考が次の段階へ発展するとき。
② 対象が変わるとき。	⑤ 一つの部分を特に強調したいとき。
③ 立場や観点が変わるとき。	⑥ 同一段落が長くなりすぎて読みにくくなるとき。

これらを念頭に入れて適宜段落を設定する。

（4）文章構成後のチェック点

① 主題がはっきりしているか。論作文全体を通して一貫しているか。課題にあったものになっているか。
② まとまった区切りを設けて書いているか。段落は，意味の上でも視覚的にもはっきりと設けてあるか。
③ 意味がはっきりしない言いまわしはないか。人によって違った意味にとられるようなことはないか。
④ 一つの文が長すぎないか。一つの文に多くの内容を詰め込みすぎているところはないか。
⑤ あまりにも簡単にまとめすぎていないか。そのために論作文全体が軽くなっていないか。
⑥ 抽象的ではないか。もっと具体的に表現する方法はないものか。
⑦ 意見や感想を述べる場合，裏づけとなる経験やデータとの関連性は妥当なものか。
⑧ 個人の意見や感想を，「われわれは」「私たちは」などと強引に一般化しているところはないか。
⑨ 表現や文体は統一されているか。
⑩ 文字や送り仮名は統一されているか。

　実際の試験では，こんなに細かくチェックしている時間はないだろうが，練習の際には，一つの論作文を書いたら，以上のようなことを必ずチェックしてみるとよいだろう。

● Ⅳ. 「論作文試験」の実戦感覚 ●

　準備と対策の最後の仕上げは，"実戦での感覚"を養うことである。これは"実戦での要領"といってもよい。「要領がいい」という言葉には，「上手に」「巧みに」「手際よく」といった意味と同時に，「うまく表面をとりつくろう」「その場をごまかす」というニュアンスもある。「あいつは要領のいい男だ」という表現などを思い出してみれば分かるだろう。
　採用試験における論作文が，論作文試験という競争試験の一つとしてある以上，その意味での"要領"も欠かせないだろう。極端にいってしまえば，こうだ。

> 「約600字分だけ，たまたまでもすばらしいものが書ければよい」

　もちろん，本来はそれでは困るのだが，とにかく合格して採用されることが先決だ。そのために，短時間でその要領をどう身につけるか，実戦ではどう要領を発揮するべきなのか。

(1) 時間と字数の実戦感覚

①　制限時間の感覚

　公務員試験の論作文試験の平均制限時間は，90分間である。この90分間に文字はどれくらい書けるか。大学ノートなどに，やや丁寧に漢字まじりの普通の文を書き写すとして，速い人で1分間約60字，つまり90分間なら約5,400字。遅い人で約40字/1分間，つまり90分間なら約3,600字。平均4,500字前後と見ておけばよいだろう。400字詰め原稿用紙にして11枚程度。これだけを考えれば，時間はたっぷりある。しかし，これはあくまでも「書き写す」場合であって，論作文している時間ではない。

　構想などが決まったうえで，言葉を選びながら論作文する場合は，速い人で約20字前後/1分間，60分間なら約1,800字前後である。ちなみに，文章のプロたち，例えば作家とか週刊誌の記者とかライターという職業の人たちでも，ほぼこんなものなのだ。構想は別として，1時間に1,800字，400字詰め原稿用紙で4〜5枚程度書ければ，だいたい職業人として1人前である。言い換えれば，読者が読むに耐えうる原稿を書くためには，これが限度だということである。

　さて，論作文試験に即していえば，もし制限字数1,200字なら，1,200字÷20字で，文章をつづる時間は約60分間ということになる。そうだとすれば，テーマの理解，着想，構想，それに書き終わった後の読み返しなどにあてられる時間は，残り30分間。これは実にシビアな時間である。まず，この時間の感覚を，しっかりと頭に入れておこう。

②　制限字数の感覚

　これも一般には，なかなか感覚がつかめないもの。ちなみに，いま，あなたが読んでいるこの本のこのページには，いったい何文字入っているのか，すぐにわかるだろうか。答えは，1行が33字詰めで行数が32行，

空白部分もあるから約1,000字である。公務員試験の論作文試験の平均的な制限字数は1,200字となっているから，ほぼ，この本の約1頁強である。

　この制限字数を，「長い！」と思うか「短い！」と思うかは，人によって違いはあるはず。俳句は17文字に万感の想いを込めるから，これと比べれば1,000字は実に長い。一方，ニュース番組のアナウンサーが原稿を読む平均速度は，約400字程度／1分間とされているから，1,200字なら3分。アッという間である。つまり，1,200字というのは，そういう感覚の字数なのである。ここでは，論作文試験の1,200字という制限字数の妥当性については置いておく。1,200字というのが，どんな感覚の文字数かということを知っておけばよい。

　この感覚は，きわめて重要なことなのである。後でくわしく述べるが，実際にはこの制限字数によって，内容はもとより書き出しや構成なども，かなりの規制を受ける。しかし，それも試験なのだから，長いなら長いなりに，短いなら短いなりに対処する方法を考えなければならない。それが実戦に臨む構えであり，「要領」なのだ。

(2) 時間配分の実戦感覚

　90分間かけて，結果として1,200字程度の論作文を仕上げればよいわけだから，次は時間の配分をどうするか。開始のベルが鳴る（ブザーかも知れない）。テーマが示される。いわゆる「課題」である。さて，なにを，どう書くか。この「なにを」が着想であり，「どう書くか」が構想だ。

①　まず「着想」に10分間

　課題が明示されているのだから，「なにを」は決まっているように思われるかもしれないが，そんなことはない。たとえば「夢」という課題であったとして，昨日みた夢，こわかった夢，なぜか印象に残っている夢，将来の夢，仕事の夢，夢のある人生とは，夢のある社会とは，夢のない現代の若者について……などなど，書くことは多種多様にある。あるいは「夢想流剣法の真髄」といったものだってよいのだ。まず，この「なにを」を10分以内に決める。文章を書く，または論作文するときは，本来はこの「なにを」が重要なのであって，自分の知識や経験，感性を凝縮して，長い時間をかけて決めるのが理想なのだが，なにしろ制限時間があるので，やむをえず5分以内に決める。

②　次は「構想」に10分間

「構想」というのは，話の組み立て方である。着想したものを，どうやって1,200字程度の字数のなかに，うまく展開するかを考える。このときに重要なのは，材料の点検だ。

たとえば着想の段階で，「現代の若者は夢がないといわれるが，実際には夢はもっているのであって，その夢が実現不可能な空想的な夢ではなく，より現実的になっているだけだ。大きな夢に向かって猛進するのも人生だが，小さな夢を一つ一つ育んでいくのも意義ある人生だと思う」というようなことを書こうと決めたとして，ただダラダラと書いていったのでは，印象深い説得力のある論作文にはならない。したがってエピソードだとか，著名人の言葉とか，読んだ本の感想……といった材料が必要なわけだが，これの有無，その配置を点検するわけである。しかも，その材料の質・量によって，話のもっていきかた（論作文の構成法）も違ってくる。これを10分以内に決める。

実際には，着想に10分，構想に10分と明瞭に区別されるわけではなく，「なにを」は瞬間的に決まることがあるし，「なにを」と「どう書くか」を同時に考えることもある。ともあれ，着想と構想をあわせて，なにがなんでも20分以内に決めなければならないのである。

③　「執筆」時間は60分間

これは前述したとおり。ただ書くだけの物理的時間が約15〜20分間かかるのだから，言葉を選び表現を考えながらでは60分間は実際に短かすぎるが，試験なのでやむをえない。

まずテーマを書く。氏名を書く。そして，いよいよ第1行の書き出しにかかる。「夢，私はこの言葉が好きだ。夢をみることは，神さまが人間だけに与えた特権だと思う……」「よく，最近の若者には夢がない，という声を聞く。たしかに，その一面はある。つい先日も，こんなことがあった……」「私の家の近所に，夢想流を継承する剣道の小さな道場がある。白髪で小柄な80歳に近い老人が道場主だ……」などと，着想したことを具体的に文章にしていくわけである。

人によっては，着想が決まると，このようにまず第1行を書き，ここで一息ついて後の構想を立てることもある。つまり，書き出しの文句を書きこむと，後の構想が立てやすくなるというわけである。これも一つ

の方法である。しかし，これは，よっぽど書きなれていないと危険をともなう。後の構想がまとまらないと何度も書き出しを書き直さなければならないからだ。したがって，論作文試験の場合は，やはり着想→構想→執筆と進んだほうが無難だろう。

④ 「点検」時間は10分間で

　論作文を書き終わる。当然，点検をしなければならない。誤字・脱字はもとより，送り仮名や語句の使い方，表現の妥当性も見直さなければならない。この作業を一般には「推敲」と呼ぶ。推敲は，文章を仕上げる上で欠かせない作業である。本来なら，この推敲には十分な時間をかけなければならない。文章は推敲すればするほど練りあがるし，また，文章の上達に欠かせないものである。

　しかし，論作文試験においては，この時間が10分間しかない。前述したように，1,200字の文章は，ニュースのアナウンサーが読みあげるスピードで読んでも，読むだけで約3分はかかる。だとすれば，手直しする時間は7分。ほとんどないに等しいわけだ。せいぜい誤字・脱字の点検しかできないだろう。論作文試験の時間配分では，このことをしっかり頭に入れておかなければならない。要するに論作文試験では，きわめて実戦的な「要領の良さ」が必要であり，準備・対策として，これを身につけておかなければならないということなのだ。

実施課題例の分析

釧路市

令和2年度

▼小論文・総合職（600字以上～800字以内）

　仕事をすると，ストレスを抱えることがあります。そのストレスと向き合い，モチベーションを保ち，向上させるために必要なことについて述べなさい。

《執筆の方針》

　誰でもストレスを抱える可能性があることを指摘し，職業人として自分にあったストレス解消法を見つけることが大切であることを述べる。そのうえで，自分はどのようにストレスを解消し，モチベーションを保っていくかを具体的に説明する。

《課題の分析》

　ストレスとは，外部から刺激を受けたときに生じる緊張状態のことである。その原因は騒音などの環境要因，病気などの身体的要因，不安や悩みなど心理的要因など多様であり，設問は，職場の人間関係や仕事の多忙感といった社会的要因に関する問題である。ストレスを受けると，不眠や腹痛，怒りっぽくなるなどの症状が現れ，気づかずにいると心身の調子をくずしてしまうことになる。ストレスを解消する方法としては「自分の感情や思いを誰かに伝える」「仕事以外のことに打ち込む」「職場と職場以外で気持ちを切り替える」といった様々な方法が考えられる。自分にあったストレス解消法を見つけ，モチベーションを保つことが大切である。

《作成のポイント》

　まず，市民のための仕事をする公務員は，心身の健康を保つことが大切であることを述べる。次に，心身の健康の影響を与えるストレスは誰でも感じるものであり，ストレスを放置しておくと病気にかかるリスクが上がってしまうことを指摘する。したがって，ストレスを溜め込む可能性があることを自覚し，自分にあったストレス解消法を実行しモチベーションを保つことが大切であることを論述する。そのうえで，自分なりのストレス解消法を示す。友達としゃべったり，仕事以外のスポーツや音楽に打ち込ん

だりするなど，これまでの経験を基に具体的に説明するとよい。最後は，適切にストレスを解消し，公務員としての職務遂行に向けたモチベーションを保っていくという意欲を示して小論文をまとめる。

令和元年度

▼小論文・総合職（600字以上〜800字以内）

飲食店や小売店の従業員等が，勤務先の商品や什器を使用して，悪ふざけを行う様子をスマートフォンなどで撮影し，ソーシャル・ネットワーキング・サービス（SNS）に投稿することで，当の店舗や企業に深刻なイメージダウン等の損害をもたらす行為が社会問題となっている。

最近の具体的な例を取り上げ，なぜ当事者はそのような行動を取ってしまったか，顧客・企業・社会にどのような影響を与えたか，それを防ぐためにはどのような方策が考えられるかについて論じなさい。

《執筆の方針》

バイトテロと言われる，不適切動画を投稿するような最近の具体的な例を一つあげる。その上で，なぜ当事者はそのような行動を取ってしまったのか。顧客・企業・社会にどのような影響を与えたか。それを防ぐためにはどのような方策が考えられるか。各ポイントについて，説明しなければならない。

《課題の分析》

スマートフォンの機能の充実，SNSの普及により，誰もが気軽に動画を作成し，公開できるようになった。その弊害として，課題にあるような不適切動画の投稿が問題になっている。大手ファミリーレストランにおいて，アルバイトスタッフが食材をゴミ箱に投げ入れて再び拾う様子を撮影した事例を想起しよう。不適切動画がSNSによって拡散し，投稿者ばかりではなくその家族，店舗や本社への誹謗中傷がインターネット上で際限なく続く，いわゆる「炎上」が生じている。こうした投稿者の多くは未成年か20代前半の若者であり，SNS動画による個人や企業への損失・損害に対して，賠償する責任が生じるという意識が欠けていることなどが考えられる。

《作成のポイント》

論文形式を意識して，序論・本論・結論の三段構成にしてみよう。序論では，受験者が知っている，最近メディアで話題になった不適切動画の投稿事例をあげる。本論では，顧客が快適に買い物や食事をする環境を損なうこと，企業は信用失墜により，売り上げの大幅減や店舗の閉鎖に繋がる

こと，社会的には，当事者とその周辺の人々や企業に対する誹謗中傷が続くことなどの影響を説明する。防止策としては，若い世代への情報モラル教育の充実などがあるだろう。特に，被害が出た場合には損害賠償責任を負うこと，本人の行為や家族のプライバシーがネット上に残り，それがもとで人生設計にも悪影響が出ることを教える必要性を述べる。結論では，行政の立場から，学校や企業を通じて，若者のメディアリテラシーを高める機会を設ける必要性を訴えていくことなどを述べてみよう。

平成30年度

▼小論文・総合職（600字以上〜800字以内）

　市民から信頼される市職員となるために，あなたが重視するルール

《執筆の方針》

　社会生活を円滑に送ったり，市の職員としての職務を遂行したりしていくためには，信頼関係を構築することが重要であることを述べる。そのうえで，市民に信頼されるためにはどのような対応や行動をすればよいのか，そのためにどのようなルールをつくるのか述べる。

《課題の分析》

　社会とは，人と人との関係で成り立っている。そうした社会が円滑に成り立つためには，人と人との信頼関係がなければならない。それは，市の職員も同じで，市民から信頼されていなければ職員としての職務を果たすことができない。信頼とは，「私を信頼しなさい」と言って得られるものではない。信頼するかしないかは，相手が決めることなのである。小論文を書くにあたっては，市民から信頼を得るために，どのような対応や行動が大切なのかを整理し，あなた自身が重視するルールを述べることになる。常に誠実に行動すること，与えられた職務を確実に果たすこと，自己の役割に責任をもって行動することなどがそのポイントとなる。

《作成のポイント》

　まず，公務員の仕事は，市民の健康で安心な生活を維持・向上させていくという重要な職務であり，それは組織的な営みであることを述べる。それを踏まえ，そうした重要な職務を遂行するためには，集団の中での相互の信頼関係，市民からの信頼が必要であることを述べる。次に，市民から信頼を得るために，どのような対応や行動をすればよいのか述べることになる。常に誠実に行動すること，与えられた職務を確実に果たすこと，自己の役割に責任をもって行動することなどがその具体的な内容である。こ

こが小論文の中心となるので，自分自身の経験を織り込みながら詳しく述べていく。そのうえで，あなた自身が守るべきルールを述べる。最後に，釧路市の職員として市民の信頼を得るために自己の行動を律していくことを述べて小論文をまとめる。

平成29年度

▼小論文・総合職（600字以上～800字以内）

次の語句について自分の考えを述べなさい。「モラル」

《執筆の方針》

健全な社会を成り立たせるためには，社会人としてのモラルを守ることが不可欠であることを論じたうえで，どのように人々のモラルを高めていったらよいのか，経験を踏まえて論じる。

《課題の分析》

社会は，人と人との関係のうえに成り立っており，そこには守らなければならないマナーやルールが存在する。それが明文化されたものが法律である。また，法にまで至らなくても，円滑な社会生活を成り立たせるために，社会的なマナーやモラルが存在している。しかし，今日，個人の権利を優先するあまり，法やルール，モラルやマナーを守らない人が増えるなど，社会全体の規範意識が低下している。出題は，そうした状況を踏まえた設問であり，モラルについての考えを述べることを求めている。

《作成のポイント》

まず，円滑な社会生活を成り立たせるためには，法やルールが必要であることを指摘する。また，法に至らなくても人々が公共の場でのモラルやマナーを守ることが重要であり，それによって人々が円滑な生活を送ることができることを強調する。そのうえで，自分自身の経験を踏まえ，社会全体で互いに声をかけあったり，注意しあったりする習慣をつくるといった取組みについて，整理して述べる。また，行政としても，そうした人と人との円滑な関係を構築するためにモラルのある地域コミュニティの構築が必要であることを述べる。単なる抽象論ではなく，具体的な取組みについて述べていきたい。最後は，そうした公共の場でのマナーやモラルを守る社会の創出に向け，公務員として努力していく決意を述べて小論文をまとめる。

平成28年度

▼小論文・総合職（600字以上～800字以内）

あなたが描く『常識ある社会人』とは。そう考える理由とあわせて述べな

さい。

《執筆の方針・課題の分析》

　キーワードである「常識」とは，辞書的に言えば，社会の構成員が有していて当たり前のものである社会的な価値観，知識，判断力などのことを指す。また，「社会人」とは，社会の生産活動などに参加し，その責任を果たせる人のことである。こうしたことについて，時間を必ず守る，ミスをしない，周囲との協調，報告・連絡・相談の徹底など，具体例を示しながら説明する展開を思い付きやすい。けれども，これは，大学入試の論作文ではなく，市役所職員の採用試験であることを踏まえれば，市役所職員としての適性があることをアピールしておきたいところである。また，「常識ある社会人」の内容説明につき，自分がなぜそのように考えるのか，理由の説明も求められていることに注意したい。例えば，上司や先輩・同輩への報告・連絡・相談をしっかりできる社会人という説明をしたならば，それが市役所職員にとってどういう意味で重要なのかを推測しながら，理由を述べていくことを求められているといえよう。

《作成のポイント》

　必要に応じて項目立てをしながら，採点官が答案を見やすいように気を配るようにしよう。一段落目は，常識ある社会人とは，先輩や上司，同僚からの信頼を得られる人物であることを述べる。二〜三段落目は，受験者の実際の経験に基づいた具体的な言葉で，社会人として必要なルールに関わらせながら記述したい。一例として，自分がミスをしてしまったとき，住民や事業者への説明に困ったときに，上司や先輩への報告・連絡・相談の重要さを自覚し，自分だけのあやふやな判断で処理しないという内容が考えられる。その理由は，公務員の職務は，法令や規則に照らして，正確で根拠のある説明を心掛けること，新人としては，まず，自らが属する指揮・命令系統に従って，速やかに上司に相談・報告し，再発防止策をとる義務があることなどを，理由として述べていく。四〜五段落目では，そうした常識ある仕事ぶりを通じて，周囲との良好な人間関係を構築し，信頼を獲得していくことの大切さを述べる。

平成27年度

▼小論文・総合職（600字以上〜800字以内）

　情報モラルが問われる中，インターネットやSNSなどが，社会にあたえる影響について。

《執筆の方針・課題の分析》

　SNS（ソーシャル・ネットワーキング・サービス）は人同士のつながりを電子化するサービスのことであるが，こうしたコミュニティを通じた友達の輪といったネットワーク型組織や，インターネット自体が社会に与える影響について論述する。

　インターネットは現代社会において重要な情報面での利点をもつが，反面，人間同士の関係においてそれまでになかった複雑な影響をもたらしたり，危険な状況を生んだりもする。顔が見えないという要素により気軽に誹謗中傷したり，詐欺にあたる犯罪の温床となったりする可能性をも秘めている。「便利なツールは諸刃の剣」という意識をもって上手に使いこなす必要がある。特にSNSは情報の拡散力が桁違いに大きい。情報の真偽も含めて扱いについては，注意が必要である。

《作成のポイント》

　字数は800字程度と考え，四段落を目安に段落分けをする。各段落は，200字程度で配分する。第一段落は，インターネットが現代社会や生活に欠かせない便利な面について述べ，SNSについても認識を示す。第二段落は，便利さの反面，そのような情報ツールが犯罪に繋がったり，意識するしないに拘わらず，人を傷つける危険性を孕んでいることについて論及する。またSNSは便利さ，楽しさと同時に人同士の繋がりに大きな影響力を持つので，多人数への影響と同時に，過激な批判を生む可能性に注意すべきであると言える。第三段落は，このようなツールを使用する上での倫理観やコミュニケーション上の注意点について自身の見解を述べる。実例や体験をあげて具体的に述べるようにしたい。第四段落は，市役所における情報ツールの使用に関する姿勢を含めて，受験者の市職員としての心構えを述べて結ぶ。

平成26年度

▼小論文・総合職

　若者が住みたくなる釧路市にするにはどうしたら良いか，あなたの具体的な考えについて論じなさい。

《執筆の方針・課題の分析》

　豊かな社会としての釧路市の将来像を考える上でも，人口増加を支える環境を考える上でも市内の雇用の問題は重要である。現状分析とともに雇用充実のための市としての政策，産業振興などについて論述する。

「釧路市都市計画マスタープラン」（平成21年3月改定）の内容を把握しておくことが大切である。釧路市の雇用の状況を踏まえ，観光の振興，産業の振興，人材の確保・育成といった雇用対策について市の雇用政策課の立場で述べる。また，子育て支援や教育の面で若者にとって魅力的な改革が必要であるとも言える。さらに，若者が市内で就職できる環境整備として企業立地の創出，地域資源の活用から就活サイト，就職相談とフォローアップの充実，地元企業との連携強化，防災上の安全などの具体的方策について触れるとよい。

《作成のポイント》

序論の200字程度で市内の雇用をとりまく厳しい現状について述べる。さらに本論400字程度において，子育て世代に対する支援対策について触れ，若者の市内での雇用対策についても論述する。最後に200字程度の結論において市の公務員職に対する意欲と決意を述べる。

若者の他都市への流出を防ぐためにも，若年層にとっての魅力とは何かを考える必要がある。安心して結婚，子育てができるまちづくりが大切であり，行政として雇用拡大とともに人材育成という視点をもつことが求められる。建設，医療・福祉については人材不足であり，IT産業，観光業においても成長が見込まれる状況にあって，企業ニーズに対応した人材育成が重要である。本論の具体的な内容としては，地域の産業が必要とする人材育成，企業の取組みに対する支援，若年層の職場定着への支援，子育て支援といった観点から述べることができる。

平成25年度

▼小論文・総合職

高校卒業者など若年層人口の多くが地方から大都市へ流出しています。釧路市役所が取り組むべき流出対策として，実現性があり，効果も高いとあなたが考える取組みについて論じなさい。

《執筆の方針・課題の分析》

若年層の大都市への流出に対する対策として，市役所が取り組む上で実現性の大きい効果的な取組みについて自身の考えを述べる。

若者にとっての地域の魅力づくりをどのように考えるかが課題である。他都市に出るよりも，釧路に留まって生活したいという思いを生むには，人生設計における安心感，生活の安定，地域的な魅力といった要素が求められる。都市としての将来性や地域コミュニティなども魅力を感じる要素

となる。しかし，何といっても，雇用の充実，教育の充実，結婚・育児に対する安心感が大きな影響力をもつ。プライドを持てる都市として，魅力あるまちづくりに対する行政としての関わりが期待される。結婚して世帯をもつことに対する支援も効果的であると言える。また，他都市からの働く世代の移住推進という意味でPRも重要である。

《作成のポイント》

　序論の200字程度で市内の若年層の他都市への流出の実態について認識を示し，その背景について自身の考えを述べる。進学先，就職先，まちの魅力，安全・安心等の要素が考えられる。他にも受験者自身の考えつく要因をまとめる。さらに本論400字程度において，流出をくい止め，増加に転じさせるための方策，アイデアについて述べる。結婚支援，子育て世代に対する支援，若者の市内での雇用対策などについて，「釧路市都市計画マスタープラン」など，現在市として取り組まれていることを踏まえて論述する。「産・学・民」の連携したコミュニティづくり，釧路ブランドの創出，企業ニーズに対応した人材育成などに触れるとよい。最後に200字程度の結論において，市の公務員職として，若者が住みたくなるまちづくりに向けた取組みへの意欲と決意を述べる。

第7部

面接試験対策

- 面接対策
- 集団討論対策
- 実施課題例の分析

人物試験　　面接対策

● Ⅰ．面接の意義 ●

　筆記試験や論作文（論文）試験が，受験者の一般的な教養の知識や理解の程度および表現力やものの考え方・感じ方などを評価するものであるのに対し，面接試験は人物を総合的に評価しようというものだ。

　すなわち，面接担当者が直接本人に接触し，さまざまな質問とそれに対する応答の繰り返しのなかから，公務員としての適応能力，あるいは職務遂行能力に関する情報を，できるだけ正確に得ようとするのが面接試験である。豊かな人間性がより求められている現在，特に面接が重視されており，一般企業においても，面接試験は非常に重視されているが，公務員という職業も給与は税金から支払われており，その職務を完全にまっとうできる人間が望まれる。その意味で，より面接試験に重きがおかれるのは当然と言えよう。

● Ⅱ．面接試験の目的 ●

　では，各都道府県市がこぞって面接試験を行う目的は，いったいどこにあるのだろうか。ごく一般的に言えば，面接試験の目的とは，おおよそ次のようなことである。

---

① 　人物の総合的な評価

　試験官が実際に受験者と対面することによって，その人物の容姿や表情，態度をまとめて観察し，総合的な評価をくだすことができる。ただし，ある程度，直観的・第一印象ではある。

② 　性格や性向の判別

　受験者の表情や動作を観察することにより性格や性向を判断するが，実際には短時間の面接であるので，面接官が社会的・人生的に豊かな経験の持ち主であることが必要とされよう。

---

③　動機・意欲等の確認

　公務員を志望した動機や公務員としての意欲を知ることは，論作文試験等によっても可能だが，さらに面接試験により，採用側の事情や期待内容を逆に説明し，それへの反応の観察，また質疑応答によって，試験官はより明確に動機や熱意を知ろうとする。

　以上3点が，面接試験の最も基本的な目的であり，試験官はこれにそってさまざまな問題を用意することになる。さらに次の諸点にも，試験官の観察の目が光っていることを忘れてはならない。

④　質疑応答によって知識・教養の程度を知る

　筆記試験によって，すでに一応の知識・教養は確認しているが，面接試験においてはさらに付加質問を次々と行うことができ，その応答過程と内容から，受験者の知識教養の程度をより正確に判断しようとする。

⑤　言語能力や頭脳の回転の速さの観察

　言語による応答のなかで，相手方の意志の理解，自分の意志の伝達のスピードと要領の良さなど，受験者の頭脳の回転の速さや言語表現の諸能力を観察する。

⑥　思想・人生観などを知る

　これも論作文試験等によって知ることは可能だが，面接試験によりさらに詳しく聞いていくことができる。

⑦　協調性・指導性などの社会的性格を知る

　前述した面接試験の種類のうち，グループ・ディスカッションなどはこれを知るために考え出された。公務員という職業の場合，これらの資質を知ることは面接試験の大きな目的の一つとなる。

● Ⅲ．面接試験の問題点 ●

　これまで述べてきたように，公務員試験における面接試験の役割は大きいが，問題点もないわけではない。

　というのも，面接試験の場合，学校の試験のように"正答"というものがないからである。例えば，ある試験官は受験者の「自己PR＝売り込み」を意欲があると高く評価したとしても，別の試験官はこれを自信過剰と受け取り，公務員に適さないと判断するかもしれない。あるいは模範的な回答をしても，「マニュアル的だ」と受け取られることもある。

　もっとも，このような主観の相違によって評価が左右されないように，試験官を複数にしたり評価の基準が定められたりしているわけだが，それでもやはり，面接試験自体には次に述べるような一般的な問題点もあるのである。

---

① 短時間の面接で受験者の全体像を評価するのは容易でない

　面接試験は受験者にとってみれば，その人の生涯を決定するほど重要な場であるのだが，その緊張した短時間の間に日頃の人格と実力のすべてが発揮できるとは限らない。そのため第一印象だけで，その全体像も評価されてしまう危険性がある。

② 評価判断が試験官の主観で左右されやすい

　面接試験に現れるものは，そのほとんどが性格・性向などの人格的なもので，これは数値で示されるようなものではない。したがってその評価に客観性を明確に付与することは困難で，試験官の主観によって評価に大変な差が生じることがある。

③ 試験官の質問の巧拙などの技術が判定に影響する

　試験官の質問が拙劣なため，受験者の正しく明確な反応を得ることができず，そのため評価を誤ることがある。

④ 試験官の好悪の感情が判定を左右する場合がある

　これも面接が「人間 対 人間」によって行われる以上，多かれ少なかれ避けられないことである。この弊害を避けるため，前述したように試験官を複数にしたり複数回の面接を行ったりなどの工夫がされている。

⑤ 試験官の先入観や信念などで判定がゆがむことがある

　人は他人に接するとき無意識的な人物評価を行っており，この経験の積

み重ねで，人物評価に対してある程度の紋切り型の判断基準を持つようになっている。例えば，「額の広い人は頭がよい」とか「耳たぶが大きい人は人格円満」などというようなことで，試験官が高年齢者であるほどこの種の信念が強固であり，それが無意識的に評価をゆがめる場合も時としてある。

　面接試験には，このように多くの問題点と危険性が存在する。それらのほとんどが「対人間」の面接である以上，必然的に起こる本質的なものであれば，万全に解決されることを期待するのは難しい。しかし，だからといって面接試験の役割や重要性が，それで減少することは少しもないのであり，各市の面接担当者はこうした面接試験の役割と問題点の間で，どうしたらより客観的で公平な判定を下すことができるかを考え，さまざまな工夫をしているのである。最近の面接試験の形態が多様化しているのも，こうした採用側の努力の表れといえよう。

● Ⅳ．面接の質問内容 ●

　ひとくちに面接試験といっても，果たしてどんなことを聞かれるのか，不安な人もいるはずだ。ここでは志望動機から日常生活にかかわることまで，それぞれ気に留めておきたい重要ポイントを交えて，予想される質問内容を一挙に列記しておく。当日になって慌てないように，「こんなことを聞かれたら（大体）こう答えよう」という自分なりの回答を頭の中で整理しておこう。

■志望動機編■
（1）　受験先の概要を把握して自分との接点を明確に
　公務員を受験した動機，理由については，就職試験の成否をも決めかねない重要な応答になる。また，どんな面接試験でも，避けて通ることのできない質問事項である。なぜなら志望動機は，就職先にとって最大の関心事のひとつであるからだ。受験者が，どれだけ公務員についての知識や情報をもったうえで受験をしているのかを調べようとする。

（2）　質問に対しては臨機応変の対応を

　受験者の立場でいえば，複数の受験をすることは常識である。もちろん「当職員以外に受験した県や一般企業がありますか」と聞く面接官も，それは承知している。したがって，同じ職種，同じ業種で何箇所かかけもちしている場合，正直に答えてもかまわない。しかし，「第一志望は何ですか」というような質問に対して，正直に答えるべきかどうかというと，やはりこれは疑問がある。一般的にはどんな企業や役所でも，ほかを第一志望にあげられれば，やはり愉快には思わない。

（3）　志望の理由は情熱をもって述べる

　志望動機を述べるときは，自分がどうして公務員を選んだのか，どこに大きな魅力を感じたのかを，できるだけ具体的に，しかも情熱をもって語ることが重要である。

　たとえば，「人の役に立つ仕事がしたい」と言っても，特に公務員でなければならない理由が浮かんでこない。

①例題Q＆A

Q.　あなたが公務員を志望した理由，または動機を述べてください。
A.　私は子どもの頃，周りの方にとても親切にしていただきました。それ以来，人に親切にして，人のために何かをすることが生きがいとなっておりました。ですから，一般の市民の方のために役立つことができ，奉仕していくことが夢でしたし，私の天職だと強く思い，志望させていただきました。

Q.　もし公務員として採用されなかったら，どのようにするつもりですか。
A.　もし不合格になった場合でも，私は何年かかってでも公務員になりたいという意志をもっています。しかし，一緒に暮らしている家族の意向などもありますので，相談いたしまして一般企業に就職するかもしれません。

②予想される質問内容

○ 公務員について知っていること，または印象などを述べてください。

○ 職業として公務員を選ぶときの基準として，あなたは何を重要視しましたか。

○ いつごろから公務員を受けようと思いましたか。

○ ほかには，どのような業種や会社を受験しているのですか。

○ 教職の資格を取得しているようですが，そちらに進むつもりはないのですか。

○ 志望先を決めるにあたり，どなたかに相談しましたか。

○ もし公務員と他の一般企業に，同時に合格したらどうするつもりですか。

■仕事に対する意識・動機編■

1　採用後の希望はその役所の方針を考慮して

採用後の希望や抱負などは，志望動機さえ明確になっていれば，この種の質問に答えるのは，それほど難しいことではない。ただし，希望職種や希望部署など，採用後の待遇にも直接関係する質問である場合は，注意が必要だろう。また，勤続予定年数などについては，特に男性の場合，定年まで働くというのが一般的である。

2　勤務条件についての質問には柔軟な姿勢を見せる

勤務の条件や内容などは，職種研究の対象であるから，当然，前もって下調べが必要なことはいうまでもない。

「残業で遅くなっても大丈夫ですか」という質問は，女性の受験者によく出される。職業への熱意や意欲を問われているのだから，「残業は一切できません！」という柔軟性のない姿勢は論外だ。通勤方法や時間など，具体的な材料をあげて説明すれば，相手も納得するだろう。

そのほか初任給など，採用後の待遇についての質問には，基本的に規定に

従うと答えるべき。新卒の場合，たとえ「給料の希望額は？」と聞かれても，「規定通りいただければ結構です」と答えるのが無難だ。間違っても，他業種との比較を口にするようなことをしてはいけない。

3 自分自身の言葉で職業観を表現する

就職や職業というものを，自分自身の生き方の中にどう位置づけるか，また，自分の生活の中で仕事とはどういう役割を果たすのかを考えてみることが重要だ。つまり，自分の能力を生かしたい，社会に貢献したい，自分の存在価値を社会的に実現してみたい，ある分野で何か自分の力を試してみたい……などを考えれば，おのずと就職するに当たっての心構えや意義は見えてくるはずである。

あとは，それを自分自身の人生観，志望職種や業種などとの関係を考えて組み立ててみれば，明確な答えが浮かび上がってくるだろう。

①例題Q & A

Q. 公務員の採用が決まった場合の抱負を述べてください。
A. まず配属された部署の仕事に精通するよう努め，自分を一人前の公務員として，そして社会人として鍛えていきたいと思います。また，公務員の全体像を把握し，仕事の流れを一日も早くつかみたいと考えています。

Q. 公務員に採用されたら，定年まで勤めたいと思いますか。
A. もちろんそのつもりです。公務員という職業は，私自身が一生の仕事として選んだものです。特別の事情が起こらない限り，中途退職したり，転職することは考えられません。

②予想される質問内容

○ 公務員になったら，どのような仕事をしたいと思いますか。

○ 残業や休日出勤を命じられたようなとき，どのように対応しますか。

○ 公務員の仕事というのは苛酷なところもありますが，耐えていけますか。

○ 転勤については大丈夫ですか。

○ 公務員の初任給は○○円ですが，これで生活していけますか。

○ 学生生活と職場の生活との違いについては，どのように考えていますか。

○ 職場で仕事をしていく場合，どのような心構えが必要だと思いますか。

○ 公務員という言葉から，あなたはどういうものを連想しますか。

○ あなたにとって，就職とはどのような意味をもつものですか。

■自己紹介・自己PR編■

1　長所や短所をバランスよくとりあげて自己分析を

　人間には，それぞれ長所や短所が表裏一体としてあるものだから，性格についての質問には，率直に答えればよい。短所については素直に認め，長所については謙虚さを失わずに語るというのが基本だが，職種によっては決定的にマイナスととられる性格というのがあるから，その点だけは十分に配慮して応答しなければならない。

　「物事に熱しやすく冷めやすい」といえば短所だが，「好奇心旺盛」といえば長所だ。こうした質問に対する有効な応答は，恩師や級友などによる評価，交友関係から見た自己分析など具体的な例を交えて話すようにすれば，より説得力が増すであろう。

2　履歴書の内容を覚えておき，よどみなく答える

　履歴書などにどんなことを書いて提出したかを，きちんと覚えておく。重要な応募書類は，コピーを取って，手元に控えを保管しておくと安心だ。

3 志望職決定の際，両親の意向を問われることも

　面接の席で両親の同意をとりつけているかどうか問われることもある。家族関係がうまくいっているかどうかの判断材料にもなるので，親の考えも伝えながら，明確に答える必要がある。この際，あまり家族への依存心が強いと思われるような発言は控えよう。

①例題Q＆A

Q.	あなたのセールスポイントをあげて，自己PRをしてください。
A.	性格は陽気で，バイタリティーと体力には自信があります。高校時代は山岳部に属し，休日ごとに山歩きをしていました。3年間鍛えた体力と精神力をフルに生かして，ばりばり仕事をしたいと思います。

Q.	あなたは人と話すのが好きですか，それとも苦手なほうですか。
A.	はい，大好きです。高校ではサッカー部のマネージャーをやっておりましたし，大学に入ってからも，同好会でしたがサッカー部の渉外担当をつとめました。試合のスケジュールなど，外部の人と接する機会も多かったため，初対面の人とでもあまり緊張しないで話せるようになりました。

②予想される質問内容

○ あなたは自分をどういう性格だと思っていますか。

○ あなたの性格で，長所と短所を挙げてみてください。

○ あなたは，友人の間でリーダーシップをとるほうですか。

○ あなたは他の人と協調して行動することができますか。

○ たとえば，仕事上のことで上司と意見が対立したようなとき，どう対処しますか。

○ あなたは何か資格をもっていますか。また，それを取得したのはどうしてですか。

○ これまでに何か大きな病気をしたり，入院した経験がありますか。

○ あなたが公務員を志望したことについて，ご両親はどうおっしゃっていますか。

■日常生活・人生観編■

1 趣味はその楽しさや面白さを分かりやすく語ろう

余暇をどのように楽しんでいるかは，その人の人柄を知るための大きな手がかりになる。趣味は"人間の魅力"を形作るのに重要な要素となっているという側面があり，面接官は，受験者の趣味や娯楽などを通して，その人物の人柄を知ろうとする。

2 健全な生活習慣を実践している様子を伝える

休日や余暇の使い方は，本来は勤労者の自由な裁量に任されているもの。とはいっても，健全な生活習慣なしに，創造的で建設的な職場の生活は営めないと，採用側は考えている。日常の生活をどのように律しているか，この点から，受験者の社会人・公務員としての自覚と適性を見極めようというものである。

3 生活信条やモットーなどは自分自身の言葉で

生活信条とかモットーといったものは，個人的なテーマであるため，答えは千差万別である。受験者それぞれによって応答が異なるから，面接官も興味を抱いて，話が次々に発展するケースも多い。それだけに，嘘や見栄は禁物で，話を続けるうちに，矛盾や身についていない考えはすぐ見破られてしまう。自分の信念をしっかり持って，臨機応変に進めていく修練が必要となる。

①例題Q＆A

Q.	スポーツは好きですか。また，どんな種目が好きですか。
A.	はい。手軽に誰にでもできるというのが魅力ではじめたランニングですが，毎朝家の近くを走っています。体力増強という面もありますが，ランニングを終わってシャワーを浴びると，今日も一日が始まるという感じがして，生活のけじめをつけるのにも大変よいものです。目標は秋に行われる●●マラソンに出ることです。

Q.	日常の健康管理に，どのようなことを心がけていますか。
A.	私の場合，とにかく規則的な生活をするよう心がけています。それとあまり車を使わず，できるだけ歩くようにしていることなどです。

②予想される質問内容

○ あなたはどのような趣味をもっているか，話してみてください。

○ あなたはギャンブルについて，どのように考えていますか。

○ お酒は飲みますか。飲むとしたらどの程度飲めますか。

○ ふだんの生活は朝型ですか，それとも夜型ですか。

○ あなたの生き方に影響を及ぼした人，尊敬する人などがいたら話してください。

○ あなたにとっての生きがいは何か，述べてみてください。

○ 現代の若者について，同世代としてあなたはどう思いますか。

■一般常識・時事問題編■

1　新聞には必ず目を通し，重要な記事は他紙と併読

　一般常識・時事問題については筆記試験の分野に属するが，面接でこうしたテーマがもち出されることも珍しくない。受験者がどれだけ社会問題に関

心をもっているか，一般常識をもっているか，また物事の見方・考え方に偏りがないかなどを判定しようというものである。知識や教養だけではなく，一問一答の応答を通じて，その人の性格や適応能力まで判断されることになると考えておくほうがよいだろう。

2　社会に目を向け，健全な批判精神を示す

思想の傾向や政治・経済などについて細かい質問をされることが稀にあるが，それは誰でも少しは緊張するのはやむをえない。

考えてみれば思想の自由は憲法にも保証された権利であるし，支持政党や選挙の際の投票基準についても，本来，他人からどうこう言われる筋合いのものではない。そんなことは採用する側も認識していることであり，政治思想そのものを採用・不採用の主材料にすることはない。むしろ関心をもっているのは，受験者が，社会的現実にどの程度目を向け，どのように判断しているかということなのだ。

①例題Q＆A

Q.	今日の朝刊で，特に印象に残っている記事について述べてください。
A.	△△市の市長のリコールが成立した記事が印象に残っています。違法な専決処分を繰り返した事に対しての批判などが原因でリコールされたわけですが，市民運動の大きな力を感じさせられました。

Q.	これからの高齢化社会に向けて，あなたの意見を述べてください。
A.	やはり行政の立場から高齢者サービスのネットワークを推進し，老人が安心して暮らせるような社会を作っていくのが基本だと思います。それと，誰もがやがて迎える老年期に向けて，心の準備をしていくような生活態度が必要だと思います。

②予想される質問内容

> ○ あなたがいつも読んでいる新聞や雑誌を言ってください。
>
> ○ あなたは，政治や経済についてどのくらい関心をもっていますか。
>
> ○ 最近テレビで話題の××事件の犯人逮捕についてどう思いますか。
>
> ○ △△事件の被告人が勝訴の判決を得ましたがこれについてどう思いますか。

③面接の方法

(1) 一問一答法

　面接官の質問が具体的で，受験者が応答しやすい最も一般的な方法である。例えば，「学生時代にクラブ活動をやりましたか」「何をやっていましたか」「クラブ活動は何を指導できますか」というように，それぞれの質問に対し受験者が端的に応答できる形式である。この方法では，質問の応答も具体的なため評価がしやすく，短時間に多くの情報を得ることができる。

(2) 供述法

　受験者の考え方，理解力，表現力などを見る方法で，面接官の質問は総括的である。例えば，「愛読書のどういう点が好きなのですか」「○○事件の問題点はどこにあると思いますか」といったように，一問一答ではなく，受験者が自分の考えを論じなければならない。面接官は，質問に対し，受験者がどのような角度から応答し，どの点を重視するか，いかに要領よく自分の考えを披露できるかなどを観察・評価している。

(3) 非指示的方法

　受験者に自由に発言させ，面接官は話題を引き出した論旨の不明瞭な点を明らかにするなどの場合に限って，最小限度の質問をするだけという方法で。

(4) 圧迫面接法

　意識的に受験者の神経を圧迫して精神状態を緊張させ，それに対する受験者の応答や全体的な反応を観察する方法である。例えば「そんな安易な考えで，職務が務まると思っているんですか？」などと，受験者の応答をあまり考慮せずに，語調を強めて論議を仕掛けたり，枝葉末節を捉えて揚げ足取り

をする，受験者の弱点を大げさに捉えた言葉を頻発する，質問責めにするといった具合で，受験者にとっては好ましくない面接法といえる。そのような不快な緊張状況が続く環境の中での受験者の自制心や忍耐力，判断力の変化などを観察するのが，この面接法の目的だ。

● V．面接Q＆A ●

★社会人になるにあたって大切なことは？★

〈良い例①〉

責任を持って物事にあたることだと考えます。学生時代は多少の失敗をしても，許してくれました。しかし，社会人となったら，この学生気分の甘えを完全にぬぐい去らなければいけないと思います。

〈良い例②〉

気分次第な行動を慎み，常に，安定した精神状態を維持することだと考えています。気持ちのムラは仕事のミスにつながってしまいます。そのために社会人になったら，精神と肉体の健康の安定を維持して，仕事をしたいのです。

〈悪い例①〉

社会人としての自覚を持ち，社会人として恥ずかしくない人間になることだと思います。

〈悪い例②〉

よりよい社会を作るために，政治，経済の動向に気を配り，国家的見地に立って物事を見るようにすることが大切だと思います。

●コメント

この質問に対しては，社会人としての自覚を持つんだという点を強調すべきである。〈良い例〉では，学生時代を反省し，社会へ出ていくのだという意欲が感じられる。

一方〈悪い例①〉では，あまりにも漠然としていて，具体性に欠けている。また〈悪い例②〉のような，背のびした回答は避ける方が無難だ。

★簡単な自己PRをして下さい。★

〈良い例①〉

　体力には自信があります。学生時代，山岳部に所属していました。登頂した山が増えるにつれて，私の体力も向上してきました。それに度胸というようなものがついてきたようです。

〈良い例②〉

　私のセールスポイントは，頑張り屋ということです。高校時代では部活動のキャプテンをやっていましたので，まとめ役としてチームを引っ張り，県大会出場を果たしました。

〈悪い例①〉

　セールスポイントは，3点あります。性格が明るいこと，体が丈夫なこと，スポーツが好きなことです。

〈悪い例②〉

　自己PRですか……エピソードは……ちょっと突然すぎて，それに一言では……。

〈悪い例③〉

　私は自分に絶対の自信があり，なんでもやりこなせると信じています。これまでも，たいていのことは人に負けませんでした。公務員になりましたら，どんな仕事でもこなせる自信があります。

●コメント

　自己PRのコツは，具体的なエピソード，体験をおりまぜて，誇張しすぎず説得力を持たせることである。
　〈悪い例①〉は具体性がなく迫力に欠ける。②はなんとも歯ぎれが悪く，とっさの場合の判断力のなさを印象づける。③は抽象的すぎるし，自信過剰で嫌味さえ感じられる。

★健康状態はいかがですか？★

〈良い例①〉

　健康なほうです。以前は冬になるとよくカゼをひきましたが，4年くらい前にジョギングを始めてから，風邪をひかなくなりました。

〈良い例②〉

　いたって健康です。中学生のときからテニスで体をきたえているせいか，寝こむような病気にかかったことはありません。

〈悪い例①〉

　寝こむほどの病気はしません。ただ，少々貧血気味で，たまに気分が悪くなることがありますが，あまり心配はしていません。勤務には十分耐えられる健康状態だと思います。

〈悪い例②〉

　まあ，健康なほうです。ときどき頭痛がすることがありますが，睡眠不足や疲れのせいでしょう。社会人として規則正しい生活をするようになれば，たぶん治ると思います。

●コメント

　多少，健康に不安があっても，とりたててそのことを言わないほうがいい。〈悪い例②〉のように健康維持の心がけを欠いているような発言は避けるべきだ。まず健康状態は良好であると述べ，日頃の健康管理について付け加える。スポーツばかりではなく，早寝早起き，十分な睡眠，精神衛生などに触れるのも悪くない。

★どんなスポーツをしていますか？★

〈良い例①〉

　毎日しているスポーツはありませんが，週末によく卓球をします。他のスポーツに比べると，どうも地味なスポーツに見られがちなのですが，皆さんが思うよりかなり激しいスポーツで，全身の運動になります。

〈良い例②〉

　私はあまり運動が得意なほうではありませんので，小さいころから自主的にスポーツをしたことがありませんでした。でも，去年テレビでジャズダンスを見ているうちにあれならば私にもできそうだという気がして，ここ半年余り週１回のペースで習っています。

〈悪い例①〉

　スポーツはどちらかといえば見る方が好きです。よくテレビでプロ野球中継を見ます。

● コメント

　スポーツをしている人は，健康・行動力・協調性・明朗さなどに富んでいるというのが一般の（試験官の）イメージだ。〈悪い例①〉のように見る方が好きだというのは個人の趣向なので構わないが，それで終わってしまうのは好ましくない。

★クラブ・サークル活動の経験はありますか？★

〈良い例①〉

　剣道をやっていました。剣道を通じて，自分との戦いに勝つことを学び，また心身ともに鍛えられました。それから横のつながりだけでなく先輩，後輩との縦のつながりができたことも収穫の一つでした。

〈良い例②〉

　バスケット部に入っておりました。私は，中学生のときからバスケットをやっていましたから，もう６年やったことになります。高校までは正選手で，大きな試合にも出ていました。授業終了後，２時間の練習があります。また，休暇時期には，合宿練習がありまして，これには，ＯＢも参加し，かなりハードです。

〈悪い例①〉

　私は社会心理研究会という同好会に所属していました。マスコミからの情報が，大衆心理にどのような影響をおよぼしているのかを研究していました。大学に入ったら，サークル活動をしようと思っていました。それが，いろいろな部にあたったのですが，迷ってなかなか決まらなかったのです。そんなとき，友人がこの同好会に入ったので，それでは私も，ということで入りました。

〈悪い例②〉

　何もしていませんでした。どうしてもやりたいものもなかったし，通学に２時間半ほどかかり，クラブ活動をしていると帰宅が遅くなってしまいますので，結局クラブには入りませんでした。

●コメント

　クラブ・サークル活動の所属の有無は，協調性とか本人の特技を知るためのものであり，どこの採用試験でも必ず質問される。クラブ活動の内容，本人の役割分担，そこから何を学んだかがポイントとなる。具体的な経験を加えて話すのがよい。ただ，「サークル活動で●●を学んだ」という話は試験官にはやや食傷気味でもあるので，内容の練り方は十分に行いたい。

　〈悪い例①〉は入部した動機がはっきりしていない。〈悪い例②〉では，クラブ活動をやっていなかった場合，必ず別のセールスポイントを用意しておきたい。例えば，ボランティア活動をしていたとか，体力なら自信がある，などだ。それに「何も夢中になることがなかった」では人間としての積極性に欠けてしまう。

★新聞は読んでいますか？★

〈良い例①〉

　毎日，読んでおります。朝日新聞をとっていますが，朝刊では"天声人語"や"ひと"そして政治・経済・国際欄を念入りに読みます。夕刊では，"窓"を必ず読むようにしています。

〈良い例②〉

　読売新聞を読んでいます。高校のころから，政治，経済面を必ず読むよう，自分に義務づけています。最初は味気なく，つまらないと思ったのですが，このごろは興味深く読んでいます。

〈悪い例①〉

　定期購読している新聞はありません。ニュースはほとんどテレビやインターネットで見られますので。たまに駅の売店などでスポーツ新聞や夕刊紙などを買って読んでいます。主にどこを読むかというと，これらの新聞の芸能・レジャー情報などです。

〈悪い例②〉

　毎日新聞を読んでいますが，特にどこを読むということはなく，全体に目を通します。毎日新聞は，私が決めたわけではなく，実家の両親が購読していたので，私も習慣としてそれを読んでいます。

●コメント

　この質問は，あなたの社会的関心度をみるためのものである。毎日，目を通すかどうかで日々の生活規律やパターンを知ろうとするねらいもある。具体的には，夕刊紙ではなく朝日，読売，毎日などの全国紙を挙げるのが無難であり，読むページも，政治・経済面を中心とするのが望ましい。

　〈良い例①〉は，購読している新聞，記事の題名などが具体的であり，真剣に読んでいるという真実味がある。直近の記憶に残った記事について感想を述べるとなお印象は良くなるだろう。〈悪い例①〉は，「たまに読んでいる」ということで×。それに読む記事の内容からも社会的関心の低さが感じられる。〈悪い例②〉は〈良い例①〉にくらべ，具体的な記事が挙げられておらず，かなりラフな読み方をしていると思われても仕方がない。

人物試験 集団討論対策

============== P O I N T ==============

　近年，社会性や人間関係能力，コミュニケーション能力などが特に重視されるようになってきた。行政が組織的に実践されていることからわかるとおり，集団の一員としての資質や組織的な役割意識，そして課題解決能力が求められているのである。集団討論はこれらの評価や公務員としての適性を判断する手段として，全国的に採用試験で実施されるようになった。集団討論は，主に2次試験で実施されることが多い。一般的には，小グループにテーマを与えて，一定時間の中で討論させる方法が実施されている。

●● 面接試験の形式 ●●

［一例］

- **■形式**　受験者が6～8人程度で面接官が2～4人程度
- **■内容**　グループに課題を与え，1人1～2分で意見を述べてから全体で自由討議に入る。司会者を受験生の中から選び進行させたり，司会者を決めないで進行させたりし，面接官は観察や評価に専念する。
- **■時間**　30～50分程度
- **■特徴**　集団活動を通して，受験者の協調性や社会性，論理性や判断力など集団内での社会的能力を観察できる。これは面接官が評価に専念できる利点がある一面，あまり発言できない受験者の評価が十分にできないといった欠点もある。

■手順

1　グループで座り，討論のテーマが提示される。
2　各自テーマを読み，5分間程度で自分の考えをメモにまとめ討論の準備をする。
3　各自1分間程度でテーマについての意見を述べる。
4　全員意見を述べたら20分間の課題解決型討論を始める。
5　採点者は，受験者の討論を観察し評価する。
6　討論後，面接官からの質問に答える。

★ポイント　協調性や社会性といった社会的能力を中心に評価されるので，相手の意見を尊重しながら自分の主張を行うようにする。自分の意見に固執したり，他の意見に攻撃的に反論したりしないように注意する必要がある。

◖◗ 集団討論の意義 ◖◗

　このようにして，面接前の態勢を整えるが，やはり，主担当者がいて，全体を取り仕切っているのであるから，面接の期間中，その人物の言動から目を逸らさないようにすることである。出題に関しては，次に述べることとするが，この集団討論での重要なことは，討論に入る前であり，その態勢をどのようにつくるかである。さらに，それぞれの意見交換ということになるので，最初の出会いの時のそれぞれの印象が強く残るということになる。

◖◗ 実施形式と攻略法 ◖◗

①面接官主導の討論

　自己紹介という形で，それぞれに1〜2分間ずつ時間が与えられることが多い。このことで，その集団の様子が明らかになるが，面接官がすべて指示するため，受験者がコの字型や円形になっている中心に，面接官が1人加わることになる。

　課題の提示は，面接官が課題を読み上げる方法や受験者各自に紙面が配られる場合，会場の掲示板に示してある場合などがあるが，ほとんどの場合は，後者2つの方法であるため討論中に課題を忘却することはないと考

えられる。

　応答の形式等すべて，面接官の指示に従うことであるが，注意すべきことは，議論に熱中するあまり，発言時間を超過してしまうことである。この傾向についてはよく見られることであるため，面接官よりあらかじめ「発言時間は，1分以内」との指示もあるはずである。しかも，時間超過には発言中断の注意が発せられることになるため，自らの発言については要注意である。このとき，前述したことであるが，発言内容を「結論から」述べ，次に「その理由」とし，他の受験者がもっと聞きたいと思うようになることが望ましく，対話的になるのがよいのである。

②受験者相互の意見交換

　着席してから質疑に入る前に点呼をとり，受験者の確認があり，その後，自己紹介という形で，それぞれに1〜2分間ずつ時間が与えられることが多いのは，面接官主導の討論の場合と同様である。このことで，その集団の様子が明らかになるが，受験生がコの字型や円形になっている場合，面接官が加わることはないのである。

　そして，面接官から，「どなたか，司会になっていただけませんか。」といわれる場合と「これからは，それぞれ自由に意見を出し合って，討論をしていただきます。」という2つの形態があり，後者の傾向が強くなりつつあるようである。このことは，前者の場合，司会を決定するまでに手間がかかり，それぞれの討論時間が均一にならない，という事情があるからである。したがって，示された課題に対する最初の意見表明は，かなりの度胸も必要になるが，そのことが，全体の雰囲気を左右することにもなるため，慎重になるべきである。

◐◑ 集団討論試験に対する対応の基本 ◐◑

〈集団討論の対応〉

　集団討論では，他の面接と異なり，受験者が集団の中でどのような能力を発揮し，また協調できるかなどが，とくに観察されているので，その観点について知っておくことが大切である。このことについての評価の観点の意味づけを示しておく。

ア　観察されていること
○貢献度
　　課題解決に寄与することで，受験者が討論の機能をどの程度理解し，目的達成のためにどの程度貢献したのかを見るものである。発言の回数が多くても，自己中心的で課題解決に役立たない場合は，高い評価を得ることはできず，発言回数が少なければ，当然，低く評価されることになる。
○協調性
　　これは協同して事に当たる状態を作り上げることに寄与することで，発言態度が独善ではなく，民主的であることや他の人の意見及び反対の立場の人の意見にも耳を傾ける態度が望まれる。とくに，発言の活発でない受験者を励ますような態度も評価される。
○主導性
　　グループ全体を課題解決への方向付けをすることで，ただ単にリーダーシップを発揮するということではなく，全員を納得させながら問題解決の方向に導いていくことが求められている。したがって，より建設的な意見や信頼感のある発言などが，高く評価されている。
○判断力
　　問題を十分理解し，正しい判断が行われているかどうかである。また，討議の過程において，自分の置かれている立場に対する状況判断が，適切であるかどうかなどが評価されている。
○表現力
　　自らが主張しようとするところを適切な言葉や有効なエピソードなどを加えて表現されているかどうかである。また，このグループディスカッションは，討論とは言っても勝ち負けが問題とされるわけではなく，面接試験なのであるから，あまり感情をむき出しにした言葉遣いや他の人に対する冷たい言い方は，避けなければならないことであり，その配慮などが評価される。
○企画性
　　討論の進行に対して，計画的な発言が行われているかどうかである。また，そのように進行させようと努力しているかどうかなどについて，とくに，全体の状況に対する配慮が評価されている。

イ　評価を高める十ヶ条
　I　油断をしない。
　II　好感を与える。
　III　対話的になる。
　IV　信頼感を与える。
　V　演出を考えておく。
　VI　けじめを感じさせる。
　VII　気配りを感じとらせる。
　VIII　全力投球の気構えをもつ。
　IX　健康的で，活気を感じさせる。
　X　人間的な温かみを感じとらせる。

●● 集団討論におけるアドバイス ●●

・はじめに各自自分の意見を述べるので，そのとき，他のメンバーの考えを簡単にメモしながら聞くと，後の討論のとき他の受験生がテーマをどのように捉えているのかがわかり，意見をまとめやすくなる。
・テーマの内容によっては論じにくいものもあるが，行政の課題に関連づけ，公務員の視点から発言するとよい。
・自分の考えばかりを言うのではなく，他の人の意見を聞き，それに対して自分はどう思うかを発言することが大切である。
・自分と意見が違う場合には「私は……のように思いますが皆さんはどう思われますか」などと尋ねてみるとよい。
・他の人の言っていることがよくわからなかったら，「○番の方，もう少し具体的に説明していただけますか」などのように聞くことも必要である。
・みんなで一緒にコンセンサス（共通理解）を得るといった気持ちを大切にする。
・普段から友達同士で行政の課題について，気楽に話をしたり，意見交換をしておくことが大切である。
・他の受験者の意見に関連づけて発言するとよい。
　［例］「○さんが言われたのに付け加えて，私は……と考えています」
　　　　「○さんと○さんが言われたことに私も賛成で，……を加えたいと思

　　　　います」
　　　「○さんは先ほど……のように言われましたが，私は……と考えています
　　　ね」
　　　「○さんが言われることに関して，私の意見は……と考えています」
●言葉遣い
　　面接試験だからといって，特に難しい言葉を使う必要はなく，日常使っ
ている敬語を使った丁寧な言葉で十分である。自分の考えや意見を正しく，
わかりやすく，相手に伝えられるようにすることが重要である。つまり，
公務員として，住民の模範となるような正しい日本語を使うことが大切で
あると言える。
　　しかし，面接試験のときには緊張してしまい，つい普段の癖がでてしま
うものである。常日頃から，目上の人や年長者と話すときに，正しい敬語
が使えるようにしておくことが大切である。

集団討論の流れ

①課題の把握と方針の決定（個人発表）
　　問題点の構造化を図り，解決すべき課題を整理して，2，3つに集約した
課題を自分の意見として挙げる。
②構造の把握と分析
　　テーマの分野がどのような構造になっているのか，どの方向から考えて
いったらいいのかを討論する。皆の意見を整理し，同様の意見をまとめて
構造的に分類する。
③課題の焦点化と討論の流れの確認
　　構造化された課題の中で，話し合いで焦点化していく課題を1つ選び，
メンバーで確認しながら，選んだ課題についての分析と問題点の確認，以
降の討論の流れを確認する。
④課題の深化
　　テーマの課題に対して意見を出し合い，課題の問題点や，状況を解明する。
⑤課題解決の対策
　　課題が解明できてきたら，時間を見ながら，対策や対処法についての具
体策を出す方向へと進める。

⑥解決策のまとめ

一通り課題への解決策が出てきたら，皆の解決策をいくつかにまとめて集約していく。分類できるものは分類して構造的に整理する。

⑦次の課題への転換

時間が残っている場合には，次の課題へと話を転じる発言をする。課題の焦点化から同様の話し合いを行う。

⑧議題の収束へ

残り3〜5分程度になったら全体を収束させる方向に議論を進める。抽象的な話から具体的な解決策へと発展させていく。

●● 評価項目 ●●

貢献度 グループ・ディスカッションを進めるとき，課題に対する論点を示したり，議論の方向性を定めたりする働きが重要である。これは受験者の発言や発表が，討論を進める上で，どのように貢献できたかを評価するものである。発言の回数が多くても，課題からずれていたり，自己中心的で課題解決に役立たない場合には評価されない。当然，発言が少なければ評価は低い。

評価の観点

・適切な論点を提供する
・論点についての適切な意見を述べる
・課題の解決に役立つ意見を提供する
・混乱した討論を整理し，論題からはずれた意見を修正する
・討論をまとめる方向へと意見を述べる

協調性 グループでの協同作業は，まわりとの協調性が必要である。他人の意見や反対の意見にも耳を傾け，発言態度が民主的であることが求められる。感情的に対立したり，攻撃的に意見を述べるといった態度では自由な意見交換が成立しなくなってしまう。まわりの意見に気を配り，他人の意見も積極的に認め，発展させようとする態度が望ましい。

評価の観点

・自分の意見に固執しない

・他人の意見を意欲的に聞こうとする

・他人の意見を積極的に認めようとする

・対立・攻撃を和らげるように努める

・グループの雰囲気を高めようと努める

主導性　グループ・ディスカッションでは，全員を納得させながら課題解決の方向へと導いていくことが望まれている。ただ単にリーダーシップをとるということではなく，民主的に互いの意見を尊重し合いながら解決へと進めていく主導性が求められている。

評価の観点

・進んで口火を切る発言をする

・討論を次の段階へと発展させる働きをする

・意見が討論の進行に大きな影響を与えている

・討論をまとめる方向へと導く

・他者を促し，全員が討論に参加できるようにする

企画性　討論の進行に対して計画的に発言し，一定の時間の中で課題の論点を解決の方向へとまとめていく努力をしなくてはならない。受験者が討論の全体構想をもって発言しているか，論点を示しながら発展させ，まとめへと計画的に意見を述べているかといったことが評価される。また，現実的・具体的に課題を捉え，その解決の方策を考えることも重要なことである。

評価の観点

・討論進行に対して計画的な発言を行う

・一定の方向性を持った意見を述べる

・制限時間を考えながら発言している

・課題に対する全体構想をもっている

・発言内容が現実的・具体的である

◖◗ 評価の観点 ◖◗

①貢献度

課題解決に寄与した程度で，受験者が討論の機能をどの程度理解し，目

的達成のためにどの程度貢献したかを見るものである。発言の回数が多くても、自己中心的で課題解決に役立たない場合は高評価を得ることはできないし、発言回数が少なければ当然低く評価されることになる。

②協調性

これは協同して事に当たる状態を作り上げることに寄与した程度で、発言態度が独善的でなく民主的であることや、他の人の意見、反対の立場の人の意見にも耳を傾ける態度が望まれる。

③主導性

グループを課題解決の方向に動かした程度でただ単にリーダーシップをとるということではなく、全員を納得させながら問題解決の方向に導いていくことが求められている。

④判断力

問題を十分理解し正しい判断が行われているかどうか、また討議の過程において自分のおかれている立場に対する状況判断が適切であるかどうか、などである。

⑤表現力

自分の主張しようとするところが適切な言葉や有効なエピソードなどを使って表現されているかどうか。また、このグループディスカッションは討論とはいっても勝ち負けが問題とされるわけではなく面接試験なのであるから、あまり感情をむき出しにした言葉遣いや、他の人に対する冷たい言い方は避けなければならないのは当然である。

⑥企画性

討論の進行に対して計画的な発言が行われているかどうか、また行おうと努力しているかどうかなどについて、特に、全体の状況に対する配慮などが評価される。

実施課題例の分析

釧路市

令和２年度

　▼集団討論・総合職（高校）

　　釧路市の名称を変更するとしたら，どのような名称にするか討論しなさい。

《集団討論の方針・課題の分析》

　　釧路市の名称を変更するとした場合の，望ましい名称について話し合う。市の発展と市民の納得につながるような名称について，具体案を提示しながら検討し，グループとしての案をまとめる。

　　近年の都市の名称変更では，令和元年に兵庫県篠山市が兵庫県丹波篠山市となり，平成18年に茨城県水海道市が石下町を編入合併して，名称を常総市に変更したことがあげられる。また，平成17年に新潟県新井市は，妙高高原町及び妙高村を編入合併し，名称を妙高市に変更した。さらに，埼玉県では平成13年に浦和市，大宮市，与野市の３市合併により，さいたま市が誕生した。市の名称変更の理由や経緯は様々であるが，ここでは釧路市の名称変更をする際の理念と，討議に参加する姿勢，意欲が問われる。

　　釧路市内には，釧路川，阿寒川が流れるほか，阿寒湖，春採湖がある。現在ある地名などを参考として，アイデアを出し合うことになろう。

《集団討論のポイント》

　　集団討論の評価規準の一つは，他の意見を聞きつつ，自分の意見も言える「調整力」であるが，まずは自身の意見をはっきり主張したい。理由付けをする能力と，創意ある企画力も問われる。発言にあたっては，丁寧な言葉づかいを基本とし，反対の立場の者に対しても，感情的，攻撃的な口調は避けるべきである。自身の見識をアピールすることはよいが，必要以上に前のめりにならず，冷静に周りを見ることも重要である。他者の意見をしっかり聞き，それを受けた意見を的確に言う必要がある。司会役を買って出る必要はないが，万一，全体の意見が停滞していたり，脱線しようしているときには，意見を促したり，適切な軌道修正をしよう。そうしないと共倒れになる懸念があるからである。グループ構成員の醸し出すムード

にもよるが，少なくとも自身は前向きで積極的な姿勢を示したい。

令和元年度

▼集団討論・総合職（高校），総合職【土木】（高校），総合職【建築】（高校），総合職【電気】（高校）

ひと昔前と比べると近年はかなり「便利」な世の中になった。便利になって"得たもの"と"失ったもの"を議論し，今後はどこまで「便利」が必要かをまとめなさい。

《集団討論の方針》

まずは，ある一つの事柄について，便利になった部分，その代償として失った部分について，考えを出し合う。次に，今後はどこまで便利さが必要か，一定の方向性を示さなければならない。

《課題の分析》

社会，経済，科学技術など，いろいろな場面において，私たちにとって便利になった反面，失ったものがあるだろう。例えば，インターネット，スマートフォンの普及を考えてみよう。自分の知らなかったこと，分からないことについて，単語や文章の一節を検索すれば，直ちに数多くの関連情報を入手することができるようになった。その一方で，自分の未知のことについて，ひとまず自力で考えたり，周りの大人や友人たちに聞いて話し合ったりするという機会は大きく減ってしまった。また，車線の広い高速道路や幹線道路といったインフラが張り巡らされて，自動車で速く，かつ歩行者や自転車を気にすることなく目的地に着けるようになった反面，開発により自然環境に負荷をかけている。こうした身近で具体的なトピックから，社会的な課題，自治体が取り組むべき課題に関わらせていけば，他のグループと差別化した議論ができる可能性が高いテーマだと思われる。

《集団討論のポイント》

最初に，グループの役割分担を決める。司会（議長），書記，タイムキーパーなどがある。自らこうした役割を買って出ると，積極性，リーダーシップ，課題整理力などをアピールできる可能性が高い。特に役割がなくても，議論の軌道修正，発言ができない受験者のフォローなど，何らかの貢献をしたい。次に，議論の進め方だが，最初に，インターネットの普及，インフラ整備，電力供給など，何か一つのテーマを決めて，それについて功罪を話し合うようにしたい。テーマ出しに時間をかけすぎると，参加者の関心が拡散して話がかみ合わなかったり，ブレーンストーミングだけで終わっ

たりする可能性が高いからである。また，アイデアの奇抜性を狙うのではなく，全員が結論を明確に示せるように貢献しよう。

平成30年度

▼集団討論・総合職（高校），総合職【土木】（高校），総合職【建築】（高校），総合職【電気】（高校）

観光客向け「おすすめ旅プラン」を作成し，旅のテーマとプランを発表してください。

《集団討論の方針・課題の分析》

釧路市は，寒流である親潮の影響を受けて冷涼な気候である。夏でも海霧に覆われる日が多く，真夏日は10年に1回程度である。また，釧路湿原は，北海道東部を流れる釧路川とその支流を抱く日本最大の釧路湿原及び湿原を取り囲む丘陵地からなっている。手つかずの広大な水平的景観は，釧路湿原の最大の魅力である。また，国の特別天然記念物のタンチョウをはじめ多くの動植物の貴重な生息地となっている。こうした釧路の特色を活かし，釧路らしさを体感してもらうことが，釧路の「おすすめ旅プラン」基本となる。集団討論では，その具体的なプラン作りを行うことになる。観光スポットだけでなく，お土産品等を提供するための農業や漁業，工業の振興といったところにも視点を当て，幅広く話し合っていきたい。

《集団討論のポイント》

集団討論に当たっては，まず，釧路の観光資源としてどのようなものがあるのか論議する。特に，釧路の冷涼な気候と釧路湿原の活用を考えていきたい。また，既に知られているものだけでなく，これまで目の向けられていなかったものにスポットを当てたい。次に，具体的にどのような「おすすめ旅プラン」を開発していったらよいのかを話し合う。お土産品をも視野に入れた農業や漁業，伝統工業とのコラボレーションなどを考えていく。いずれにしても観光客のリピートを目指し，飽きの来ない，今まであまり考えてこられなかった「おすすめ旅プラン」を考える。最後に，宣伝のキャッチフレーズとなる旅のテーマを付けて発表する。

平成28年度

▼集団討論・総合職【電気】（短大），総合職（高校），総合職【土木・建築・電気】（高校）

かけっこに順位は必要か。

《集団討論の方針・課題の分析》

　一時期，教育現場において偏差値等が重視され，進学先や学級編成で子どもたちが差別されているという指摘があり，それが，いじめや不登校につながっているという論調につながっていった。そうした状況を避けるため，みんな平等にするということで「順位をつけないかけっこ」が運動会で行われているということがマスコミで流れ，大きな問題となった。本当にそうしたことが行われたかどうかは別にして，過度の平等主義が一部の学校にあったことは否定できない。設問は，そうした状況を踏まえ，かけっこに順位が必要かどうか話し合うことである。この問題は，既に教育上望ましくないという社会的な決着がついていることであり，順位が必要であるという立場に立つ必要がある。したがって，話し合いのポイントは，その理由を明確にするとともに，順位をつけることによるデメリットをどのように解消していくのかということになる。

《集団討論のポイント》

　集団討論に当たっては，まず，なぜそうした「順位をつけない徒競走」が行われたのかということについて話し合い，それは，過度の平等意識に基づいていること確認する。次に，そうした行為の賛否について話し合うことになるが，順位をつけることの必要性は社会的にも教育的にも決着がついていることから，順位をつける必要があるという結論を導き出す。そのうえで，その理由と順位をつけることによるデメリットをどのように解消していくのか話し合う。競争は結果だけでなく努力の過程が大切であること，適度な競争が子どもたちの能力を伸ばすこと，子どもはそれぞれ得意な分野が異なるので一人一人の特性を伸ばしていくことが大切であることなどが，その理由となる。

●書籍内容の訂正等について

　弊社では教員採用試験対策シリーズ（参考書，過去問，全国まるごと過去問題集），公務員採用試験対策シリーズ，公立幼稚園・保育士試験対策シリーズ，会社別就職試験対策シリーズについて，正誤表をホームページ（https://www.kyodo-s.jp）に掲載いたします。内容に訂正等，疑問点がございましたら，まずホームページをご確認ください。もし，正誤表に掲載されていない訂正等，疑問点がございましたら，下記項目をご記入の上，以下の送付先までお送りいただくようお願いいたします。

> ① **書籍名，都道府県・市町村名，区分，年度**
> （例：公務員採用試験対策シリーズ　北海道のA区分　2025年度版）
> ② **ページ数**（書籍に記載されているページ数をご記入ください。）
> ③ **訂正等，疑問点**（内容は具体的にご記入ください。）
> （例：問題文では"ア〜オの中から選べ"とあるが，選択肢はエまでしかない）

〔ご注意〕

○ 電話での質問や相談等につきましては，受付けておりません。ご注意ください。

○ 正誤表の更新は適宜行います。

○ いただいた疑問点につきましては，当社編集制作部で検討の上，正誤表への反映を決定させていただきます（個別回答は，原則行いませんのであしからずご了承ください）。

●情報提供のお願い

　公務員試験研究会では，これから公務員試験を受験される方々に，より正確な問題を，より多くご提供できるよう情報の収集を行っております。つきましては，公務員試験に関する次の項目の情報を，以下の送付先までお送りいただけますと幸いでございます。お送りいただきました方には謝礼を差し上げます。

（情報量があまりに少ない場合は，謝礼をご用意できかねる場合があります。）

◆あなたの受験された教養試験，面接試験，論作文試験の実施方法や試験内容

◆公務員試験の受験体験記

送付先
○電子メール：edit@kyodo-s.jp
○FAX：03-3233-1233（協同出版株式会社　編集制作部 行）
○郵送：〒101-0054　東京都千代田区神田錦町2-5
　　　　　協同出版株式会社　編集制作部 行
○HP：https://kyodo-s.jp/provision（右記のQRコードからもアクセスできます）

※謝礼をお送りする関係から，いずれの方法でお送りいただく際にも，「お名前」「ご住所」は，必ず明記いただきますよう，よろしくお願い申し上げます。

札幌市・旭川市・釧路市・
岩見沢市・芦別市・夕張市の
初級・高卒程度

編　者　公務員試験研究会

発　行　令和6年2月25日

発行者　小貫輝雄

発行所　協同出版株式会社

〒101-0054
東京都千代田区神田錦町2-5
電話　03-3295-1341
振替　東京00190-4-94061

落丁・乱丁はお取り替えいたします
Printed in Japan